趙爾巽等撰

清史稿

第四二册

卷四五八至卷四七五(傳)

中華書局

清史稿卷四百五十八

列傳二百四十五

徐延旭 唐炯 何璟 張兆棟

徐延旭，字曉山，山東臨清人。咸豐十年進士，出知廣西容縣。師克潯州，與有功，累晉知府。同治九年，除知梧州。光緒三年，遷安襄荊鄖道。八年，晉廣西布政使，命督辦海防，得專奏事。時法人謀占全越，巡撫張之洞、侍讀張佩綸先後疏薦堪軍事。會南定陷，朝命出鎮南關，與提督黃桂蘭、道員趙沃籌防，未行，越官劉永福戰勝懷德府紙橋，狀其績以上。

九年，出關，至北寧而還，頓龍州，被命爲巡撫，敕趣永福規河內。延旭上部署防守狀，略云：「固廣西邊疆，必守北寧；固雲南邊疆，必守山西。左軍前鋒分駐北寧、涌球，去城止十二里。一旦有事，援之則無辭於法，聽之則有慙於越。不如徙軍入城，城固我儲糧屯戍所也。並簡銳扼浪泊湖北岸，爲山西聲援；別募勇百人扼月德江，與陸軍相表裏。」附請吏部主事唐景崧留軍。

初，法人犯順安，越未敗，遽乞和。延旭奏言：「越人倉卒議和，或謂因故君未葬，冀緩須臾；或謂因廢立嫌疑，朋興黨禍。越臣黃佐炎等錄寄和約，越誠無以保社稷，中國又何以固藩籬？劉永福現駐山西，法人擬益師往攻，請毋撤兵，用警戎備。」越王阮福昇嗣位，遣使告哀，並懇允其詣闕乞封；復具和約二十七條及黃佐炎稟，上之樞府。左宗棠檄前布政使王德榜募勇扼桂邊，朝命受延旭節度。

其冬，力疾再出關，駐諒山，趣軍進取，分襲海陽、嘉林綴敵勢；並請撥船嚴扼海口，斷其出入。諭仍力守北寧。於是令左軍黃桂蘭、右軍趙沃協防其地。適山西陷，延旭猶慮兵力薄，復遣使入關募勇，通舊五十餘營，厚集於此。隨令廣間諜，安地營，禁擾民，嚴冒餉；然沃等皆寡識，桂蘭尤侈汰，與越官張登壇日事宴樂。登壇故通法，嗣以有郤洩其事。上命延旭罷登壇，或囚而殺之，延旭以力不能制而止。日唯籌軍火濟師，以爲兵力厚，可恃以無恐。桂蘭復希風指，侈談部下能戰，延旭益信之，遂六上書請戰。上不許，敕保守未失陷地，毋貪功。

十年，法軍陷扶良，三路攻北寧，桂蘭潰奔太原。李鴻章電奏失守，延旭猶上言：「西聯滇軍，東防江口，北寧斷無他虞。」上責其飾詞。會岑毓英抵保勝，部署邊外各軍，遂命延旭軍屬之。初，延旭之任西撫也，未及兩月，亦知桂蘭等未可恃。嗣以臨敵易將，操之急，易生變，以故誥誡備至；而桂蘭等且縱兵剽奪，越民不堪命，怨滋甚。是役也，羣反噬，城迺陷。延旭上其欺飾狀，並自糾請治罪。上怒，詔革職留任。

法軍乘勝入芹驛關，復命力扞之，毋再失。延旭以景崧護軍收殘兵，更約束，令駐屯梅。時諒江、朗山、狠甲相繼潰，諒山教民且蠢焉思動。延旭鑒覆轍，嚴禁防軍向越官索夫米，有伐一草一木者斬，越民仍不知感。適德榜至，勸延旭勉自支振，圖再舉。於是更嚴勒粵軍，仿楚勇制，力求後效。而逮問之命下，吏議斬監候，改戍新疆。追論舉主，之洞、佩綸，均被訶責。延旭未出都，病卒。子坊，自有傳。

唐炯，字鄂生，貴州遵義人。道光二十九年舉人，訓方子。訓方督師金口，炯馳數千里省視。越夕難作，倉皇奉遺疏謁曾國藩，得代奏。武昌復，求遺骸歸葬。桐梓亂民起，治鄉團禦之。服闋，入貲爲知縣，銓四川。

咸豐六年，署南溪。值滇寇李永和蠢動，藍朝柱應之，陷敘州，吏士皆恐。炯迺訓練兵壯，晨夜徼循，人心稍靖。有爲寇所獲者，縱之還，曰：「爲我語唐青天，決不犯南溪一草一木！」烔領兵傴弔黃樓，單騎入營，諭以利害，朝柱款附。永和改犯犍爲，烔馳救，壁不動，俟其懈乘之，寇狂奔，自相蹸藉。旋與楚軍解成都圍。八年，權署綿州事。時鄖、彭軍事棘，調還省防守。烔詗得黑窩盜虛實，請限八日畢迺事，果如所言。除知夔州，未上，踰月，永和圍綿城，烔掘壕登陴，民助貲糧。烔居城三月，不下，誓死守；援至，圍始解。已而湘、黔軍鬨州署，駱秉章劾罷之。事白，仍治軍。

同治改元，統安定營。會石達開圍涪州，與劉嶽昭期會師，擊走之。其夏，石黨窺綦江。烔聞警馳援，燔其壁，寇潰，大破之長寧。以疾還成都。秉章詢寇勢，時寇退滇邊，聲入黔，烔曰：「此誘我軍東下耳。彼必走夷地，乘虛入川，寧越宜警備。」俄而寇入紫地，復請遣唐友耕軍大渡河扼之。達開返西岸，退爲倮夷所窘，食盡乞降，梟誅之。明年，權綏定府，區邑爲八路，路若干場，場若干寨，置寨總，行記善惡法，月朔上其簿親判之；又立書院二、社學八十餘：境內稱治，下其法他縣。越二年，赴陝佐治營田。捦首張總愚犯新豐，大敗之。

六年，四川總督崇實命率師入黔。黔患貧瘠，崇實先問以理財策，烔曰：「理財莫若節用，節用莫若裁勇，裁勇莫若援黔。」崇實然其言，遂以軍事屬之。連破偏刀、水上、大平、黃飄、白堡，擒斬王超凡、劉儀順，降潘人傑、唐天佑，皆積寇也；又克平越、甕安、黃平、淸平、廍哈：遷道員，賜號法克精阿巴圖魯。嗣爲吳棠所劾，還蜀。

光緒四年，丁寶楨督四川，令佐治鹽筴，旋補建昌道。六年，署鹽茶道，條上善後六事，謂：「發引必先新後舊；徵稅必先課後引；收發鹽引，責成鹽道；改代引張，責成州縣；繳殘則嚴定限期；辦公則優給公費。」議行，凡百餘年引目渾殽、款項轇轕諸弊，至是盡革，語具鹽法志。八年，張之洞、張佩綸先後奏薦堪軍事，於是擢雲南布政使。炯率川軍千人駐關外，滇軍悉歸節度。既蒞事，裁夫馬，治廠務，併釐卡，清田糧，民困少蘇。

法人奪我越南，被命赴開化防守，卽於軍前除巡撫。誤聞將議和，亟還省履任。上大怒，褫職逮問，刑部定讞斬監候。久之，上意解，三歷秋審，赦歸。左宗棠臚其治行上於朝，命戍雲南，交岑毓英差序。十三年，賞巡撫銜，督辦雲南礦務，偕日本礦師躬履昭通、東川、威寧銅鉛各廠，疏陳變通章程，又歷請減免貴州鉛課，豁免雲南礦廠官欠民欠，並報可。惟經營十五年，僅歲解京銅百萬斤，爲時論所譏。三十一年，謝病歸。三十四年，以鄉舉重逢，晉太子少保。踰歲卒，年八十，卹如制。

何璟，字小宋，廣東香山人。父曰愈，見循吏傳。璟，道光二十七年進士，選庶吉士，授編修，轉御史。咸豐七年，英人陷廣州，總督葉名琛獲譴罷，而巡撫柏貴等罪相埒，譴弗及，時論譁然，璟迺分別上其謬誤狀。明年，英艦入津沽，疏陳戰守要略，先後抗論外務，疏凡八上。遷給事中。十年，出爲安徽廬鳳道。同治二年，遷按察使。捻至，與總兵喻吉三隨方應禦，寇不得逞。四年，晉湖北布政使。逾歲，到官，值黃陂飢嗛，民就食江、漢，便宜發帑金濟之。九年，擢福建巡撫，歷山西、江蘇。遭父憂，服闋，起閩浙總督。

光緒三年，備日本議起，治海防，飭戎政。其夏患水祲，日坐城上督拯難民，凡閱七晝夜，醵金恤之。水退，濬洪塘江，導支流入海，後患稍殺。五年，兼署巡撫。時日本議廢琉球，數以兵艦浮閩、滬。璟以臺灣地當要衝，基隆尤扼全臺形勝，迺調集輪船，增募兵勇，建築礮臺，備不虞。

九年，法越事起，海防戒嚴。璟令總兵張得勝等分扼諸郡，提督孫開華等分扼臺、澎，並檄楊在元署臺灣鎮，助防守。明年，又上福、廈、臺益船募卒狀，上皆勗勵之。已而會辦軍務，張佩綸至，事皆專決，視璟等若屬吏；又嚴劾在元貪謬，璟坐疏忽，干吏議。以是益畏事之，不敢爲異同。佩綸調舟師衞船局，璟亦以礮布衙署自衞。廷旨以閩事亟，諄諄諭固守。逮戰書至，璟告佩綸曰：「明日法人將乘潮攻馬尾矣！」佩綸弗聽。舟師大挫，璟欲馳援，而臨浦無舟可濟，株守省城，卒致閩事日壞；然猶左袒廣勇，雖逃不問，頗爲時訾議。迺飛章自劾，而廷旨已先召還京。尋御史亦劾其闒冗，部議褫職。十四年，卒。

張兆棟，字友山，山東濰縣人。道光二十五年進士，銓刑部主事，累遷郎中。出知陝西鳳翔府，蒞事三月，而回寇竊發，迺募鄉兵捍之。無何，城被圍，寇且掘長壕圖久困，兆棟晨夕登陴慰勞守者。寇轟潰西南城，蟻附上，兆棟躬冒矢石，戰甚力，寇不得逞。益固結紳民，誓堅守，閱十有六月，援師至，圍始解。超授四川按察使。咸豐四年，調廣東，遷布政使。左宗棠治軍嘉應，餉運阻絕，兆棟殫心籌畫，給食不乏。歷安徽、江蘇，皆稱職。九年，擢漕運總督。時運河久廢不緝，兆棟慮海警阻漕，爲上治河濟運狀，稱旨。十一年，再調廣東。粵俗嗜博，闈姓害尤烈，疏請禁止，報可，而總督英翰曲徇商人請，弛其禁，兆棟劾之，落職，遂兼攝總督事，禁益嚴，終其任，粵吏無敢言闈姓者。光緒四年，母憂歸。服闋，起福建巡撫。

十年，法越事起，法艦窺臺、閩。張佩綸銜命會辦閩防軍務，兆棟畏其談，曲意事之，日謁如衙參。佩綸虛飾勝狀，詔發萬金犒兆棟軍。兆棟且疏劾大員謀遁，意指何璟也，朝旨令據實以聞。已而事亟，己亦微服匿民間，數日略定，復出任事。璟罷，兆棟兼總督，朝廷論馬尾失守罪，褫職。十三年，卒於閩。宣統元年，復官。

論曰：法越初搆釁，號識時務者爭上書忼慨言戰。未及旬日，延旭敗退廣西，炯棄關外新安行營。何璟、兆棟懾張佩綸之氣勢，怯懦而無所主，事急皆遁。方其互相汲引，不恤舉疆事以輕試；及其敗也，其黨益肆言熒聽，而此數人者，遂得保首領以沒。朝廷固寬大，亦失刑甚矣。

淸史稿卷四百五十九

列傳二百四十六

馮子材 王孝祺 陳嘉 蔣宗漢 蘇元春 馬盛治
王德榜 張春發 蕭得龍 馬維騏 覃修綱 吳永安
孫開華 朱煥明 蘇得勝 章高元 歐陽利見

馮子材，字翠亭，廣東欽州人。初從向榮討粵寇，補千總。平博白，賜號色爾固楞巴圖魯。改隸張國樑麾下，從克鎭江、丹陽，嘗一日夷寇壘七十餘。國樑拊其背曰：「子勇，余愧弗如！」積勳至副將。國樑歿，代領其衆。取溧水，擢總兵。

同治初，將三千人守鎭江。時江北諸將多自置卡榷釐稅，子材曰：「此何與武人事？」請曾國藩遣官司之。所部可二萬，餉恆詘，無怨言。涖鎭六載，待士有紀綱，士亦樂爲所用。寇攻百餘次，卒堅不可拔。事寧，擢廣西提督，賞黃馬褂，予世職。赴粵平羅肅，移師討黔苗，克全茗、感墟。九年，出鎮南關，攻克安邊、河陽，凱旋，再予世職。光緒改元，赴貴州提督任。七年，還廣西。明年，稱疾歸。

越二年，法越事作，張樹聲靳其治團練，遣使往趣駕。比至，子材方短衣赤足、擕童叱犢歸，啓來意，卻之。已，聞樹聲賢，詣廣州。適張之洞至，禮事之，請總前敵師干衞粵、桂。逾歲，朝命佐廣西邊外軍事。其時蘇元春爲督辦，子材以其新進出己右，悒悒。聞諒山警，亟赴鎮南關，而法軍已焚關退。龍州危棘，子材以關前隘跨東西兩嶺，備險奧，迺令築長牆，萃所部扼守，遣王孝祺勤軍軍其後爲犄角。敵聲某日攻關，子材逆料其先期至，迺決先發制敵。潘鼎新止之，羣議亦不欲戰。子材力爭，親率勤軍襲文淵，於是三至關外矣。宵薄敵壘，斬虜多。

法悉衆分三路入，子材語將士曰：「法軍再入關，何顏見粵民？必死拒之！」士氣皆奮。法軍攻長牆亟，次黑兵，次教匪，礮聲震山谷，槍彈積陣前厚寸許。與諸軍痛擊，敵稍卻。越日復涌至，子材居中，元春爲承，孝祺將右，陳嘉、蔣宗漢將左。子材指麾諸將使屹立，遇退後者刃之。自開壁持矛大呼，率二子相榮、相華躍出搏戰。諸軍以子材年七十，奮身陷陣，皆感奮，殊死鬭。關外游勇客民亦助戰，斬法將數十人，追至關外二十里而還。越二日，克文淵，被賞賚。連復諒城、長慶，擒斬三畫、五畫兵總各一，乘勝規拉木，悉返侵地。

越民苦法虐久，聞馮軍至，皆來迎，爭相犒問，子材招慰安集之，定剿蕩北圻策。越人爭立團，樹馮軍幟，原供糧運作嚮導。北寧、河內、海陽、太原競響，子材亦毅然自任。於是率全軍攻郎甲，分兵襲北寧，而罷戰詔下，子材憤，請戰，不報，迺挈軍還。去之日，越人啼泣遮道，子材亦揮涕不能已。入關至龍州，軍民拜迎者三十里。命督辦欽、廉防務，會辦廣西軍務，晉太子少保，改三等輕車都尉。

十三年，討平瓊州黎匪，降敕褒嘉。調雲南提督，稱疾暫留。二十年，加尙書銜。值中日失和，命募舊部至江南待調發。和議成，還防。二十二年，赴本官。二十六年，入省籌防，會拳亂作，請募勁旅入衞，上嘉其忠勇，止之。逾歲，調貴州。二十八年，病免。明年，廣西土寇蠭起，岑春煊請其出治團防。方募練成軍，率二子以進，而遘疾困篤。未幾，卒，年八十六，謚勇毅，予建祠。

子材軀幹不逾中人，而朱顏鶴髮，健捷雖少壯弗如。生平不解作欺人語，發餉躬自監視，偶稍短，卽罪司軍糈者。治軍四十餘年，寒素如故。言及國檪，輒涔涔淚下，人皆稱爲良將云。

王孝祺，本名得勝，安徽合肥人。初入淮軍，以敢戰名。從李鴻章規三吳，積勳至守備。又從張樹聲克常、昭諸城，釋平湖圍，歷遷副將。論克宜、荆、溧、嘉、常功，擢總兵，賜號壯勇巴圖魯。從援浙，連下湖州、長興。是時，樹聲弟樹珊攻湖北德安陣亡，坐失主將，貶秩。戰敗東捻，復故官。西捻平，晉提督，更勇號爲博奇。旋赴山西防河，大搜馬賊。值晉飢，斥家財以濟，民德之，賊所竄匿，輒先詗以告。事寧，賜頭品秩。光緒六年，樹聲督兩廣，奏自隨。歷署潮州、碣石總兵。九年，徙右江鎮，主欽、廉防務。

明年，潘鼎新來乞師，領勤軍赴龍州，而鼎新已遁，迺從子材詣鎮南關截潰勇。宵襲文淵，入街心，馬踣，亟易騎，率死士繞山後，攀崖上，破二壘。俄而法軍分路入，直攻關前隘，復自後路仰擊，敵稍卻。李秉衡集諸將舉前敵主帥，孝祺曰：「今無論湘、粤、淮軍，宜並受馮公節度。」秉衡稱善。右路者西嶺也，其部將潘瀛袒臂裸體，衝入敵陣，故傷亡獨多。至日暮，孝祺擊敗之，奪三壘而還。攻諒城，瀛執幟先登，併力克之，城復。取太原，予世職。明年，授北海鎮總兵。二十年，賞雙眼花翎。逾歲，謝病歸。越四年卒，卹如制。

陳嘉，字慶餘，籍廣西荔浦。從蘇元春征黔苗，累勳至副將，賜號訥思欽巴圖魯。平六硐，擢總兵，調赴湖南守寶慶。鼎新撫廣東，嘉引兵從。抵思恩，值土寇嘯亂，計擒其魁莫思弼，誅之。

法越之役，率鎮南軍出關扼谷松。敵至，礮甚猛，退頓堅老，已而戰船頭、陸岸，皆捷。法軍據紙作社，師設伏誘之，嘉出挑戰，敵悉衆迎拒，戰方酣，元春隱兵起，斬法將四人、兵二百八十餘。捷入，賞黃馬褂，授貴州安義鎮總兵。未幾，法軍大舉寇堅老，鏖戰數晝夜，被重創仆地，左右掖之去，既覺，麾刀叱退，仍奮擊敗之。逾歲，法軍薄長牆。左路卽東嶺，嘉爭其三壘，宗漢繼之，七上七下，嘉被創者四，氣不少沮。孝祺自西來援，合擊之，遂奪還。以次復文淵、諒山，進規谷松，力疾赴前敵，詔嘉之，賜頭品秩，予世職。創發，卒於軍，年未五十，謚勇烈。

蔣宗漢，籍雲南鶴麗。同治初，回寇入境，方居憂，其酋馬金寶逼令受先鋒印，佯以絰制辭。潛歸里，至江干，無舟可濟，追騎將及，仰天祝曰：「苟得留身報國，當建此橋！」果得浮槎以免。既貴，成金龍橋，亙數百丈，行旅至今賴之。初隸楊玉科麾下，每戰輒爲先鋒。從攻豬供箐，其下有吳家屯，爲寇儲糧地，備奧阻。宗漢間道得大溜口，率死士百，縋幽鑿險，忍飢抵壁下，置藥桶，設伏線，潛出約師，火發，大敗之，繇是知名。又從玉科迭下各郡邑，積勳至副將，賜號著勇巴圖魯。戰小圍埂，勒馬挺矛，當者輒靡。岑毓英見而歎曰：「眞虎將也！」大理平，擢提督，賞黃馬褂。攻錫臘、順寧，皆先據要險，設伏敗敵。人皆謂其善謀云。事寧，更勇號圖桑阿。克雲州，署騰越鎮總兵。攻克烏索，授順雲協副將。

光緒改元，英繙譯官馬嘉理入滇邊，抵戶宋河遇害，坐疏防，鐫秩付鞫。明年，復騰越，起副將。五年，靖遠平，復故官。法越之役，率廣武軍出關，功與嘉埒。和議成，賜頭品秩，除貴州遵義鎭總兵。二十年，賞雙眼花翎。二十六年，署提督，調雲南。越二年，還貴州，予實授。明年，卒，予建祠。

蘇元春，字子熙，廣西永安人。父德保，以廩生治鄉團，禦寇被害，州人建祠祀之。元春誓復仇，從湘軍。同治初，隨席寶田援贛、皖、粵，累功至參將，假歸。六年，領中軍征黔苗，破荆竹園，賜號健勇巴圖魯。連克要隘，更號銳勇。八年，統右路軍，值思州苗犯鎭遠，復擊卻之，進復淸江，擢總兵。黃飄之役，黃潤昌戰死，元春馳救，亦敗退，干吏議。克施秉，復故官。九年，攻施洞，拔九股河，又改法什尙阿勇號。薄台拱，苗遁走，晉提督。明年，復丹江、凱里，軍威益振，賞黃馬褂。以次下黃飄、白堡，驛道始通。逾歲，循淸水而南，所至輒靡，惟烏鴉坡猶負固。復自東南破張秀眉砦。殘苗將北走，黔軍遏之河干。元春麾軍馳之，截寇爲二，斬數千級，降三萬餘人，苗砦悉平。元春留頓其地，撫降衆。論功，予雲騎尉。全黔底定，賜頭品秩。光緒初，平六硐及江華瑤，被賞賚。

十年，和議中變，法人大舉攻桂軍。潘鼎新薦其才，詔署提督。遂率毅新軍駐谷松，取陸岸，鏖戰五晝夜。上嘉其勇，命佐鼎新軍，再予騎都尉。規紙作社，敵緣江築壘，夜將半，師設伏誘之，其左樹木幽深，元春隱兵其中，敵至，於是夾擊，大破虜。旣而法人犯谷松，師連戰失利。敵燬鎭南關，元春出隴窯禦之，不克，退幕府。當是時，自南寧至桂林，居民大震。鼎新罷免，遂命主廣西軍事。十一年，法人寇西路，元春趨艽封截之，迺引去。俄攻關前隘，失三壘，元春亟馳救。詰朝，助子材扼中路，大捷，語具子材傳。長驅文淵，元春踵至，詗知敵據驅驢墟，乘其未整列逐之，敵奪門走，進扼觀音橋，而停戰詔下，諸軍分頓關內，元春駐憑祥，居中調度。和議成，授提督，晉三等輕車都尉，又改額爾德蒙額勇號。

還龍州，其南曰連城，號天險，建行臺其上，暇輒取健兒練校之，授以兵法。西四十里卽關，崇山相峜，一道中達。元春相形勝，築礮臺百三十所，囑統將馬盛治鎭之。鑿險徑，闢市場，民、僮懽忭。復自關外達龍州，創建鐵路百餘里，增兵勇，設製造局，屹然爲西南重鎭。加太子少保，晉二等輕車都尉。二十五年，入覲，命赴廣州灣劃界。

前後鎭邊凡十九年，閱時久，師律漸弛，兵與盜合而爲一，蔓滋廣。朝命岑春煊督兩粤治之，御史周樹模劾元春尅餉縱寇，敕春煊按覆。春煊謂不斬元春無以嚴戎備，詔奪職逮訊。初，湘軍舊制，軍餉月資衣食外，餘存主將所備緩急，歲餘迺給之，名曰「存餉」。元春涖邊，凡所設施，不足，移十二萬濟之。刑部擬以斬監候，獄急，元春請以應領公款十六萬備抵償。於是部再疏其狀，謂其父死難，例得減，詔戍新疆。

元春軀幹雄碩，不治生產，然輕財好士，能得人死力。嘗與法人接，獨持大體。金龍峝者，安平土州地，爲中、越要隘，法將據之，與爭不決。而游勇萬人恆出沒爲法患，法莫能制。其總督入關來求助，元春悉召至資遣之，金龍七隘卒歸隸。法商李約德爲寇所掠，總署慮啓衅，以屬元春。元春簡騶從詣山下，寇聞，送之出。時元春已積逋二十萬，或勸其請諸朝，元春歎曰：「吾任邊事，致外人蹈絕險，尙敢欺朝廷要重利乎？」卒不可。法感其義，贈寶星。既入獄，年已六十矣，無子，幕士董翩左右之。法總統聞其狀，急電公使端貴等謀緩頰。翩喜，具以告，元春曰：「法，吾仇也。死則死耳，藉仇以乞生，是重辱也！君爲我謝之。」居戍四年，御史李灼華疏其冤，事下張人駿，廉得實，請釋歸，而已卒於迪化。貧無斂，新疆布政使王樹枏爲治其喪。宣統改元，復官，子承賜，戍所生。

馬盛治，字仲平，籍廣西永安。以孝著。初隨席寶田征黔苗，積功至游擊，賜號壯勇巴圖魯。苗疆平，更勇號哈豐阿，遷副將。從克六硐，擢總兵。越事急，遂率師出關。時宣光、太原、牧馬潰勇索餉譁變，盛治輕騎往撫，汰弱留强，軍紀以肅。逾歲，法人悉銳至，腹背受敵。盛治具餱糧，間道繞敵前，與元春諸軍夾擊之，遂復南關。克文淵、諒山、長慶，頻有功，賞黃馬褂。光緒十二年，除柳慶鎭總兵，仍統邊軍佐元春，築礮臺，設廛市，賞雙眼花翎。二十一年，會辦中越界務。連破西林、鬱林諸匪，晉提督。二十八年，移署左江鎭。南寧各屬故盜藪，至卽麾軍搜剿，寇聞風遁。遂檄所屬練團築卡，堅壁清野，寇大困。其酋黃和順等猶負嵎，官軍攻隴頼，遇伏，槍彈雨至，盛治被重創，衆掖之出，旋卒。

盛治居邊十七年，元春倚如左右手。元春尚寬，而盛治濟以嚴，邊境頼以寧謐。卒，年五十八，謚武烈，予思恩、南寧建祠。

王德榜，字朗青，湖南江華人。咸豐初，粤寇擾境，與兄吉昌毁家起鄉兵，戰數利。五年，援江西，攻奉新，吉昌戰死，德榜領其衆，誓復仇。七年，論克瑞州功，敘經歷、州同。明年，從將軍福興援浙，復衢、處各城，擢知州。又明年，從援安徽，克婺源，遷直隸州知州，援例加道員。其夏，殲賊浮梁景德鎮。十年，平廣信，寇遁入浙。徙防玉山，歸左宗棠節度。十一年，李世賢、李秀成先後來犯，並擊卻之，賜號鋭勇巴圖魯。

同治改元，所部譁變，又不禀宗棠命，私越境駐廣豐，褫職留軍。尋還浙。世賢犯遂安，出常山、華埠截之。會宗棠耀兵龍游，令扼全旺。世賢遣驍賊分道馳救，德榜自右路夾擊，皆愕走。城寇猶未下，逾歲，偪城南，築三壘，寇夜遁，復官。移師浮梁，連下崇光、陽溪諸渡。三年，釋廣信圍。其秋，復東鄉，長驅江山、玉山、廣豐、鉛山，所至皆下，擢按察使。

是時，世賢合汪海洋出入江、廣邊，連陷龍巖、南靖、漳州。德榜將二千五百人馳援，合劉典軍爲西路軍，攻莒溪，克之。四年春，授福建按察使。復古田，攻南陽，師少卻。俄而海洋率黃、白號悍黨可二萬列田壠，典先入，德榜爲承，奮擊之，寇返西岸。德榜追至下車，海洋下馬痛哭，其黨挾之走。黃、白號衣者，海洋所蓄死士，號無敵，至是喪失過半矣。四月，邀擊世賢於安溪，進攻烏頭門，復漳城，馳大埔，郭揚維率四千人降，乘勝克南靖。易勇號曰達沖阿，遷布政使。十月，援嘉應，頓塔子墺，與諸軍環偪之。追寇，寇返奔。時宗棠軍大埔，麾下止八百人，勢岌岌，亟召德榜扼三河壩。地當潮州要衝，皆山道絕澗。德榜至，察地勢，度寇必不往，且主帥軍孤懸，寇直犯必不支，迺請當中路，卒與典軍出寇前遏之。十二月，復嘉應，誅海洋。捷入，賞黃馬褂。六年，遭父憂歸。

十年八月，宗棠征河州回，德榜詣軍所綜營務。時黑山壘林立，勢張甚。德榜率二千人自狄道渡洮，以石鼓墩左拂黑山，右扼邊家灣，形便控駕，迺築二壘其上，與諸軍痛擊，寇壘悉平。進駐迤南三甲集，率騎越山南下，大破之。剿東鄉，抵陰窪泉，遇伏，下馬督戰，寇潰。迭克要害，寇併入謝家坪。十一年，傅先宗戰歿新路坡，德榜接統其軍，申明紀律，誅將弁先潰者六人，士氣復新。羌地曠，夙患狼，往往百十成羣，夜入幕帳噬人。德榜令將士習獵搜捕，狼患滅。甘南既平，撫降回十餘萬。濬狄道河渠，獲沃壤百餘萬畝。降敕褒嘉，賜頭品秩。光緒元年，母憂，解職。六年，再赴新疆，以舊部駐張家口。七年，入京，敎練火器、健銳諸營，兼興畿輔水利。

十年，越南事亟，率師赴難。抵龍州，募新軍八營，號定邊軍，單騎詣諒山，謁徐延旭陳方略。令提督張春發分兵駐朝陽山、半隴山左右，何秀清等駐驅驢墟，通運道，而自領兵赴鎮南關。北寧陷，權廣西提督。戰豐谷，敗，蘇元春不往援，德榜銜之；以故元春敗於谷松，亦不往救。德榜自負湘中宿將，與督師不洽。潘鼎新責其戰不力，劾罷之，以所部屬元春。九月，復被命赴郴陽，進偪船頭，戰數捷。

明年，軍油隘，法軍犯長牆，出師夾擊，據文淵對山，鏖戰數日，殺傷略相當。越日，陳嘉爭東嶺三壘，德榜擊其背，克之。是日晨，出甫谷，敵援至，衝截爲二，部將蕭得龍及春發戰最勇，殲法軍百餘人，獲糧械無算。敵被截，大潰。已，復合諸軍攻諒城，法軍扼驅驢墟，地故有德榜舊壘，堅且緻。平明，德榜殲其六畫兵總一，諸軍繼之，城復。谷松敵勢仍悍，又殲其三畫兵總一，於是法人大潰，悉返侵地。復故官，被賞賚。尋移疾去。十五年，授貴州布政使。十九年，卒，卹如制。

張春發，字蘭陔，江西新喩人。初隸劉松山麾下，充探騎，頻有功。累遷至副將，賜號傑勇巴圖魯。從征陝回，規寧靈，戰常陷堅，擢總兵。金積堡寇決渠淹我師，春發開溝築隄，引流反灌，破壘二百餘，更勇號曰哲爾精阿。復巴燕戎格及河州，晉提督。光緒二年，從劉錦棠取廸化，連克瑪納斯、達坂、托克遜，賞黃馬褂。進復西四城，予世職。五年，安集延布魯特入寇，春發度幕趨博斯塘特勒克，擣其巢，逐北至俄境。法越肇衅，從德榜奪東嶺。法援大集，彈入右額，貫左頰，裹創力戰，大捷。除廣西右江鎭總兵，署廣東陸路提督，賞雙眼花翎。二十一年，平永安、長樂匪，予實授。二十六年，調湖北，逾歲，徙雲南。魏光燾劾其營務廢弛，論戍。三十二年，張之洞白其誣，復官，綜兩江營務。宣統三年，病免，旋卒。

春發治軍嚴，嘗云兵佚則驕惰，以故朝夕躬訓練，暇輒使濬河流，平道路。然木訥寡文，疏酬應，同官先施者恆不答禮，且往往氣淩其上，卒以此叢忌。

蕭得龍，籍湖南藍山。咸豐初，從援贛、浙，積勳至提督。調赴閩，克南陽、漳州。攻嘉應，寇遁，追扼北溪，大敗之，賜號博奇巴圖魯。光緒初，移師甘肅，克東鄉太子寺。越事危棘，與法人戰南關，殺傷略相當，奪東嶺三壘。功最，賞黃馬褂。事寧，署莊浪協副將。創發，卒於官，予優卹。

馬維騏，字介堂，雲南阿迷人。少從岑毓英軍征回寇，積功至都司，捕盜尤有名。越南事亟，又從毓英出關，以偏裨當一路。法越之戰，滇軍多有功，而以維騏及覃修綱、吳永安爲著。師攻宣光，垂克，法援大集，圍劉永福軍，維騏銳身馳救，鏖戰二晝夜，擊卻之。從攻臨洮，功最，遷副將，賜號博多歡巴圖魯。

光緒十三年，襲攻倮黑，間道濟瀾滄江。賊驚潰，斬其酋張登發，闢地千里，晉總兵。頻年越匪亂，騷擾各州邑，設方略治之，邊境以安。二十四年，除廣東潮州鎮。越四年，擢四川提督。仁壽、彭山土寇起，焚教堂，殺教民，勢洶洶。岑春煊諗其嫻武略，軍事一以屬之，用兵數月，以次戡定。三十一年，打箭爐關外泰凝寺喇嘛謀叛，率師討平之。會巴塘蠢動，殺駐藏大臣鳳全，川邊大震。維騏剿撫兼施，克要害，擒渠率，賜頭品秩、黃馬褂。趙爾巽督川，改編巡防軍，奏充翼長，訓練士卒，創設將弁學堂，軍民綏戢。宣統二年，卒，卹如制。

覃修綱，籍廣西西林。隸毓英麾下，與維騏齊名。征回有功，累遷至參將，賜號勤勇巴圖魯。從克雲州，晉副將，更勇號曰隆武。宣光之役，修綱獨扼夏和、清波，分兵取嘉喩關，復招越民九千，分頓要隘，綴法軍。緬旺前接山西、興化，後達十州、三猛，爲敵所據，出不意襲克之。次年，永福戰失利，軍潰退，修綱仍堅持不動。戰臨洮，斬其二將，夜半時，率死士短兵搏擊，法人大敗。乘勝復各郡縣，北圻諸省皆響應。修綱出奇兵直搗越南中部，而奉命罷戍。

事寧，賞黃馬褂，署川北鎮總兵，仍留滇。歷權普洱、開化諸鎮，坐事免。光緒二十五年，起甘肅西寧鎮，留滇如故。三十一年，卒，予建祠，並毓英祠附祀。

修綱性忠勇，官開化久，有惠政，士民感頌，因寄籍文山云。

吳永安，籍雲南廣西州。毓英部將中稱驍果。以征回功，累遷至副將，賜號尙勇巴圖魯。從克澂江，擢總兵。平館驛，晉提督，更勇號曰額特和，賞黃馬褂。毓英撫福建，奏署臺灣鎮，未之官，憂歸。起治雲南邊防。法人浮小舟渡沱江，永安乘其半濟，擊敗之。趨宣光，留三營扼守，而自間道還興化合岑軍。旣而諸軍攻宣光，與修綱分扼要隘，取嘉喻關，攻臨洮，戰益利，予優敍。和議成，署昭通鎮。討平武定夷匪，補鶴麗鎮。光緒十九年，卒，附祀毓英祠。

孫開華，字賡堂，湖南慈利人。少從軍，從鮑超援江西，戰九江小池口，傷右臂。援湖北，再被創。池驛之役，夾擊敗敵，積勳至守備。同治初，轉戰皖、贛間，遷副將。克句容、金壇，賜號擢勇巴圖魯。以次攻金溪、南豐、新城、寧都、瑞金，並下之，晉總兵。廣東、嘉應亂，敗賊黃沙嶂，降者十餘萬，擢提督。五年，除漳州鎮總兵，仍北行追捻入楚。其秋，赴本官。總督文煜累疏薦其才。十三年，總督李宗羲治江防，設霆慶、霆匯諸營。廈門與臺、澎對峙，勢險要，開華以超舊將，被命治廈門海防。募勇成捷勝軍，赴臺北、蘇澳營辦開山，詔署陸路提督。

光緒二年，率師東渡，頓基隆，顧北路。其時後山阿綿、納納社番畔服靡恆，開華領所部抵成廣澳，量地勢，察番情，進駐水母丁。悍番分路迎拒，開華麾軍鏖戰，陣斬數人，餘敗潰。師入高崁，直搗其巢。潰番併入阿綿，其地水湍急，聳巘巉崗，礮臺錯列，備奧阻。開華轟擊之，縱以火箭，復遶道攻其後，番駭走，遂克之，擒其魁馬腰兵等梟於市。九日三捷，論功，賞黃馬褂。四年，霆慶軍統將宋國永卒，開華接統其衆。會加禮宛、巾老耶畔，據鵲子城，師攻不克。總督何璟以軍事棘，令開華進新城，許便宜行事。開華浮戰艦入自花黎，襲攻後山背。四日悉夷諸社，斬二百數十級。番乞款，縛姑乳斗玩以獻，寘之法。臺北平，被賞賚。明年，內渡，再署提督，秋，復渡臺。九年，回任。已，復出辦臺北防務。

十年，法人來犯，時劉銘傳主軍事。銘傳故淮軍宿將，知開華幹略，檄守滬尾。初，法艦八艘至，開華度其必登岸，令諸將分伏礮臺後，露宿以待。部署甫定，而敵彈雨坌，烟燄翳天，偪臺而前。開華見勢猛，分路截擊，自夜至午，卻而復前者數四。臺旣燬，短兵接戰。開華銳身入，手刃執旗卒，奪其旗以歸。諸軍士見之，氣益奮，斬馘二千餘級，法人遁走。歐洲諸國以失國旗爲至辱。捷入，予世職，拜幫辦軍務之命。和議成，還本官，旋予實授。十九年，卒，謚壯武。子道仁，亦官福建提督。同時守滬尾者，朱煥明爲最著。

煥明，籍安徽合肥。初從銘軍征粵寇，積功至游擊。平東捻，遷副將。西捻犯畿疆，躡之滄州、德平，戰數利，晉總兵。光緒元年，臺灣生番騷動，從唐定奎往討，連破竹坑山、內外獅頭，擢提督。法越之役，法軍分道犯滬尾。煥明當北路，被重創，戰益力，開華直入擊退之。旋移師臺北，平番社，軍嘉義鹿港。土寇數千薄城，煥明率三百人與戰，殞於陣。事聞，附祀定奎祠。

蘇得勝，亦籍合肥。從銘軍討捻，積功至游擊。戰常陷堅，賜號勵勇巴圖魯，屢遷提督。法艦寇臺灣，從銘傳守臺北。戰基隆，大捷，記名海疆總兵，更勇號曰西林。滬尾告警，銘軍回援，於是基隆再失。逮滬尾既復，得勝還駐六堵。規基隆，全軍會月眉山，曹志忠將左，劉朝祜將右，得勝居中。敵至左路，擊卻之。逾歲，法益兵攻志忠營，得勝領數百人往援，戰失利，提督梁善明陣亡，右師亦潰，月眉復不守。而得勝已先營六堵，築城十餘里，諸軍獲安。相持月餘，和議成，始開港。旋補建寧鎮，仍留防滬尾。數剿生番，感瘴成疾。光緒十六年，卒於軍。妻徐氏，絕食殉焉。卹如制，妻獲旌。

章高元，亦合肥人。初入淮軍，累至副將。銘傳檄爲騎旅先鋒，轉戰魯、皖。安丘之役，以功擢總兵，賜號奇車巴圖魯。征臺灣，晉提督。法越事作，署澎湖鎮總兵，銘傳檄援滬尾。滬尾、基隆既復，論功，更勇號年昌阿，除登萊青鎮。中日失和，詔赴前敵，駐蓋平。

日軍來攻，戰挫遂退。德軍艦襲膠澳，被幽，旋脫歸，稱疾罷。拳亂作，起署天津鎮，徙重慶，以病免。卒，年七十一。

歐陽利見，字賡堂，湖南祁陽人。咸豐初，入長沙水師，轉戰贛、皖間，積功至游擊。同治改元，僞護王陳坤書據太平，以兵艦銜尾西上，環泊花洋上駟渡，期水陸並進。利見領一軍爲前鋒，兼程赴難。坤書陽令陸路悍黨擊我師船，而陰結筏自下游竊渡。利見詗知之，率所部長驅，乘風浪衝其筏爲二。寇大困，倚河築壘，矢堅守。我師水陸分道進，利見駛入花山，擊其背。遲明，戰良久，寇陣不少動，援軍至，始退。利見進次馬音街，會水師將李朝斌傴花津而陣，步騎助之，寇潰。翼日，復戰，陸師將周萬倬遇伏被創，利見銳身馳救，苦戰竟日，焚象山寇舍。而寇艎聚泊小丹陽，歸護新市鎮。利見進石臼湖轟擊之，獲其船十二艘，遷參將。

二年，攻巢縣，傴城東門而軍，適彭毓橘軍至，燔其筏，毀浮橋。寇入城，利見先登克之，遂與霆軍復含山。四日連下三城，功最，賜號强勇巴圖魯，調補狼山鎭游擊。克嘉定，遷副將。下太倉、崑山、新陽，晉總兵。是時花涇港寇壘林立，與吳江、震澤寇相犄角。利見率師破之，毀其船二十艘，城寇援絕乞降。於是蘇、浙路梗，蘇寇無固志。李鴻章督師合圍，利見引兵從，迭克要害，寇宵遁。城復，晉提督。三年，攻嘉興，利見率謝世彩等與陸師夾擊，麾衆先登，自城上發巨礮轟之。城寇駴亂，城遂拔。以次下長興。坤書據常州，鴻章舉兵西，使利見造浮橋渡壕，四面環攻，坤書就擒。中吳大定，除淮揚鎮總兵。

四年，捻至曲阜，東南走滕、嶧，渡運，東北走蘭山，南走郯，趨贛榆、青口，圖南下。朝廷憂裏下河，詔備淮揚防。於是利見率礮艦四十艘泊清江，兼治牐臺。七年，黃河暴漲，利見乘流至德州，運防迺固。捻雖屢挫，然渡運之謀未已，盤旋河東上下。利見復下駛援應，與諸軍環擊，捻益不支。事寧，賞黃馬褂，更勇號曰奇車伯。光緒六年，調福山鎮。明年，擢浙江提督。

十年，法艦寇福建，浙江戒嚴。鎮海爲浙東門戶，利見以三千五百人頓金雞山防南岸，提督楊岐珍以二千五百人頓招寶山防北岸，總兵錢玉興以三千五百人爲游擊師。威遠、靖遠、鎮遠三礮臺，守備吳杰領之，而元凱、超武二兵艦泊海口備策應。諸將皆受利見節度。利見實以兵備道薛福成爲謀主，迺量形勢，設防禦，蒐軍實，淸間諜，杜嚮導，申紀律，勵客將，布利器，部署甫定，而敵氛已偪。法人狃馬江之役，頗輕浙防。利見督臺艦兵縱礮擊之，法主將坐船被傷，數以魚雷突入，皆被擊退。法艦併力猛進，又沉其一。敵計窮，相持月餘，終不得逞。事後知主將孤拔於是役殞焉。上嘉其功，賜頭品秩。

十五年，病免。二十一年，劉坤一被命援奉天，奏調利見赴軍。力疾北行，卒於道，年七十一。

論曰：法越之役，克鎮南，復諒山，實爲中西戰爭第一大捷。摧強敵，揚國光，子材等之功也。開華等復滬尾，利見等守鎮海，與維騏等偕劉永福之拔宣光，並傳榮譽。當時挾戰勝之威，保臺復越，亦尚有可爲。獨怪當事者爲臺灣難保之說以自餒其氣，致使關外雖利，而越南終非我有。罷戰詔下，軍民解體，至今聞者猶有恨焉。

清史稿卷四百六十

列傳二百四十七

左寶貴 弟寶賢等 永山 鄧世昌 劉步蟾 林泰曾等 戴宗騫

左寶貴，字冠廷，山東費人。咸豐初，隸江南軍。嘗令當前敵，陣既接，旗兵中礮，殪，寶貴持其幟衝鋒入，大捷，繇是知名。獲苗沛霖，克金陵，頻有功。後以游擊從僧格林沁討捻，積勳至副將。光緒初，尚書崇實巡視奉天、吉林，奏自隨。既至，斬高希珍於土門，誅宋三好於石砬子。邊外東北廟溝金宮四搆黨圖大舉，復捕治之，餘燼悉平，賜號鏗色巴圖魯，晉記名提督。授高州鎮總兵，仍留奉天。平朝陽敎匪，賞黃馬褂、雙眼花翎，駐瀋陽。

二十年，朝鮮亂起，日本進兵。朝議既決戰，衞汝貴、馬玉崑、豐紳阿各率所部往禦之，寶貴自奉天來會，是爲四大軍。慮海道梗，迺繞道自遼東行，渡鴨綠江入平壤。是時葉志超虛飾戰勝狀，電李鴻章入告，遂拜總統諸軍命。於是汝貴、玉崑軍南門外大同江，志超部將江自康軍北門外小山，寶貴任城守。未止舍，日軍猝至，寶貴與豐紳阿擊卻之。敵退龍岡，分道來攻，又敗之。志超迺聚全軍爲嬰城計。

時寶貴扼玄武門，日軍大隊至。志超將潰圍北歸，寶貴不從，以兵守志超勿令逸。寶貴狃於捕馬賊之功，頗輕敵。日軍轟礮散置山巔，諜者以告，若弗聞。登城指麾，中礮踣，猶能言，及城下，始殞。其部將負屍開城走，遇日軍，又棄之，於是諸軍皆潰。事聞，贈太子少保，謚忠壯，予騎都尉兼一雲騎尉世職，子國梋襲。

弟寶賢、寶清先後於直隸、奉天剿匪陣亡。

永山，袁氏，漢軍正白旗人，黑龍江駐防，吉林將軍富明阿子，黑龍江將軍壽山弟。以廕授侍衞，歸東三省練軍。中日戰起，從將軍依克唐阿軍，率黑龍江騎旅駐摩天嶺。永山臨敵輒深入，爲士卒先。與日軍戰數有功，連殲其將。旣克龍灣，乘勝渡草河，規鳳凰，依克唐阿策襲其城，檄永山爲軍鋒，偕壽山分率馬步隊深入攻之。抵一面山，距城八里，張左右翼，各據一坡以待。永山爲右翼，尤得地勢。敵作散隊，伍伍什什冒死前，復以大隊橫衝我左翼。左翼潰，右翼亦不支，乃相繼退。永山獨爲殿，遇伏，連受槍傷，洞胸踣，復强起督戰，大呼殺賊而逝。事聞，謚壯愍，予建祠奉天。

鄧世昌，字正卿，廣東番禺人。少有幹略，嘗從西人習布算術。既長，入水師學堂，精測量、駕駛。光緒初，管海東雲艦，徼循海口。日本窺臺灣，扼澎湖、基隆諸隘，補千總，調管振威艦。以捕海盜，遷守備。李鴻章治海軍，高其能，調北洋。從丁汝昌赴英購鐵艦，益詳練海戰術。八年，朝鮮內亂，復從汝昌泊仁川，爲吳長慶陸軍後距。事寧，遷游擊，賜號勃勇巴圖魯。管揚威快艦，往來天津、朝鮮；冬寒冰沍，巡視臺、厦海防。尋充經遠、致遠、靖遠、濟遠四船營務處，兼致遠管帶。

十四年，臺灣生番畔，以副將從汝昌往討。戰埤南，毀其碉寨，擢總兵。時定海軍經制，借補中軍副將，而以汝昌爲提督，其左右翼總兵則閩人林泰曾、劉步蟾也。汝昌故不習海戰，威令不行。獨世昌以粵人任管駕，非時不登岸，閩人咸嫉之。

二十年夏，日侵朝，絕海道。鴻章令濟遠、廣乙兩船赴牙山，遇日艦，先擊，廣乙受殊傷；轟濟遠，都司沈壽昌，守備楊建章、黄承勳中礮死。濟遠逃，日艦追之，管帶方柏謙竪白幟，追益亟，有水手發礮擊之，折日艦瞭樓，柏謙虛張勝狀，退塞威海東西兩口。世昌憤欲進兵，汝昌尼其行，不果。已而日艦集大連灣，窺金州，我國海軍迺大發，泊鴨綠江大東溝，以鐵艦十當敵艦十有二。汝昌乘定遠居中，列諸船左右張兩翼。日艦魚貫進，據上風，汝昌令轟擊，距遠不能中。日艦小，運棹靈，倏分倏合，彈雨坌集，定遠被震，大纛仆。世昌見帥旗沒，慮軍心搖，亟取致遠纛豎之。戰良久，定遠擊沉其西京丸，我之超勇燬焉。

世昌乘致遠，最猛鷙，與日艦吉野浪速相當，吉野，日艦之中堅也。戰旣酣，致遠彈將罄，世昌誓死敵。將士知大勢敗，陣稍亂，世昌大呼曰：「今日有死而已！然雖死而海軍聲威弗替，是卽所以報國也！」衆迺定。世昌遂鼓輪怒駛，欲猛觸吉野與同盡，中其魚雷，鍋船裂沉。世昌身環氣圈不沒，汝昌及他將見之，令馳救。拒弗上，縮臂出圈，死之。其副游擊陳金揆同殉，全船二百五十人無逃者。經遠管帶總兵林永升、超勇管帶參將黃建寅、揚威管帶參將林履中並殞於陣。

事聞，世昌謚壯節，餘皆優䘏。世昌旣死，諸船或沉或逃，遂不復成軍。世昌臨戰以忠義相激勵，死狀尤烈，世與左寶貴並稱雙忠云。永升等，忠義有傳。

劉步蟾，侯官人。幼穎異，肄業福建船政學堂，卒業試第一。隸建威船，徼循南北洋資實練。同治十一年，會考閩、廣駕駛生，復冠其曹。自是巡歷海岸河港，所蒞輒用西法測量。臺灣地勢、番部風土尤諳習，爲圖說甚晰。光緒改元，赴歐學槍礮、水雷諸技，還留福建，敍守備。以丁寶楨、李鴻章論薦，擢游擊，會辦北洋操防。十一年，赴德國購定遠艦。

維時海軍初立，借才異地，西人實爲管帶，步蟾副之。已而西人去，頗能舉其職。十四年，以參將赴歐領四快船歸，遷副將，賜號强勇巴圖魯，擢右翼總兵。

二十年，中日戰起，海軍泊大東溝。日艦至，督攝諸藝士禦之，鏖戰三時許，沉敵艦三艘，運送銘軍八營，得以乘間登岸。論功，晉記名提督，易其勇號曰格洪額。明年，戰威海，中彈死。步蟾通西學，海軍規制多出其手。顧喜引用鄉人，視統帥丁汝昌蔑如也，時論責其不能和衷，致僨事。然華人明海戰術，步蟾爲最先，雖敗挫，殺敵甚衆。上嘉其忠烈，詔優卹。

其左翼總兵林泰曾，亦籍侯官，同爲船政學堂卒業生。管鎭遠，戰大東溝，發礮敏捷，士卒用命，撲救火彈甚力，機營礮位無少損，賜號霍春助巴圖魯。駛還威海，艦觸礁受傷，憤恨蹈海死。副將左翼中營游擊楊用霖、廣東大鵬協右營守備黃祖蓮並殉焉。優卹各如制。祖蓮等，忠義有傳。

戴宗騫，字孝侯，安徽壽州人。少以廩生治鄉團，捻酋苗沛霖數陷州，宗騫潛結各圩寨以攜貳其黨。同治初，謁李鴻章，上平捻十策，深器之，遂留參戎幕，積勳至知縣。十一年，治南運河隄工。時畿輔興水利，計臣慮餉詘，議裁兵。宗騫上書，略謂：「津沽爲九河故道，漳、衞交匯，水菑衍溢。宜闢減河洩其勢，濬枝河分其漲，俾淮、練軍治之，則兵農合一，事半而功倍。」鴻章以其議上聞，遂命董其役，成稻田六萬餘畝。箸海上屯田志紀其事。

光緒六年，中俄失和，吳大澂被命佐吉林邊務，奏宗騫自隨。大澂兼攝屯政，宗騫爲治道路，築礮臺，設江防，徙直、東流民，假予產業，分部護之。塞外灌莽千里，馬賊爲民患，宗騫曰：「此屯政蠹也！」率將士步馳八九百里，獲渠率王林等駢誅之。又以緣邊荒亙，戶籍殘耗，客民渙居不相顧，因令屯聚一處，略仿內地保甲，杜絕姦宄。復設製造局、採金廠，行之期年，商民輻湊。大澂上其績狀，遷知府。

八年，徙防洋、蒲河兩海口。遭母憂歸，鴻章疏留，宗騫請終制，弗許。時興海軍，練水師，闢軍港，檄防威海。十三年，詣軍所，壁金綫頂山，分犖軍駐南岸，綏軍駐北岸。明年，建兩岸海臺各三，南曰趙北嘴、鹿角嘴、龍廟嘴，北曰北山嘴、黃泥崖、祭祀臺。後路分築陸臺四，南岸口較闊，更建日島地阱礮臺，屹然爲東防重鎭。十七年，校閱海軍禮成，論功晉道員。威海地瘠，士氣衰，更斥貲立義塾，延名師，至是始聞謳誦聲。

二十年夏，日艦來攻，率師禦之，傷其艦四艘，再至再敗之。既而旅順、大連相繼淪沒，威海勢益孤，電請北洋、山東益師，久弗應。其冬，連失文登、寧海。時宗騫守北岸，分統劉超佩守南岸，宗騫與約，寇至互相應。歲除，大風雪，戰橋頭集，綏軍大困，銳身救之出。

踰歲，日軍至，輒敗去，折而南。宗騫往援，而超佩踉蹌遁，三臺拱手讓敵，反訴巡撫李秉衡，誣宗騫背約。宗騫抗辯，願復三臺贖罪。迺募敢死士奪還二臺，唯龍廟嘴未復。日軍倏大集，二臺仍不守，宗騫退歸，登祭祀臺。所部卒譁變，宗騫佯弗省，行數武，槍齊發，材官追斬一人，衆散走。宗騫既登，迺無一從者。夜宿藥庫，丁汝昌詣籌戰守策，宗騫曰：「綏、鞏軍已西去，孤臺危棘，恐資敵。」汝昌令燬臺，强掖之下。宗騫念南北各有地阱臺，此其勢尚可爲，迺詣劉公島就副將張德山。德山無戰守志，宗騫飲金死，威海師遂熸。鴻章以死事聞，詔優卹。復以秉衡請，贈太常寺卿。

論曰：中東之戰，陸軍皆遁，寶貴獨死平壤；海軍皆降，世昌獨死東溝。中外傳其壯節，並稱「雙忠」。及日兵入奉，永山獨死鳳城，敵遂長驅進矣。旅、大旣失，威海勢孤，步蟾、宗騫皆先後誓死。士氣如此，豈遂不可一戰？此主兵者之責。五人雖敗，猶有榮焉！

清史稿卷四百六十一

列傳二百四十八

宋慶 呂本元 徐邦道 馬玉崑 依克唐阿 榮和 長順

宋慶，字祝三，山東萊州人。家貧落魄，聞同里宮國勳知亳州，往依爲奴。亳捻孫之友僞就撫，慶察其意叵測，請擊之。國勳壯其志，署爲州練長。之友降，遂接統其衆，號奇勝營，薦授千總。自是守宿州，剿豫匪，釋鳳陽圍，保徐、泗後路。踰三歲，擢至總兵，賜號毅勇巴圖魯。既貴，過亳，謁所主，仍易僕廝服，執事上禮益恭，人傳爲美談。

同治改元，唐訓方撫安徽，裁臨淮軍，而以三營屬慶，毅軍自此始。三年，苗沛霖圍蒙城，慶絕其餉道。會僧格林沁軍至，轟擊之，寇宵遁。苗酋死，慶爲安撫餘衆，自壽州正陽關所菑皆下。兩淮告寧，調赴豫。時張曜爲翼長，慶往訪，詳詢地勢寇情。曜喜曰：「諸將無問及此者，君來，豫之福也！」遂與交驩。明年，授南陽鎭總兵。無何，曹州賊勢熾，慶被困鄧州刁河店，會糧罄，勢且不敵。迺令部將馬玉崑率壯士三百，潛出立營通饋運，軍氣復振，寇迺解去。已而張總愚決河圖北犯，慶據隄迎擊，敗之，西走；而任柱、賴文光復竄豫，湘軍將劉松山助慶軍盡驅入楚疆，豫略平。巡撫李鶴年因增練兩大軍，令曜領嵩武軍，而以毅軍專屬慶。六年，與曜扼黃河，蹙捻至山東，聚而殲之。論功，賞黃馬褂，更勇號格洪額。時總愚南擾河津，偪解州，詔慶與曜分守河北。踰歲，捻竄畿疆，慶率師入衞，轉戰雄、任、祁、高閒，與諸軍大破之，總愚赴水死。予二等輕車都尉，授湖南提督。

八年，左宗棠西征，慶引兵從，抵神木，再戰再捷。明年秋，命參哈、寧剿匪事，旋移督西川，皆在軍遙領。十三年，河、狄撫回閔殿臣叛，楚軍戰失利。時慶駐涼州，奉檄往援。三日馳五百餘里，抵沙泥站，衆縛其渠以獻，誅之，事遂定。光緒元年，師還。六年，徙防旅順，十餘年，軍容稱盛。醇賢親王奕譞被命巡閱，歎爲諸軍冠，親解袍服贈之。兩宮眷遇優渥，加太子少保、尙書銜。

二十年，中日失和，慶統毅軍發於旅順，與諸軍期會東邊九連城。軍未集而平壤已失，廷旨罷總統葉志超，以慶代之。慶與諸將行輩相若，驟稟節度，多不懌，以故諸軍七十餘營散無有紀。又坐守江北一月，以待日軍過義州，慶頓中路九連城，嚴戒備。日軍渡鴨綠江，戰失利，直趨鳳凰城，退扼大高嶺。旅順圍亟，朝命聶士成守之，敕慶往援。頓蓋平，屢擣金州不得進，而旅順已失。慶退守熊岳，自請治罪，被宥。未幾，復州又失。日軍西陷海城，慶亟赴之，擊敵感王寨。前軍方勝，後隊訛傳敵拊背，駭潰，復退守田莊臺，遼陽益危。慶凡五攻城弗能拔，朝廷思倚湘軍，命慶與吳大澂佐劉坤一軍。慶率徐邦道、馬玉崑兵萬二千人頓太平山，戰卻之，大澂敗入關。慶方以三萬人駐營口，聞警，還扼遼河北岸；而日軍盡以所獲礮列南岸猛攻，慶軍潰而西，於是遼河以東盡爲日有矣。詔褫職留任。

二十四年，徙守山海關，入覲，釋處分。和議成，留豫軍三十營屬之，賜名武衞左軍，駐錦州。二十八年，卒，晉封三等男，予建祠，謚忠勤。子天傑，五品京堂，襲爵。

慶從戎久，年幾八十，短衣帕首，躞蹀冰雪中，與士卒同甘苦，人以爲難云。

呂本元，安徽滁州人。初隸李鴻章軍，隨勦粵匪、捻匪，轉戰蘇、皖、魯、豫各省。援鄂、援陝屢立功，歷保總兵，賞强勇巴圖魯勇號。鴻章總督直隸，調入直。光緒初，授四川重慶鎮，仍留統盛軍馬步各營。中日戰起，檄本元統隊出關，兼程至安州。平壤失，從宋軍退守大高嶺。本元令各軍夜樹旗各要隘，廣設疑兵，亙二百餘里。敵至，疑頓不前，乘其疲襲擊之，復與聶軍敗之分水嶺。議成，還直。二十六年，拳禍起，署天津鎮，擢直隸提督，統淮、練各軍。勦匪受彈傷，事平，賞黃馬褂。調浙江，勤訓練，尤嚴治盜，常親督隊入山搜勦，連斃匪首。浙省議裁綠營，本元贊畫始就緒。宣統二年，病，乞罷。尋卒。

徐邦道，四川涪州人。初從楚軍討粵寇，積勳至參將。還本籍籌防，解城圍，遷副將。越境援陝西漢中，賜號冠勇巴圖魯。旋坐漢中失守，褫職。嗣從副將楊鼎勳援蘇，再援浙、閩，以戰功釋處分。同治六年，從劉銘傳剿平東捻，復官。明年，張總愚犯減河，邦道嚴扼橋口，大敗之。更勇號鏗僧額，遷總兵，署江蘇徐州鎮。光緒四年，擢提督，調駐天津軍糧城，授正定鎮。

東事起，慶以旅順守將赴防九連城，李鴻章別令姜桂題等守旅順，邦道助之。日軍入貔子窩，邦道語諸將曰：「金州若失，則旅順不可守，請分兵禦之。」諸將各不相統，莫之應。邦道自率所部趨大連灣。是時銘軍分統趙懷益守其地，邦道至，固請兵，迺分步旅隨邦道行。日軍大集，遂占金州，進偪大連，懷益奔旅順。越十日，日軍來爭旅順，諸將相顧無措，邦道率殘卒至，憤甚，思自効，請增兵，不許；請械，許之，迺率衆拒戰土城子，挫之。日軍大至，迺退。道員龔照嶼先一日遁，諸將亦奪民船以濟，蓋日軍未至而旅順已墟矣。邦道奔復州依慶，詔褫職。慶令守蓋州，邦道自牛莊移師還，而蓋平亦已失，合章高元擊之，弗勝。桂題往援，邦道請夜搗蓋平，桂題辭，諸軍皆退營口。邦道迺從慶擊敵太平山，與玉崑力戰卻之，俄仍敗潰。復與湘軍將李光久攻海城，亦弗克，遂退。踰歲，卒，復官，予優卹。

馬玉崑，字景山，安徽蒙城人。以武童從宋慶攻捻，積功至都司，賜號振勇巴圖魯。任柱等困慶登州，玉崑銳身馳救，圍立解，繇是以驍果名。捻平，擢總兵。剿秦、隴回，數獲勝，更勇號曰博奇。旣克肅州，賜頭品服。嗣從金順出嘉峪關，連下烏魯木齊、昌吉、瑪納斯，擒其渠黑瞎子。天山南北告寧，賞黃馬褂，予世職。玉崑居西域先後十餘年，收復名城以十數，暇輒使部下屯墾闢地利。李鴻章疏薦將才，謂可繼宋慶。光緒間，調赴直隸。

二十年，補授山西太原鎭。會日朝搆衅，玉崑統毅軍赴援，次平壤，壁南門外大同江。日軍來攻，玉崑守東岸，血戰久，援至，敵敗去。已而玄武門失，葉志超令其速撤軍，迺歸平壤。日軍占蓋平，諸將皆退營口。玉崑從慶頓太平山，日軍猛攻之，玉崑戰最力，擊退其衆。無何，日軍大集，慶陷重圍，墜馬負創，玉崑抉圍入，翼之出，傷亡殊多。轉戰田莊臺、感王寨，以千餘人抗强敵，屹然自全。

二十五年，擢浙江提督。明年，調還直隸。適拳匪肇亂，聯軍入寇，玉崑統武衞左軍禦之。初戰天津，繼戰北倉，相持月餘，卒以無援退。車駕西幸，命隨扈。又明年，還京，加太子少保。二十八年，朝陽土寇竊發，玉崑倍道應赴，破其卡，生擒首惡鄧萊峯誅之。三十四年，病卒，贈太子太保，予二等輕車都尉，謚忠武。

依克唐阿，字堯山，扎拉里氏，滿洲鑲黃旗人，吉林駐防。以馬甲從征江南。移師討捻，敗張洛行於大回村、濉溪口，屢著戰績，積勳至佐領。同治初，馬賊陷伊通，依克唐阿以少襲衆，斬其酋劉果發等，又破之昌圖，攻克劉家店，復長春廳，遷協領，賜號法什尙阿巴圖魯。搜捕殘匪，獲白凌阿、焦西平，晉副都統。十一年，補官黑龍江。光緒五年，移呼蘭，呼蘭設副都統自此始。明年，母憂歸。

時俄人以議改伊犂條約有違言，烏里雅蘇臺參贊喜昌夙諗依克唐阿諳戰術，請敕就近募獵戶守琿春。會吉林戒嚴，依克唐阿遂募兵五千擇隘分守，而自率師駐其地。琿春故重鎭，其東南海參崴，俄尤數窺伺，廷議設副都統鎭之，於是又改調琿春。十年，被命佐吉林軍事。十五年，擢黑龍江將軍。

二十年，日朝戰起，依克唐阿請率軍自効，乃進咸鏡道，繞赴漢城迎擊，上嘉之。左寶貴軍失利平壤，日軍西進，命移駐九連城。尋以日軍渡江來攻，復令徙上游禦之。依克唐阿與戰於蒲石河，連克蒲石河口、古樓子。宋慶退駐大高嶺，依克唐阿孤軍不能獨守，遂退寬甸。宋軍南援旅、大，聶士成軍接防，乃定夾攻之約。依軍由寬甸繞進賽馬集迎擊日軍，先戰懸羊磖子，連勝之草嶺河、通遠堡、草河口。日軍大集，橫斷聶、依兩軍，士成亟趨分水嶺拊其背，依軍還擊之，陣斬一中尉。又西而東，大戰於金家河，軍稍挫。日軍先已占鳳凰城，依克唐阿謀襲之，分左右翼以進，戰一面山，敵來爭，左翼潰，右翼統領永山遇伏死，依克唐阿保餘軍退，詔革職圖後效。

踰歲，海城陷，遼西危棘，詔責長順守遼陽，依克唐阿助之，發帑金五十萬濟依軍。既至，議以攻爲守。迺集諸將置酒，取刀刺臂血，攪而飲之，相矢以死。依軍遂進取海城，軍騰鰲堡、耿莊，數戰弗勝。會榮和至軍，亟趣之出。榮和先進北路，奪三卡，其左樹木幽深，令隱兵備抄襲，而自列陣曠野，伏槍以待。日軍據山巔轟擊我師，彈落積雪中，潰不發。我師還擊，仆者衆，再發再仆。衆爭傍山出，伏槍具舉，死以百數。榮和所部募自塞邊外，善避擊，傷者恆少，所謂「東山獵戶」也。是役以千人抗日軍數千，故依軍聲譽遠出諸軍上。

罷戰詔下，日人將歸我遼東，依克唐阿力請三路分兵鎭懾，稱旨。又條上練兵隊、築礮臺、造鐵路、製槍械、開礦產、治團練六事，朝旨以礦政尤要，敕妥籌開採。又明年，晉頭品秩，授鑲黃旗漢軍都統。其秋，出爲盛京將軍。既蒞事，糾貪墨，整營制，晰分釐稅，歲增餉銀數十萬。復撤還金州奉軍，杜俄人藉口，境內稱治。二十五年，卒，謚誠勇，予建祠。

依克唐阿勇而有謀，性仁厚，不嗜殺，每有俘獲，不妄戮一人。轉戰吳、皖、魯、豫，先後救出難民以十數萬計，至今人尸祝之。初與長順訂兄弟交，長順兄事之。及議遼陽戰守，語不協。依克唐阿毅然獨任其難，曰：「孰使我爲兄也者？」其雅量如此。

治罪。

榮和，字育堂。二等侍衞，官至副都統。戰後所部育字營多驕縱，命李秉衡查辦，革職

長順，字鶴汀，達呼里郭貝爾氏，隸滿洲正白旗，世居布特哈。起家藍翎侍衞，隨文宗車駕狩熱河。會馬賊陷朝陽，從大學士文祥討平之。嗣復從侍郎勝保征捻，轉戰直、魯、皖、豫，以驍勇稱。同治元年，解潁州圍，以功遷二等。

多隆阿主陝西軍事，調赴軍，至潼關，大敗寇衆，賜號恩特赫恩巴圖魯。進攻咸陽馬家堡，被巨創，援至，又大破之，咸陽復，晉頭等。三年，悍回馬化隆據寧夏，分其黨駐清水堡成犄角，師久攻不下。長順曰：「不先翦其羽翼，城未可克也！」迺自靈州襲清水堡，乘勝取寧夏，拔之，晉副都統，賜頭品服。時長順年未四十，而戰常陷堅。每當兵潰時，或抄襲其後，或橫阻其前，俾潰者得整列，以是常轉敗爲勝。其旗幟尚白，寇望見之，輒呼曰：「小長將軍至矣！」相與戒勿犯，其爲寇所憚若此。

六年，移師蘭州。時省城戎備寡，回衆數千突來犯，長順率百人隱小溝，出不意疾擊之，寇愕走，又敗之平番、皋蘭、狄道，既復規取河州，連破太子寺、高家集，被賞賚。八年，授鑲紅旗漢軍副都統。越二年，出署烏里雅蘇臺將軍，坐事免。

光緒二年，復官，左宗棠調赴甘肅，歷署巴里坤領隊大臣、哈密幫辦大臣。初，新疆南路勘界議起，當事者與俄使相持久不決。至是，長順陟巉巖，披蒙茸，獲見高宗御書界碑，俄使始無異辭，迺定。明年，假歸，歷授正白旗漢軍都統、內大臣。十四年，出爲吉林將軍。既蒞事，賑菑荒，維圜法，均釐榷，澄吏治，淸盜源，整旗務，境內一切皆治辦。又創修吉林通志，書成上之。

二十年，日軍陷海城，遼陽危。朝命長順往援，節制奉天各軍，並嚴詔：「遼陽有失，唯長順是問。」時潰軍紛集遼城下，署知州徐慶璋方閉城不令入，軍大鬨。會長順領百騎至，斬鬨者一，餘令還駐沙河。先是長順被命以軍五千分隊應赴，先至者令壁本溪湖，自輕騎入遼陽。亂既定，日軍諜者亦不知其止百騎也，第歸言某將軍至。日軍遂止弗前，遼陽乃保。已而進攻海城，戰數日弗勝，長順奏趣宋慶會師，詔不許。湘軍將陳湜至，又請劉坤一令合攻，亦未果。及日軍繞道復攻遼陽，適慶璋守峼峒峪，長順與依克唐阿回援，得無恙。和議成，請疾歸。

二十五年，復起吉林將軍。拳亂作，俄羅斯內犯，奉天、黑龍江皆主戰，長順獨持不可。又上言拳匪不可恃，東省鐵路隨地皆駐俄兵，宜善爲羈縻，寧嚴守以待戰，毋先戰以啓釁。上嘉其老成持重，奉、吉軍事悉屬之。戰釁既開，奉、黑皆罹災，而吉林安堵，人服其先見。

日俄之戰，守中立，獨無所犯。三十年，卒，贈太子少保，予一等輕車都尉，謚忠靖，入祀賢良祠。

長順聳幹頳面，鬚眉灑然。富膽略，恆持短矛單騎穿賊陣，爲士卒先。往往以少制衆，以奇制勝，兼謀勇，一時稱良將云。

論曰：中日之戰，淮軍既覆，湘軍隨之，唯豫軍强起支撑。慶與玉崑先後失利，亦不復能自振焉。東三省練軍自成軍後，終未當大敵，而依克唐阿、長順一奮其氣，遂保遼陽而無失，中外稱之。喪師辱國者數矣，此固差强人意者哉。

清史稿卷四百六十二

列傳二百四十九

丁汝昌　衞汝貴　弟汝成　葉志超

丁汝昌，字禹廷，安徽廬江人。初隸長江水師，從劉銘傳征捻，積勳至參將。捻平，賜號協勇巴圖魯，晉提督。光緒初，留北洋差序，赴英國購兵艦，歷法、德各營壘廠局，還綜水師。八年，朝鮮與美議互市，請莅盟，汝昌與道員馬建忠東渡監約。旣而朝軍譁變，焚日使署，遂率濟遠、揚威二艦赴仁川、漢城護商，而日軍已先至，汝昌還請益師。隨統七艦以濟，薄王京，與吳長慶及建忠謁李應罡，執以歸。九年，授天津鎭總兵。會越南南定陷，乘兵艦往江平及欽州白龍尾，徼循海口，賞黃馬褂。十四年，定海軍經制，命爲海軍提督。軍故多閩人，汝昌以淮軍寄其上，恆爲所制。總兵以下多陸居，軍士亦去船以嬉，又值部議停購船械，數請不獲，蓋海軍廢弛久矣。二十年，賞加尚書銜。

朝亂再起，汝昌欲至濟物浦先攻日艦，將啓行，總署電柅之。逮日艦縱橫海上，海軍始集大東溝、鴨綠江口。定遠爲汝昌座船，戰既酣，擊沉其西京丸一艘。已，致遠彈藥盡，被擊，總兵鄧世昌戰死。自是連喪五艦，不復能軍。汝昌猶立望樓督戰，忽座船礮震，暈而仆，舁以下。汝昌鑒世昌之死，慮諸將以輕生爲烈，因定海軍懲勸章程，李鴻章上之，著爲令。旅順陷，汝昌渡威海，是時兩軍相去二百二十餘里，朝士爭彈之，褫職逮問。鴻章請立功自贖，然兵艦既弱，坐守而已。

逾歲，日軍陷榮城，分道入衞。汝昌亟以木簰塞東西兩口，復慮南岸三臺不守、礮資敵，欲毀龍廟嘴臺礮，陸軍統將戴宗騫電告鴻章，責其通敵誤國，不果毀。待援師不至，迺召各統領力戰解圍。會日暮大風雪，汝昌盡毀緣岸民船，而南北岸已失，日艦入東口猛攻，定遠受重傷，汝昌命駛東岸，俄沉焉，軍大震，競向統帥乞生路，汝昌弗顧，自登靖遠巡海口。日艦宵入口門，擊沉來遠、威遠，衆益恐。道員牛昶炳等相嚮泣，集西員計議。馬格祿欲以衆挾汝昌，德人瑞迺爾潛告曰：「衆心已變，不如沉船夷礮臺，徒手降，計較得。」汝昌從之，令諸將同時沉船，不應，遂以船降，而自飲藥死，於是威海師熸焉。事聞，諸將皆被卹，汝昌以獲譴，典弗及。宣統二年，海軍部立，舊將請賜卹，始復官。

衞汝貴，字達三，安徽合肥人。從劉銘傳征捻，累遷至副將，晉總兵。事平，授河州鎮，李鴻章薦其樸誠忠勇，留統北洋防軍。歷授大同、寧夏諸鎮，均未之官，統防軍如故。

光緒二十年，日朝戰起，率馬步六千餘人進平壤。臨行，鴻章誡以屏私見，嚴軍紀。至牙山，退成歡，與日軍相見，尋復趨平壤合大軍，與副都統豐紳阿頓守城南江岸。平壤，朝舊京也，聞我軍至，爭攜酒漿以獻；而軍士多殘暴，掠財物，役丁壯，淫婦女，汝貴軍尤甚，殺義定朝民，衆滋恐。復蝕軍糈八萬運家，軍大譁，連夕自亂，互相蹈藉。時馬玉崑血戰大同江，浮舟往援，敵稍卻。玄武門嶺失，即竄走。鴻章方據葉志超牒奏捷，俄而安東、鳳凰陷，踉蹌走岫巖，岫巖陷，走奉天。朝士交章糾其罪，詔褫職逮問。汝貴治淮軍久，援朝時年已六十矣。其妻貽以書，戒勿當前敵，汝貴遇敵輒避走。敗遁後，日人獲其牘，嘗引以戒國人。明年，鏁送京師，按實，論死。

其弟汝成官至總兵。援旅順，六統帥不相轄，汝成與趙懷益爭毆，鴻章函責之。逮日軍至，姜桂題等猶力禦，而汝成已先遁。詔逮治，未蹤獲，迺籍其家。後不知所終。

葉志超，字曙青，安徽合肥人。以淮軍末弁從劉銘傳討捻，積功至總兵。戰淮城被創，仍奮擊卻之，逐北天長，又敗之汊河，賜號額圖渾巴圖魯。規南樂，戰德、平間，頻有功。捻平，留北洋。光緒初，署正定鎮總兵，率練軍守新城，爲大沽後路。後徙防山海關，李鴻章薦其優智略，予實授。十五年，擢直隸提督。越二年，熱河教匪亂，志超率師討之。平建昌，連克楡林、沈家窩館、貝子廟，釋下長皋圍，進攻烏丹城，擒其渠李國珍磔之，賞黃馬褂、世職。

二十年，朝鮮乞師，鴻章令選練軍千五百，率太原總兵聶士成頓牙山。志超遲留不進，鴻章責之，不得已啓行。而日軍已據王京要隘，牙山兵甚單，駐朝商務委員袁世凱數約志超電請北洋發戰艦赴仁川，增陸軍駐馬坡。鴻章始終欲據條約，恐增兵爲彼藉口，勿許，並戒志超毋啓衅。亡何，高陞商輪運兵近豐島，被擊沉。士成謂志超曰：「海道旣梗，牙山絕地，不可守。公州背山面江，勢便利，戰而勝，可據以待援；不勝，猶得繞道出也。」志超從之。日軍偪成歡，士成以無援敗，趨公州就志超。而志超已棄公州，間道出漢陽東，士成追及之。當是時，大軍集平壤，迺卷甲而趨之，二日始至。志超以成歡一役殺傷相當，鋪張電鴻章，鴻章以聞，獲嘉奬，賞銀二萬犒軍，拜總統諸軍之命。

志超意甚滿，日置酒高會，徒築壘環礮爲守。日軍詗至大同江，爲我軍逐去，遂以屢捷入告。時統帥居城中，日軍夾江而陣，兩岸相轟擊。東南二路戰少利，志超莫敢縱兵，趣回城。日軍乘間以濟，據山阜，左寶貴出禦之，被巨創。志超將私逸，寶貴不從，以兵監之。

寶貴自守玄武門嶺，矢必死，登城指麾，爲礮所中而殞。志超亟樹白幟乞罷戰，日人議受降，請帥兵歸，弗許，迺潛向北走。朝兵銜之刺骨，於其出城時槍擊之，死者不可稱計。日軍復要之山隘，兵潰，回旋不得出，擠而死者相枕藉。諸將盡委械而去，於是朝境內無我軍矣。

志超奔安州，士成謂安地備險奧，可固守，弗聽。逕定州，亦棄不守，趨五百餘里，渡鴨綠江，入邊始止焉。事聞，奪志超職，鴻章請留營効力，弗許。次年，械送京師，下刑部鞫實，定斬監候。二十六年，赦歸，歲餘卒。

論曰：甲午之役，海陸軍盡覆，辱莫大焉。汝昌雖有罪，而能以一死報國，尚知畏法。汝貴、志超喪師失地，遺臭鄰邦，靦然求活，終不免於國典，何其不知恥哉？

清史稿卷四百六十三

列傳二百五十

唐景崧　劉永福

唐景崧，字維卿，廣西灌陽人。同治四年進士，選庶吉士，改吏部主事。光緒八年，法越事起，自請出關招致劉永福，廷旨交岑毓英差序。景崧先至粵，謁曾國荃，韙其議，資之入越。明年，抵保勝，見永福，爲陳三策，謂：「據保勝十州，傳檄而定諸省，請命中國，假以名號，事成則王，此上策也；次則提全師擊河內，中國必助之餉；若坐守保勝，事敗而投中國，策之下也。」永福從中策。戰紙橋，敵潰，爲作檄文布告內外，檄出，遠近爭響應。越嗣君爲法脅，莫能自振，景崧乘間勸內附。永福意猶豫，景崧曰：「子能存亡繼絕，卽所以報故主也。且阮福時已薨，無背主嫌。」永福意稍動，於是廣招戎幕謀大舉。上念景崧勞，賞四品銜。

景崧上書言：「越南半載之內，三易國王，欲靖亂源，莫如遣師直入順化，扶翼其君，以定人心。若不爲藩服計，不妨直取爲我有，免歸法奪，否則首鼠兩端，未有不敗者也。」十年，駐興化，會北寧告急，毓英令景崧導永福往援。初，桂軍黄桂蘭等方守北寧，劉團被困山西，坐視不救，永福憾之深。至是景崧力解之，始往；並勸桂蘭離城擇隘而守，弗聽。景崧輕騎入諒山，與徐延旭量戰守。適扶良警，請還犒劉軍，行至郎甲，涌球陷，阻弗達。回諒，謂延旭曰：「寇深矣！亟宜收潰卒，定人心，備粮糧，集軍械，分兵守險，以保茲土。」於是令綜前敵營務，扼巴塘嶺。敵再至，再卻之，廣軍氣稍振。

會張之洞令其募勇入關，迺編立四營，號景字軍，爲規越廣軍之一。朝廷賞加五品卿。景崧遂取道牧馬，行千二百里，箐壑深岨，多瘴癘，人馬顛隕不可稱計。旣至，數挫敵鋒。毓英高其能，復以潘德繼滇軍屬之，兵力迺益厚，進頓三江口。逾月，法人攻劉軍吳鳳典營，景崧率談敬德馳救，大捷。敵旣退，遂先薄宣光。城外地故荒服，迺督軍開山斬道，首龍州，訖館司，創設臺站，滇桂道始達。已而軍其南門，敵開壁出盪，疾擊之，逼城而壘，槍彈雨坌，攻益力。是時天霪雨，運饋絕，吏士無人色。逾歲，滇軍丁槐攻城，桂軍雖飢疲，然猶據山巔轟擊。法人殊死鬬，不可敗。毓英慮其斷後援，令勿拚孤注，於是退頓牧馬。有旨罷戰，遂入關。論宣光獲勝功，賞花翎，賜號霍伽春巴圖魯，晉二品秩，除福建臺灣道。

十七年，遷布政使。二十年，代邵友濂爲巡撫。

臺灣自設巡撫，首任劉銘傳，治臺七年，頗有建設，詳銘傳傳。銘傳去，友濂繼之，丈地清賦，改則啓徵，迭平番亂，建基隆礮臺。及景崧莅任，日韓啓釁，亟起籌防。永福分鎭南澳。景崧自與永福共事，積不相能，迺徙永福軍臺南，而自任守臺北，未幾而李文奎變作。文奎故直隸匪，從淮軍渡臺，居景崧麾下爲卒。有副將余姓者，緣事再革之，文奎怒甚，卽撫署前斬其頭，護勇內應，爭發槍，將入殺景崧。景崧出，叛卒見而怖之，斂刃立，並告無事。景崧慰之，翻令文奎充營官，出駐基隆。於是將領多離心，兵寖驕不可制。

割臺議起，主事邱逢甲建議自主，臺民爭贊之。迺建「民國」，設議院，推景崧爲總統。和議成，抗疏援贖遼先例，請免割，不報，命內渡。臺民憤，迺決自主，製藍旗，上印綬於景崧，鼓吹前導，紳民數千人詣撫署。景崧朝服出，望闕謝罪，旋北面受任，大哭而入。電告中外，有「遙奉正朔，永作屛藩」語，置內部、外部、軍部以下各大臣。命陳季同介法人求各國承認，無應者。無何，日軍攻基隆，分統李文忠敗潰。景崧命黃義德頓八堵，遽馳歸，詭言獅球嶺已失，八堵不能軍，且日人懸金六十萬購總統頭，故還防內亂，景崧不敢詰也。是夜，義德所部譁變。平旦，日軍果占獅球嶺，潰兵爭入城，城中大驚擾亂，客勇、土勇互仇殺，尸遍地。總統府火發，景崧微服挈子遁，附英輪至厦門，時立國方七日也。二十八年，卒。

劉永福，字淵亭，廣西上思人，本名義。幼無賴，率三百人出關，粵人何均昌據保勝，卽取而代之。所部皆黑旗，號黑旗軍。

同治末，法人陷河內，法將安鄴搆越匪黃崇英謀占全越，擁衆數萬，號黃旗。越王諭永福來歸，永福遂繞馳河內，與法人抗，設伏以誘斬安鄴，覆其全軍。法人大舉入寇，永福軍頻挫。越人懼，迺行成，而授永福爲三宣副提督，轄宣光、興化、山西三省，設局保勝，榷稅助餉。有黃佐炎者，越駙馬，以大學士督師。永福數著戰功，匿不聞，永福銜之。越難深，國王責令佐炎發兵，六調永福不至，然越王始終思用之。

光緒七年，法人藉詞前約互市紅河，脅越王逐永福。越王佯調解，而陰令勿徙。法大怒，逾歲，入據河內。永福憤，請戰，出駐山西，逕諒山，謁提督黃桂蘭，乞援助。會唐景崧至，面陳三策，永福曰：「微力不足當上策，中策勉爲之！」朝旨賞十萬金犒軍，永福入貲爲游擊。戰懷德紙橋，陣斬法將李威利，越王封一等男。既又敗之城下，法人決隄掩其軍，越人具舟拯之出，退頓丹鳳，與法人水陸相持，苦戰三日，部將黃守忠攻最力。敵大創，迺浮艦攻越都，懸萬金購永福，越乞降。永福欲退保勝，黑旗軍皆憤懣，守忠自請以全師守山西，功不居，罪自坐，永福迺不復言退。無何，聞法軍至，遂出駐水田中，而軍已罷困，及戰，大潰，退保興化。

九年，法人要議越事，岑毓英力言土寇可驅，永福斷不宜逐，上韙之，命永福相機規河內，並濟以餉。十年，毓英次嘉喻關，永福往謁，毓英極優禮之，編其軍爲十二營。法人聞之，改道犯北寧。永福馳援，逕永祥金，英、法敎民梗阻，擊卻之。比至，粤軍已大潰，永福奪還扶朗、猛球礮臺。俄北寧失，力不支，再還興化。復以糧運艱阻，改壁文盤洲大灘，候進止。

毓英奏言：「永福爲越官守越地，分所應爲，若畀以職，將來邊徼海澨，皆可驅策。」於是擢提督，賞花翎。而李鴻章堅持和議，猶責其騷動。已，和局中變，上令永福軍先進。法人擾宣光，永福窖地雷待之，連日隱卒以誘敵，不敢出。復徙營偪城，三戰皆利。敵援至，毓英遣水師泝河而上，永福夾流截擊，奪其船二十餘艘，斬馘數十級，法人愕走。逾月，法艦入同章，毓英遣將分伏河東西，永福居中策應，兩岸轟擊，敗之，復以全力扼河道。十一年，法軍攻左域，守忠失同章不守，諸軍敗挫，永福退浪泊。停戰詔已下未至，猶大捷臨洮。論勝宣、臨功，賜號依博德恩巴圖魯。和議成，法人要逐如故。張之洞令永福駐思欽，不肯行。景崧危詞脅之，乃勉歸於粤，授南澳鎭總兵。

二十年，中日釁起，命守臺灣，增募兵，仍號黑旗。景崧署巡撫，徙其軍駐臺南。及臺北陷，景崧走，臺民以總統印綬上永福，永福不受，仍稱幫辦。日艦駛入安平口，擊沉之。攻新竹，相持月餘，兵疲糧絕，永福使使如厦門告急，並電緣海督撫乞助餉，無應者。而臺南土寇爲內閒，引日軍深入，破新化，陷雲林，掇苗栗，轟嘉義，孤城危棘，永福猶死守。日臺灣總督樺山資紀貽書永福勸其去，峻拒之。日軍迺大攻城，城陷，永福亡匿德國商輪，日軍大搜不獲。內渡後，詔仍守欽州邊境。後卒於家。

永福骨瘦柴立，而膽氣過人，重信愛士，故所部皆盡死力云。

論曰：清初平定臺灣，用兵數十載，始入版圖。甲午議和，遽許割讓，天下莫不同憤焉。臺民奮起，擁景崧爲總統，建號永清，此實國民自主之始，七日遽亡。景崧初說永福王越，乃自爲之，竟不可以終日，雖有知慧，不如乘勢，豈不然哉？永福戰越，名震中外，談黑旗軍，輒爲之變色。及其渡臺，已多暮氣，景崧又不與和衷，卒歸同敗，此不僅一隅之失也，惜哉！

清史稿卷四百六十四

列傳二百五十一

李端棻　徐致靖 子仁鑄　陳寶箴 黄遵憲　曾鉌
楊深秀　楊銳　劉光第　譚嗣同 唐才常　林旭
康廣仁

李端棻，字苾園，貴州貴筑人。同治二年進士，選庶吉士，授編修，爲大學士倭仁、尚書羅敦衍所器。十年，出督雲南學政。值回寇亂後，荒服道亙，前使者試未徧，端棻始一一按臨，文化漸振。光緒五年，轉御史，以叔父朝儀官京尹，迴避，改故官。累擢内閣學士。十八年，遷刑部侍郎。越六年，調倉場。前後迭司文柄，四爲鄉試考官，一爲會試副總裁，喜獎拔士類。典試廣東，賞梁啓超才，以從妹妻之，自是頗納啓超議，娓娓道東西邦制度。維時康有爲上書請變法，兼及興學。二十二年，端棻遂疏請立京師大學，凡各省府、州、縣徧設學堂，分齋講習；並建藏書樓、儀器院、譯書局，廣立報館，選派游歷生。二十四年，密薦康有爲及譚嗣同堪大用。又以各衙門則例，語涉紛歧，疏請删訂，上尤善之，詔趣各長官定限期革前敝。擢禮部尙書。未幾，有爲等敗，端棻自疏檢舉，詔褫職，戍新疆。中道遘疾，留甘州。二十七年，赦歸，主講貴州經世學堂。三十三年，卒。宣統元年，從雲南、貴州京朝官請，復官。

徐致靖，字子靜，江蘇宜興人，寄籍宛平。光緒二年進士，選庶吉士，授編修。累遷侍讀學士。父憂服闋，二十三年，起故官。致靖嘗憂外患日迫，思所以爲獻納計。子仁鑄，時以編修督湘學，倡新學，書告致靖舉康有爲。致靖遂上言：「國是未定，請申乾斷示從違。」藉以覘上意。未幾，詔果求通才，於是致靖奏有爲堪大用，並及梁啓超、黃遵憲等。又連上書請廢制藝，改試策論，省冗官，酌置散卿。復以邊患棘，宜練重兵，力薦袁世凱主軍事。上皆然其言，敕依行。罷斥禮部尙書許應騤等阻遏言路，遂命致靖權右侍郎。二十四年八月，太后復出訓政，參預新政諸臣皆獲罪。致靖褫職坐繫，尋定永遠監禁，仁鑄亦罷官。庚子，聯軍陷京師，致靖始出獄待罪，詔赦免。卒，年七十五。

陳寶箴，字右銘，江西義寧人。少負志節，詩文皆有法度，爲曾國藩所器。以舉人隨父偉琳治鄉團，禦粵寇。已而走湖南，參易佩紳戎幕，軍來鳳、龍山間。石達開來犯，軍飢疲，走永順募糧，糧至不絕，守益堅，寇稍稍引去。寶箴之江西，爲席寶田畫策殲寇洪福瑱，事寧，敍知府，超授河北道。創致用精舍，遴選三州學子，延名師敎之。遷浙江按察使，坐事免。湖南巡撫王文韶薦其才，光緒十六年，召入都，除湖北按察使，署布政使。二十年，擢直隸布政使，入對，時中東戰亟，見上形容憂悴，請日讀聖祖御纂周易，以期變不失常。他所陳奏語甚多，並稱旨。上以爲忠，命治糈臺，專摺奏事。馬關和約成，泣曰：「殆不國矣！」

明年，以榮祿薦，擢湖南巡撫。撫幕有任驎者，植黨私利，至卽重治之。直隸布政使王廉爲關說，據以上聞，廉獲譴。覆按史念祖被劾事，盡暴其任用非人狀，念祖遂褫職。繇是有伉直聲。湘俗故閉僿，寶箴思以一隅致富强，爲東南倡，先後設電信，置小輪，建製造槍彈廠，又立保衞局、南學會、時務學堂。延梁啓超主湘學，湘俗大變。又疏請釐正學術及練兵、籌款諸大端，上皆嘉納，敕令持定見，毋爲浮言動，並特旨褒勵之。是時張之洞負盛名，司道咸屏息以伺。寶箴初縮鄂藩，遇事不合，獨與爭無私撓，之洞雖不懌，無如何也。久之，兩人深相結，凡條上新政皆聯銜，而鄂撫譚繼洵反不與。

會康有爲言事數見效。寶箴素慕曾、胡薦士，因上言楊銳、劉光第、譚嗣同、林旭佐新政。上方詔求通變才，遽擢京卿，參新政，於是四人上書論時事無顧忌。寶箴又言四人雖才，恐資望輕，視事過易，願得厚重大臣如之洞者領之。疏上而太后已出訓政，誅四京卿，罪及舉主，寶箴去官，其子主事三立亦革職，並燬湘學所著學約、界說、劄記、答問諸書。

初，寧鄉已革道員周漢，以張揭帖攻西教爲總督所治。寶箴至，漢復刊帖傳布，寶箴令燬之，漢毆燬帖者，寶箴怒，下之獄。舊黨恨次骨，然喜新之士，亦以此翕然稱之。寶箴既去，諸所營搆便於民者，雖效益已著，皆廢毀無一存云。卒，年七十。

黃遵憲，字公度，嘉應州人。以舉人入貲爲道員。充使日參贊，著日本國志上之朝。旋移舊金山總領事。美吏嘗藉口衞生，逮華僑滿獄。遵憲徑詣獄中，令從者度其容積，曰：「此處衞生顧右於僑居邪？」美吏謝，遽釋之。歷湖南長寶鹽法道，署按察使。時寶箴爲巡撫，行新政，遵憲首倡民治於衆曰：「亦自治其身，自治其鄉而已。由一鄉推之一縣、一府、一省，以迄全國，可以成共和之郅治，臻大同之盛軌。」于是略仿西國巡警之制，設保衞局，凡與民利民瘼相麗，而爲一方民力能舉者，悉屬之，領以民望，而官輔其不及焉。尋解職，奉出使日本之命，未行而黨禍起，遂罷歸。著有人境廬詩草等。

曾鉌，字懷淸，喜塔臘氏，滿洲正白旗人。父慶昀，寧夏將軍。以任子爲工部主事，累遷郎中，充軍機章京，轉御史。光緒九年，出爲陝西督糧道。西、同各屬農民納糧例繳省倉，道塗艱遠，多弊竇，設法清釐之，民稱便。三輔士風樸僿，藝事苦窳，延長安柏景偉、咸陽劉光蕡主關中書院，督課實學，士論翕然。又設蠶桑局，聘織師敎以煮湅織染法，歲出絲帛埒齊、豫。十三年，遷按察使。明年，母憂解職。服除，起故官，俄遷甘肅布政使。二十四年，調直隸，迴避，留本任。擢湖北巡撫，慨然曰：「時艱至此，猶可拘成法不變耶？」於是假陝甘總督印上陳補官、掣簽、度支、訟獄四事，宜變通成例，厚植國本。侍讀學士貽穀、光祿寺少卿張仲炘彈其亂政，詔褫職。始，曾鉌官京朝，家綦貧，僦居陋室。及任外臺，孜孜民事，不顧問有無。旣閒廢，出入皆徒步，陝民恆歲醵金濟之。後益困，至敝衣鬻卜都市。未幾，卒。宣統改元，總督端方爲奏復原官。

楊深秀，字儀村，本名毓秀，山西聞喜人。少穎敏，諳中西算術。同治初，以舉人入貲爲刑部員外郎。假歸，值晉大饑，閻敬銘銜命籌賑，深秀條上改革差徭法，困少蘇。光緒十五年，成進士，就本官遷郎中，轉御史。嘗言：「時勢危迫，不革舊無以圖新，不變法無以圖存。」

二十四年，俄人脅割旅順、大連灣。深秀力請聯英、日拒之，詞甚切直。時朝廷銳意行新政，而大臣恆多異議。深秀迺與徐致靖先後疏請定國是，又以取士之法未善，請參酌宋、元、明舊制，釐正文體，下其議於禮部，尚書許應騤心非之，未奏也。會議經濟特科務減額，於是深秀合宋伯魯彈其阻撓。上令應騤自陳，奏上，劾康有爲夤緣要津，請罷斥，詞連深秀，上不之詰也。御史文悌劾深秀傳布有爲所立保國會，並暴有爲交通內外狀，德宗責以代人報復，反獲咎。深秀益感奮，連上書請設譯書局，派王公游歷各國，並定游學日本章程，皆報可。又請試庶官，日番二十人，料簡貞實，而汰其庸愚罷老不諳時務者，繇是廷臣益側目。湖南巡撫陳寶箴圖治甚急，中蜚語，深秀爲剖辨之，上以特旨褒寶箴，寶箴迺得行其志。

八月，政變，舉朝惴惴，懼大誅至，獨深秀抗疏請太后歸政。方疏未上時，其子巘田苦口諫止，深秀厲聲叱之退。俄被逮，論棄市。

深秀性鯁直，嘗面折人過，以此叢忌。官臺諫十閱月，封事二十餘上，稿不具存，惟獄中詩三章流傳於世。著有虛聲堂稿、聞喜縣新志。

楊銳，字叔嶠，四川綿竹人。少雋慧，督學張之洞奇其才，招入幕。肄業尊經書院，年最少，嘗冠其曹。優貢朝考得知縣。之洞督兩廣，從赴粵。光緒十一年，舉順天鄉試，考取內閣中書。

二十四年，之洞薦應經濟特科。又以陳寶箴薦，與劉光第、譚嗣同、林旭並加四品卿，充軍機章京，參新政。召見，銳面陳興學、練兵爲救亡策，稱旨。七月，禮部主事王照上封事，尙書許應騤等格不奏。上聞，震怒，盡褫尙書侍郎六人革職，朝臣皆不自安。上手詔密諭銳云：「近日朕仰觀聖母意旨，不欲退此老耄昏庸大臣而進英勇通達之人，亦不欲將法盡變。朕豈不知中國積弱不振，非力行新政不可？然此時不惟朕權力所不及，若强行之，朕位且不能保。爾與劉光第、譚嗣同、林旭等詳悉籌議，必如何而後能進用英達，使新政及時舉行，又不致少拂聖意，卽具奏，候朕審擇，不勝焦慮之至！」銳復奏言：「太后親挈大位授之皇上，皇上宜以孝先天下，遇事將順。變法宜有次第，進退大臣不宜太驟。」上是之。

已而太后再訓政，諸言新政者皆予重誅。銳既下獄，自揣實無罪，謂卽訊不難白，次日，遽詔與光第等同棄市。宣統改元，銳子慶昶繳手詔於都察院，請代奏，始傳於世。

劉光第，字裴村，四川富順人。光緒九年進士，授刑部主事。治事精嚴，因讞獄忤長官，遂退而閉戶勤學，絕跡不詣署。家素貧，而性廉介，非舊交，雖禮饋弗受。獨與楊銳善。通周官、禮及大小戴禮記。其應召也，亦以陳寶箴薦，然非其素志，將具疏辭，川人官京朝者力勸之。一日，召見，力陳時危民困，外患日迫，亟宜虛懷圖治，上稱善。惟時言路宏啓，臣民奏事日數百計，光第竟日批答，簽識可否，以待上裁。退語所親曰：「吾終不任此，行當亟假歸矣！」未一月而禍作，光第自投獄。臨刑，協辦大學士剛毅監斬，光第詫曰：「未訊而誅，何哉？」令跪聽旨，光第不可，曰：「祖制，雖盜賊，臨刑呼冤，當復訊。吾輩縱不足惜，如國體何！」剛毅默不應，再詢之，曰：「吾奉命監刑耳，他何知？」獄卒强之跪，光第崛立自如。楊銳呼曰：「裴村，跪！跪！遵旨而已。」迺跪就戮。著有介白堂詩文集。

譚嗣同，字復生，湖南瀏陽人。父繼洵，湖北巡撫。嗣同少倜儻有大志，文爲奇肆。其學以日新爲主，視倫常舊說若無足措意者。繼洵素謹飭，以是頗見惡。嗣同迺游新疆劉錦棠幕，以同知入貲爲知府，銓江蘇。陳寶箴撫湖南，嗣同還鄉佐新政。梁啓超倡辦南學會，嗣同爲之長。屆會期，集者恆數百人，聞嗣同慷慨論時事，多感動。

光緒二十四年，召入都，奏對稱旨，擢四品卿、軍機章京。四人雖同被命，每召對，嗣同建議獨多。上欲開懋勤殿，設顧問官，令嗣同擬旨，必載明前朝故事，將親詣頤和園請命太后。嗣同退謂人曰：「今迺知上絕無權也！」時榮祿督畿輔，袁世凱以監司練兵天津。詔擢世凱侍郎，召入覲。嗣同嘗夜詣世凱有所議。明日，世凱返天津。越晨，太后自頤和園還宮，收政權。啓超避匿日本使館，嗣同往見之，勸嗣同東游。嗣同曰：「不有行者，無以圖將來，不有死者，無以酬聖主。」卒不去。未幾，斬於市。著有仁學及莽蒼蒼齋詩集等。

唐才常，字佛塵。少與嗣同齊名，稱「瀏陽二生」，兩湖學堂高材生也。聞嗣同死，憂憤，屢有所謀，每言及德宗，常泣下。二十六年，兩宮出狩，才常陰結富有會謀舉事，號勤王，將攻武、漢。被獲，慷慨言無所隱，請就死，遂殺之。

林旭，字暾谷，福建侯官人。年十九，舉本省鄉試第一。後試禮部，值中日搆釁，糾同試者上書論時事，不報。入貲爲內閣中書。時康有爲倡言變法，先於京師立學學會，以振厲士氣，而蜀學、浙學、陝學、閩學諸會繼之。旭爲閩學會領袖，又充保國會會員。榮祿先爲福州將軍，雅好閩士，及至天津，延旭入幕。俄以奏保人才召見，操土語，上不盡解。退繕摺，上稱善，遂命與譚嗣同等同參機務，詔諭多旭起草。及變起，同戮於市，年二十有四。著有晚翠軒詩集。妻沈葆楨孫女，聞變，仰藥不死，以毀卒。

康廣仁，名有溥，以字行，有爲弟。少從兄學。有爲上書請改革，廣仁謂當先變科舉，庶人才可出。其後罷鄉會試、制藝，而歲科試未變，廣仁激勵言官抗疏論之，得旨俞允。於是廣仁語有爲：「今科舉既廢，宜且南歸興學專教育，俟養成多數有用才，數年後迺可云改革也。」有爲不忍去。及初聞變，廣仁復趣有爲歸。有爲走，廣仁被逮。在獄言笑自若，臨刑猶言曰：「中國自强之機在此矣！」

論曰：戊戌變法，德宗發憤圖强，用端棻等言，召用新進。百日維新，中外震仰，黨爭遽起，激成政變。銳、光第、嗣同、旭及深秀、廣仁同日被禍，世稱「六君子」，皆悲其志。內爭不已，牽及外交。其後遂釀庚子排外之亂，終致危亡。此亦清代興衰一大關鍵也。

清史稿卷四百六十五

列傳二百五十二

徐桐 豫師 子承煜 剛毅 趙舒翹 啓秀 英年

裕祿 廷雍 毓賢 李廷簫

徐桐，字蔭軒，漢軍正藍旗人，尚書澤醇子。道光三十年進士，選庶吉士，授編修。坐修改中卷干磨勘，罷職。咸豐十年，特賞檢討，協修文宗實錄。同治初，命在上書房行走，奉懿旨番講治平寶鑑，入直弘德殿，累遷侍講學士。先後疏請習政事、勤修省，成大學衍義體要以進。數擢至禮部侍郎。念外人麕集京師，和議難恃，宜壹意修攘圖自强；因條上簡才能、結民心、裕度支、修邊備四策。光緒初，授禮部尚書，加太子少保。主事吳可讀請豫定大統，以尸諫，桐與翁同龢等謂其未悉本朝家法：「當申明列聖不建儲彝訓，俾知他日紹膺大寶之元良，卽爲承繼穆宗之聖子。揆諸前諭則合，準諸家法則符。」疏入，詔存毓慶宮備覽。

時崇厚擅訂俄約，下羣臣議，迺條摘其不可行者：曰伊、塔各城定界；曰新疆、蒙古通商；曰運貨逕至漢口；曰行船直入伯都訥。六年，廷議徇俄人請，將赦崇厚罪，桐力持不可，謂：「揆度機要在樞廷，折衝俎豆在總署，講信修睦在使臣。赦之而彼就範，猶裨國事；若衅端仍不能弭，反失刑政大權。推原禍始，宜肅國憲。」又言：「今日用人之道，秉忠持正者爲上，宅心樸實者次之。若以機權靈警，諳曉各國語言文字，遽目爲通才，而責以鉅任，未有不僨且蹶者！」不報。歷充翰林院掌院學士、上書房總師傅。十五年，以吏部尙書協辦大學士，晉太子太保。二十二年，拜體仁閣大學士。

桐崇宋儒說，守舊，惡西學如讎。門人言新政者，屏不令入謁。二十四年政變後，太后以其耆臣碩望，頗優禮，朝請令近侍扶掖以寵之。

有豫師者，字錫之，內務府漢軍。進士。官至烏魯木齊都統，以講學爲桐所傾服。方太后議廢帝，立端王載漪子溥儁爲「大阿哥」，桐主之甚力，實皆豫師本謀也。旣而桐被命照料，益親載漪。各國不慊載漪等所爲，漪恚甚，圖報復。二十六年，義和拳起釁仇外，載漪大喜，導之入都。桐謂：「中國當自此强矣！」至且親迓之。然及其亂時，仍被劫掠。袁昶、許景澄之死，舉國稱冤，而桐則曰：「是死且有餘辜！」時其子承煜監刑，揚揚頗自得。

承煜，字楠士。拔貢。以戶部小京官晉遷郎中，累官刑部左侍郎。已，聯軍入，桐倉皇失措，承煜請曰：「父茈拳匪，外人至，必不免，失大臣體。盍殉國？兒當從侍地下耳！」桐迺投繯死，年八十有二矣。而承煜遂亡走，爲日軍所拘，置之順天府尹署，與啓秀俱明年正月正法。命下，日軍官置酒爲餞，傳詔旨，承煜色變，口呼冤，痛詆西人不已。翼日，備輿送至菜市，監刑官出席禮之，已昏不知人矣，尋就戮。和議成，褫桐職，奪卹典，旋論棄市，以先死議免。

剛毅，字子良，滿洲鑲藍旗人。以筆帖式累遷刑部郎中。諳悉例案，承審浙江餘杭縣民婦葛畢氏案，獲平反，按律定擬，得旨嘉奬。出爲廣東惠潮嘉道，遷江西按察使，調直隸；遷廣東布政使，調雲南。光緒十一年，擢山西巡撫。請設課吏館，手輯牧令須知諸書，分講習，詔飭行各省。治套外屯田，建分段、開渠、設官三策。明年，移撫江蘇。蘇患水祲，先後濬蘊藻河、吳淞江，以工代賑，民德之。調廣東。二十年，召授軍機大臣，補禮部侍郎。二十四年，以工部尙書協辦大學士，疏陳實倉廪，嚴保甲，罷不急官。二十五年，按事江南及廣東諸省。迭疏請籌長江防務，籌餉練兵，淸理財政，及整頓地方一切事宜，詔皆飭行。

二十六年，拳亂作，命趙舒翹及剛毅馳往近畿一帶查辦解散，及還京覆命，而宣戰詔已先下矣。匪集都城，肆焚殺，時方稱義民，亡敢誰何。載漪等復疏言：「雪恥强國，在此一舉！」又盛推拳民忠勇，有神術，可用。太后愈信之，因命剛毅、載勛統之，比於官軍。然匪專殺自如，勿能問，且擾禁城，日焚劫不止。詔各軍營會拏正法，盡拆所設神壇，並諭責剛毅、董福祥親自開導，勒令解散，卒不能阻。各國聯軍入犯，兩宮西狩，剛毅扈行至太原。車駕欲之西安，又從。道遘疾，還至侯馬鎮，死。其後各國請懲禍首，以先死免議，追奪原官。

趙舒翹，字展如，陝西長安人。同治十三年進士，授刑部主事，遷員外郎。讞河南王樹汶獄，承旨研辨，獲平反，巡撫李鶴年以下譴謫有差。居刑曹十年，多所纂定，其議服制及婦女離異諸條，能傅古義，爲時所誦。光緒十二年，以郎中出知安徽鳳陽府。皖北水祲，割俸助賑。課最，擢浙江溫處道，再遷布政使。二十年，擢江蘇巡撫。捕治太湖匪酋葉子春，餘黨股慄；復爲籌善後策，弊風漸革。明年，改訂日本條約，牒請總署重民生，所言皆切中。是時朝廷矜慎庶獄，以舒翹諳律令，召爲刑部左侍郎。二十四年，晉尚書，督辦礦務、鐵路。明年，命入總理各國事務衙門，充軍機大臣。

拳匪據涿州，舒翹被命馳往解散；匪衆堅請褫提督聶士成職，剛毅踵至，許之。匪既入京，攻使館。聯軍至，李秉衡兵敗，太后乃令王文韶與舒翹詣使館通殷勤，爲議款計。文韶以老辭，舒翹曰：「臣望淺，不如文韶！」卒不往。旋隨扈至西安。聯軍索辦罪魁，乃褫職留任，尋改斬監候。次年，各國索益亟，西安士民集數百人爲舒翹請命，上聞，賜自盡，命岑春煊監視。舒翹故不袒匪，又痛老母九十餘見此慘禍，頗自悔恨。初飲金，更飲以鴆，久之乃絕，其妻仰藥以殉。

啓秀，字穎之，庫雅拉氏，滿洲正白旗人。以孝聞。同治四年進士，選庶吉士，散館改刑部主事，累遷內閣學士。光緒五年，授工部右侍郎，調盛京刑部。吉林將軍銘安被彈劾，啓秀白其誣，轉戶部。論者以按銘安事多徇庇，攻甚力，命崇綺覆按，無左驗，免議。東省練新軍，倚餉京師，閻敬銘掌戶部，方規節帑，未應也。啓秀力言，始獲請，歲發四十萬濟之。二十年，拜理藩院尚書。中、日和議成，將換約，啓秀疏請：「條約宜緩發，先商諸各國，杜後患。」不報。敖漢王達木林達爾達克鹽朝陽覆轍，自請增練蒙軍。言者論其苛派蒙衆，謀不軌，啓秀爲訟其冤。敖漢王雖奪扎薩克秩，而其子獲嗣，以故大得蒙衆心。充總管內務府大臣。二十四年，授禮部尚書，疏陳釐正文體，倡明聖學。命充軍機大臣兼總理各國事務衙門。

啓秀端謹有風操，爲徐桐所賞。自政變後，桐最被眄遇，欲引參機務，乃舉啓秀自代。已而拳亂作，董福祥攻使館不下，啓秀薦五臺僧禦敵，頗附和之。逮兩宮狩西安，啓秀以母病弗克從。日本軍拘啓秀及徐承煜嚴守之，承煜，桐子也。朝旨褫職，而各國猶言罪魁不可縱。明年，正法命下，日軍官置酒爲餞，席次，傳詔旨，啓秀神色自若，曰：「即此已邀聖恩矣！」肅衣冠赴菜市。啓秀宅近日本權領地，日官與語，當善庇其家，第曰：「厚意可感。」他無復言，遂就戮。

英年，字菊儕，姓何氏，隸內務府，爲漢軍正白旗人。以貢生考取筆帖式，累遷郎中兼護軍參領。光緒中，歷奉宸苑卿、左翼總兵、正紅旗漢軍副都統、工部右侍郎，調戶部。拳匪亂作，以英年、載瀾副載勛，剛毅統之。載勛等出示，招致義民助攻使館，英年弗能阻，匪益橫，任意戕殺官民。聯軍旣陷京師，兩宮幸西安，英年充行在查營大臣，旋授左都御史。行次猗氏，知縣玉寶供張不備，疏劾之。款成，各使議懲首禍，英年褫職論斬，羈西安獄，尋賜自盡。

裕祿，字壽山，喜塔臘氏，滿洲正白旗人，湖北巡撫崇綸子。以刑部筆帖式歷官郎中。

出爲熱河兵備道，累遷安徽布政使。同治十三年，擢巡撫，年甫踰三十。前江南提督李世忠本降寇，罷職家居，所爲橫恣，裕祿疏請誅之。會以事詣安慶，召飲署中，酒行，出密旨，麾衆縛斬之，而仍卹其家，人以是高其能。光緒十三年，遷湖廣總督，調兩江，復還鄂。廷議修鐵路，起盧溝訖漢口，下羣臣議，裕祿力陳不可，忤旨。十五年，徙爲盛京將軍。十七年，熱河奸民騷動，燬教堂，殺蒙人，裕祿會師朝陽，擊平之，予優敍。二十年秋，朝鮮亂起，奉天戒嚴，坐安東、鳳凰失守，數被議。明年，調福州，改授四川總督。二十四年，召爲軍機大臣、禮部尚書兼總理各國事務衙門。會徵榮祿入樞廷，遂代之督直隸。

義和拳起山東，入直境。初，義和會源出八卦教乾坎二系，聚黨直、魯間，爲臨清部生文餘孽，後稱團，專仇教。裕祿初頗持正論，主勦，捕其酋姚洛奇置之法。踰歲，開州傳舉烽，言匪復至，擒渠率斬以徇。居無何，毓賢撫山東，縱匪，匪散入河間、深、冀，而裕祿承風指，忽主撫。袁世凱方將武衞軍，語裕祿：「盍不請嚴旨捕治？」裕祿曰：「拳民無他伎，緩則自消，激則生變。且此委瑣事，何煩瀆天聽邪？」已而毓賢去，世凱代之，自興兵疾擊，以故匪不敢近山東，而紛紛入畿疆矣。吳橋知縣勞乃宣禁傳習，爲書上裕祿，格不行。

時直隸官吏多信拳，布政使廷杰獨力主勦辦，嚴定州縣查緝拳匪懲戒辦法。遽奉詔開缺回京，匪愈橫。張德成居獨流，稱「舉國第一壇」，曹福田爲津匪魁，二人者炫神術，爲妄妖言相煽誘，裕祿不之問。已，復致書請餉二十萬，自任滅外人，裕祿馳檄召之，於是二人出入節署，與裕祿抗禮。當是時，津城拳匪至可三萬人，呼嘯周衢市，又以紅燈照熒衆，每入夜，家家懸紅燈，謂「迎仙姑」。

頃之，各國兵艦大集，匪猶羣聚督轅求槍礮，裕祿命詣軍械所任自擇，盡攫以去。而聯軍絡繹登岸，索大沽礮臺，裕祿懼，疏告急，請敕董福祥來援。聯軍索益堅，提督羅榮光不允，戰失利，而裕祿且上天津團民殺敵狀，於是朝廷以團民爲可恃，宣戰詔書遂下，而不知大沽已先數日失矣。裕祿又報大捷，盛張拳匪功，發帑金十萬犒團，更薦德成、福田於朝，飾戰狀，獲賞頭品秩、花翎、黃馬褂。事急，官軍戰車站，敗績，裕祿退保北倉。閱三日，城陷，德成、福田挾貲走，卒繫而罪之。裕祿飛章自劾，詔革職留任。踰月，北倉失，裕祿又退楊村，遂自殺。和議成，奪職。

廷雍，字邵民，滿洲正紅旗人。以貢生累官直隸布政使。裕祿死，護總督。聯軍入保定，被執，並及諸士紳。各軍訊其事，雍曰：「保紳夙從令，可釋，事皆由我。今至此，斧鉞由汝，奚問爲？」遂見殺。郡人尙多哀之。

毓賢，字佐臣，內務府正黃旗漢軍。監生。以同知納貲爲山東知府。光緒十四年，署曹州，善治盜，不憚斬戮。以巡撫張曜奏薦，得實授，累遷按察使，權布政使。二十四年，調補湖南，署江寧將軍。裁革陋規萬餘兩，上聞而嘉之。

是時李秉衡撫山東，適有大刀會仇西教，秉衡獎借之，戕德國二教士。廷議以毓賢官魯久，諳河務，擢代之。既蒞事，護大刀會尤力。匪首朱紅燈搆亂，倡言滅教。毓賢令知府盧昌詒按問，匪擊殺官軍數十人，自稱義和拳。毓賢爲更名曰「團」，團建旗幟，皆署「毓」字。教士乞保護，置勿問。匪浸熾，法使詰總署，迺徵還。至則謁端王載漪、莊王載勛、大學士剛毅，盛言拳民忠勇得神助。俄拜山西巡撫之命，於是拳術漸被山西。平陽府縣上書言匪事，毓賢痛斥之，匪益熾。毓賢更命製鋼刀數百，賜拳童令演習，其酋出入撫署，款若上賓。

居無何，朝旨申命保教民，毓賢陽遵旨，行下各縣文書稠疊，教士咸感悅。未幾，又命傳致教士駐省城，曰：「縣中兵力薄，防疏失也。」教士先後至者七十餘人，迺局聚一室，衞以兵，時致蔬果。一日，毓賢忽冠服拜母，泣不可止，曰：「男勤國事，不復能顧身家矣！」問之不語。遽出，坐堂皇，呼七十餘人者至，令自承悔教，教民不肯承，迺悉率出斬之，婦孺就死，呼號聲不忍聞。

聯軍既陷天津，毓賢請勤王，未及行，朝旨趣之再。兩宮已西幸，毓賢遇諸塗，遂隨扈行。和議成，聯軍指索罪魁，中外大臣復交章論劾，始褫職，戍新疆。十二月，行抵甘肅，而正法命下。時李廷簫權甘督。

廷簫，籍湖北黃安。以進士累官山西布政使，嘗附毓賢縱匪。至是得旨，持告毓賢，毓賢曰：「死，吾分也，如執事何？」廷簫慮譴及，元旦仰藥死。蘭州士民為毓賢呼冤，將集衆代請命，毓賢移書止之。其母留太原，年八十餘矣。一妾從行，令自裁。踰數日，伏誅未殊，連呼求速死，有僕助斷其頸，為斂而葬之。

論曰：戊戌政變後，廢立議起，患外人為梗，遂欲仇之，而庚子拳匪之亂乘機作矣。太后信其術，思倚以鋤敵而立威。王公貴人各為其私，羣奉意旨不敢違，大亂遂成。及事敗，各國議懲首禍，徐桐等皆不能免。逢君之惡，孽由自作。然刑賞聽命於人，何以立國哉？

清史稿卷四百六十六

列傳二百五十三

徐用儀　許景澄　袁昶　立山　聯元

徐用儀，字筱雲，浙江海鹽人。由副貢生入貲爲主事，官刑部。咸豐九年，舉順天鄉試。同治初，充軍機章京，兼直總理各國事務衙門。累遷鴻臚寺少卿，以憂歸。光緒三年，起太僕寺少卿，遷大理寺卿，直軍機如故。擢工部侍郎，始罷直。旋充總理衙門大臣，歷兵部、吏部侍郎，授軍機大臣。二十年，加太子少保。日朝搆衅，舉朝爭議和戰，樞臣孫毓汶被劾罷，翁同龢繼入，主戰益力。用儀論事與同龢忤，遂出樞廷，並解總署事。二十四年，皇太后再訓政，復直總署，迺密薦太常寺卿袁昶。會許景澄奉使還，被命同入署。

二十六年，拳禍起。先是上以行新政爲中外所推，而儲嗣久虛。載漪旣用事，陰謀廢立，慮外人爲梗，聞拳民有神勇，仇西教，欲倚以集事，召入京，遂縱恣不可制。用儀請嚴禁遏，不聽。俄、德使克林德，用儀駁曰：「禍始此矣！」言於慶親王奕劻，厚斂之。各國兵艦至津沽，詔廷臣集議和戰。用儀、景澄、昶及尚書立山、內閣學士聯元並言：「奸民不可縱，外衅不可啓。」而載漪等主戰甚力，在廷大臣率依違不決。用儀以太后命詣使館議緩兵，當事者益目爲奸邪。

景澄、昶先被害，用儀知不免，意氣自如。七月既望，遽發拳匪捕之於家，擁至莊王邸。用儀不置辯，第曰：「天降奇禍，死固分耳！」遂與立山、聯元同棄市。越三日，聯軍入京，而兩宮西狩。十二月，詔湔雪，復故官。宣統元年，追謚忠愍。浙人祠之西湖，與景澄、昶並稱「三忠」。

許景澄，字竹篔，嘉興人。同治七年進士，選庶吉士，授編修。明習時事，大學士文祥以使才薦。光緒六年，詔使日本，遭父憂，未行。服闋，補侍講。法越之役，條上籌備事宜，上褒納。十年，出使法德意和奧五國大臣，兼攝比國使務。時海軍初創，從德國購造鐵艦，未就。景澄躬歷船廠，鉤稽輯上外國師船表。又言海軍宜定屯埠膠州灣，設鐵甲礮船大沽口。轉侍讀，母憂歸。

十六年，充出使俄德奧和四國大臣，累遷至內閣學士。先是俄兵游獵，常越界，侵及帕米爾地，景澄爭之，俄援舊議定界起烏什別里山，自此而南屬中國，其西南屬俄。俄人則欲以薩雷闊勒爲界。相持三載，俄始允改議，其帕界未定以前，各不進兵，以保和好。因著帕米爾圖說、西北邊界地名考證，爲他日界約備。擢工部侍郎。是時俄、德迫日人還遼東，景澄曰：「俄謀自便，德圖償報，事故從此多矣！」疏請分遣兩使，從之。

二十三年，調充德國使臣。會俄建西比利亞鐵道，謀自黑龍江達海參崴，朝議拒之，迺更名商辦，許中國投貲五百萬，所謂東淸鐵路公司也。詔景澄綜其事，力阻路綫南溢，稽察運船毋漏稅。已而俄人索租旅順，充頭等公使，會駐俄使臣楊儒定議俄都。事竣，移疾歸，召授總理各國事務大臣兼禮部侍郎。調吏部，充大學堂總敎習、管學大臣。意大利索我三門灣，景澄抗言爭之，事迺寢。

未幾，拳禍作，景澄召見時，歷陳兵衅不可啓，春秋之義，不殺行人，圍攻使館，實背公法。太后聞之動容，而載漪等斥爲邪說。聯軍偪近畿，景澄等遂坐主和棄市。宣統元年，追謚文肅。

袁昶，字爽秋，桐廬人。從劉熙載讀，博通掌故。光緖二年進士，授戶部主事，充總理各國事務衙門章京。十八年，以員外郎出任徽寧池太廣道。誡僚屬，抑胥吏，多所興革；擴中江書院齋舍，課以實學；建尊經閣，購書數萬卷；汰常關耗費歲萬八千金，悉還諸公；定專條，納新關穀米出口稅，歲羡數十萬；督修蕪湖西南濱江圩隄，自大關亭至魯港，延袤十二里；更穿築新縷隄三百七十丈，自是蓄洩有資，田廬完固，民歌誦之。

膠州事起，下詔求言，昶條列時政二萬餘言，以：「德突據膠灣，其禍急而小；俄自西北至東北，與我壤地相錯，蒙喀四十八部將折入異域，其禍紓而大。宜及今預練勁旅，痛革吉、奉華靡風習。自頃兵力不能議戰，要不可不議守。我朝八旗初制，文武不分途，京外不分途，人皆兵，官皆將，故人才盛，國勢强。承平日久，文法繁密，諸臣救過之不暇，於是相率爲鄉愿，而舉國之人才靡矣！金田洪、楊之亂，其始一小民耳，猶窮全國之力僅而克之，況諸國互肆蠶食之心，有不乘吾敝而攻吾之短者哉？夫敵國外患，爲殷憂啓聖之資。苟得其人，毋拘以文法，則理財、練兵、防海、交鄰之策，可次第就理。」上親書其綱要於册，下中外大臣議行。二十四年，遷陝西按察使，未到官，擢江寧布政使，調直隸。未幾，內召，以三品京堂在總理衙門行走，授光祿寺卿，轉太常寺卿。時財用匱，議整釐稅。昶極言釐金名病商，實病民，不可議增。

義和團起山東，屠戮外國教士。昶與許景澄相善，廷詢時，陳奏皆忼慨，上執景澄手而泣。昶連上二疏，力言奸民不可縱，使臣不宜殺，皆不報。復與景澄合上第三疏，嚴劾釀亂大臣，未及奏，已被禍，疏稿爲世稱誦。追謚忠節，江南人祠之蕪湖。
昶嘗慨士鮮實學，輯農桑、兵、醫、輿地、治術、掌故諸書，爲漸西村叢刻。

立山，字豫甫，土默特氏，蒙古正黃旗人。光緒五年，以員外郎出監蘇州織造，歷四任迺得代。論修南苑工，賜二品服。累遷奉宸苑卿、總管內務府大臣、正白旗漢軍副都統、戶部侍郎。二十年，加太子少保。盜竊寧壽宮物，坐失察，鐫職留任。二十六年，擢戶部尚書。立山久典內廷，同列嫉其寵眷。會拳禍起，聯軍至天津，廷臣集議御前。載漪盛推拳民可用，立山適在側，太后謂：「汝言如何？」立山曰：「拳民雖無他，然其術多不驗。」載漪怒曰：「用其心耳，奚問術？立山必與外人通，請以立山退外兵！」立山曰：「首言戰者載漪也！臣主和，又不諳外事，不足任。」載漪益仇之，因其宅隣教堂，迺中以蜚語，謂藏匿外人，竟論死。宣統元年，追謚忠貞。

聯元，字仙蘅，崔佳氏，滿洲鑲紅旗人。同治七年進士，選庶吉士，授檢討，累遷侍講。大考，左遷中允，再陟侍講。以京察，出知安徽太平府，調安慶。兩薦卓異，署滁和道，遷廣東惠潮嘉道。汕頭者，通商要衢也，奸人倚英領事爲民暴，聯元裁以法，良善獲安。二十四年，擢安徽按察使，入覲，改三品京堂，在總理衙門行走。又明年，補內閣學士。拳民仇西教，載漪、剛毅助之，勢益橫，日夜圍攻使館，不能下。大臣負清望者徐桐、崇綺，皆謂：「民氣可用。」聯元與崇綺爭論帝前，謂：「民氣可用，匪氣不可用。」聯軍既陷大沽，載漪等猶壹意主戰。聯元謂：「甲午之役，一日本且不能勝，況八強國乎？儻戰而敗，如宗廟何？」載漪斥其言不祥，七月十七日，斬西市。昭雪後，予謚文直。順天府奏請立山、聯元合祠宣武門外，而聯元祖居寶坻，更於其地建專祠焉。

論曰：清代優禮廷臣，罕有誅罰。拳禍既起，忠諫大臣駢首就戮，豈獨非帝意哉？觀用儀諸人所論事勢利害，昭昭如此，迺終不能回當軸之聽，何其昧焉？世傳大節，並號「五忠」，不數日而遂昭雪，允哉！

清史稿卷四百六十七

列傳二百五十四

李秉衡 王廷相　聶士成　羅榮光　壽山 族孫瑞昌　鳳翔 崇玉等

李秉衡，字鑑堂，奉天海城人。初入貲爲縣丞，遷知縣。光緒五年，除知冀州。歲飢，發倉粟，不給。州俗重紡織，布賤，爲醵金求遠遷，易糧歸，而裁其價以招民，民獲甦。越二年，擢知永平府。部議追論劫案，貶秩。李鴻章上其理狀，請免議，不獲。時稱「北直廉吏第一」。以張之洞薦，超授浙江按察使，未到官，移廣西。十年，平峒寨亂，晉二品秩。明年，法人假越事寇邊，秉衡主龍州西運局。是時財匱，戰士不得餉，蹂屍輿厮，無人過問。秉衡益節儉，汰浮費，無分主客軍，給糧不絕，戰卹功賞力從厚。復創設醫局，治負傷軍士，身自拊循之，日數四，雖末弁，亦延見，殷殷勗以殺敵報國。護撫命下，驩聲若靁動。與馮子材分任戰守。諒山之捷，彭玉麟等疏言：「兩臣忠直，同得民心，亦同功最盛。」

予優敍。重申前命爲護撫，整營制，舉賢能，資遣越南游衆，越事漸告寧。新任巡撫沈秉成蒞官，迺乞病去。

二十年，東事棘，召爲山東巡撫。至則嚴紀律，杜苞苴。以威海、旅順箎鑰北門，遂率師駐煙臺。聞旅順不守，劾罷丁汝昌、龔照嶼等，以警威海守將。既而日軍浮三艦窺登州，秉衡悉萃精兵於西北，而榮城以戒備寡，爲日軍所誘而獲，時論訴之。其時大刀會起，主仇敎，勢漸張。二十三年，會衆戕德國敎士，德使海靖要褫秉衡職，編修王廷相力爭之，徙督四川。海靖請益堅，迺罷免。於是秉衡隱安陽，居三年，剛毅入樞廷，薦之起，入都。廷相慕其名，往訪，遂訂交。朝命秉衡詣奉天按事，奏廷相自隨。既至，糾不職者數人，皆廷相微服所詗知者。還，會御史彭述疏請整飭長江水師，詔使秉衡往，秉衡固辭，太后責勉之，遂行。

歲餘，拳禍作，枋事者矯詔趣戰，電各省，諸疆臣失措，商之鴻章。於是定畫保東南約，秉衡與焉。無何，又請募師入衞。至京，入覲太后，力主戰，遂命統張春發、陳澤霖、夏辛酉、萬本華四軍，出屯楊村、河西塢。戰纔合，張、萬二軍先潰，澤霖自武淸移壁，聞礮聲，軍皆走。秉衡不得已，退通州，疾書致各將領，述諸軍畏葸狀，飲金死。事聞，優詔賜卹，謚忠節。聯軍索罪魁，請重治，以先死免議，詔褫職，奪卹典。

廷相，字梅岑，直隸承德人，本籍山東。少劬學，以孝稱。光緒十三年進士，以編修督山西學政。口外七廳洊飢，有司匿不聞，爲上流民殘弊狀，獲賑如腹地。二十三年，轉御史，敢言事。時宗室、覺羅官學久廢不葺，廷相謂培材宜自近始，請依八旗官學新章，求實際，議行。國用患不足，計臣議加賦，廷相力申李鴻藻議，爲民請命，事遂寢。二十四年元旦，日食，疏請勤修省，條上七事，而尤以進賢退不肖爲國家治亂之源。因劾張蔭桓媚外人、交近侍，並以浙江學政徐致祥秩滿調安徽，外似優隆，內實屏絕。嚴旨下吏議，敕還原衙門行走。拳亂起，秉衡出禦聯軍，廷相從。及敗，尋秉衡不遇，還至倉頭橋，赴河死。子履豐，拯之不及，從之，遇救免。贈五品卿，予世職，賞履豐主事。

聶士成，字功亭，安徽合肥人。初從袁甲三軍討捻，補把總。同治初，改隸淮軍，從劉銘傳分援江、浙、閩、皖，累遷至副將。東捻敗，賜號力勇巴圖魯，擢總兵。西捻平，晉提督。光緒十年，法人據基隆，率師渡臺灣，屢戰卻敵。還北洋，統慶軍駐旅順。十七年，海軍大閱禮成，晉頭品秩。調統蘆臺淮、練諸軍，擊熱河朝陽教匪，擒斬其酋楊悅春，賞黃馬褂，易勇號曰巴圖隆阿。明年，授山西太原鎮總兵，仍留蘆臺治軍。請單騎巡邊，歷東三省俄羅斯東境、朝鮮八道，圖其山川阨塞，著東游紀程。

踰歲，日韓亂起，隨提督葉志超軍牙山。聞高陞兵艦燬，語志超曰：「海道梗，牙山不可守。公州背山面江，勢便利。」從之。士成迺先諸軍發，次成歡，遇伏，迷失道，吏士無人色。士成見二鶴立岡阜，語衆曰：「彼處無隱兵也！」遂出險，往就志超。志超已棄公州行，追及之。士成議趨平壤合大軍，而鴻章檄令內渡，以故平壤陷，得免議。志超逮問，宋慶接統諸軍，遣士成守虎山。未幾，銘軍潰，諸軍皆走，士成猶悉力以禦。日軍大集，力不支，退扼大高嶺。是時遼西危棘，士成請奇兵出敵後截其運道，諸帥不從，迺自率師偪雪裏站而陣。除夕，置酒飲將士，預設伏以待，日軍果來襲，大敗之分水嶺，斬日將富剛三造。優詔褒勉，授直隸提督。

和議成，還駐蘆臺。北洋創立武衞軍，改所部三十營爲前軍，與宋慶、董福祥、袁世凱並爲統帥。慶、福祥用舊法訓練，世凱軍仿日式，士成軍則半仿德式，是爲武衞四軍。

二十六年，拳匪亂，戕總兵楊福同，命士成相機剿辦。匪焚黃村、廊坊鐵軌，士成阻止之，弗應，擊殺數十人。其黨大恨，訴諸朝，朝旨訶責士成。時匪麕集天津可二萬，遇武衞軍輒詬辱，士成檢勒部下毋妄動。榮祿慮激變，馳書慰解之，士成覆書曰：「匪害民，必至害國！身爲提督，境有匪不能剿，如職何？」迺鬱鬱駐楊村觀變。會英、法諸國聯軍至，士成三分其軍，一護鐵路，一留蘆臺，而自率兵守天津。連奪陳家溝、跑馬廠、八里臺，徑攻紫竹林，喋血八晝夜，敵來益衆，燃毒烟礮，我軍稍卻。士成立橋上手刃退卒，顧諸將曰：「此吾致命之所也，踰此一步非夫矣！」遂殞於陣，腸胃洞流。詔賜卹。閱二載，以世凱言，贈太子少保，謚忠節，建專祠。

羅榮光，湖南乾州人。初隸曾國藩麾下，補把總。同治初，李鴻章規三吳，從西將華爾克青浦，攻南橋鎮、柘林，直搗其巢，大敗之。乘勝復沙川、金山，遷守備。又從西將戈登釋常、昭圍，以次下太倉、崑山諸邑。累擢參將。攻常州，先登，城復，遷副將，賜號果勇巴圖魯。除狼山鎮右營游擊。蘇軍分援浙、皖、閩，連克湖州、長興、廣德、漳州、漳浦諸城，與有功，擢總兵。六年，東捻擾魯疆，榮光以偏師游弋淮南北，敗捻於運。東捻回竄江、淮，分寇海、沭、邳、宿，並擊退之。明年，西捻窺滑、濬，我師蹑之，榮光戰數挫，而勇氣彌厲。鴻章謀困之黃、運間，緣河築長壘，榮光壁當敵衝，相持凡三閱月。會霖雨，寇多陷淖死，榮光復蹑之東北，勢益蹙，張總愚自沉於河。事寧，晉記名提督。自是徙防金陵、武昌、西安，凡二年。移駐天津，補大沽協副將。

光緒七年，創設水雷營，遴各營將士演習，兼授化電測量諸學。既而北塘、山海關相繼設，皆受成於榮光。醇親王閱北洋軍，以其教練有方，薦授天津鎮總兵。位漸顯，服食儉約若老兵然。二十六年，擢喀什噶爾提督，未之官而拳亂起，八國兵艦入寇，榮光守大沽礮臺。大沽水深廣，河道縈曲，曲有臺，備險奧，外兵懾其勢，弗敢進。榮光備益嚴，迺佯就款，使人言於裕祿，謂第得四五艘入口護僑商，無他意，裕祿許之。榮光聞而大驚，力阻，而敵艦已踵入，將及臺，遽出礮仰擊。榮光再謁裕祿乞發戰令，諜者已報臺燬，榮光憤極，歸，拔刀殺眷屬，曰：「毋令辱外人手！」遂出赴難，一僕隨之，不知所終。他日得其尸臺下，僕尸亦在焉。沒三日而天津陷，時年六十有七。

壽山，字眉峰，袁氏，漢軍正白旗人，黑龍江駐防，吉林將軍富明阿子。以父任爲員外郎，兼襲騎都尉世職，遷郎中。光緒二十年，日軍犯奉天，自請赴前敵，充步隊統領。弟永山領馬隊，數與日軍戰，復草河嶺，克連山關，進薄鳳凰城。敵援至，永山歿於陣，壽山被重創。以敢戰，兼領鎮邊軍馬隊。踰歲，降敕褒嘉。官軍旣克海城，壽山領七十騎詣遼南詗敵勢，遇之湯岡子，搏戰，槍彈入右腹，貫左臀出，戰愈猛，敵稍卻，馳還壁，血縷縷滿衣袴。上嘉其勇，遷知府，賞花翎。

二十三年，調充鎮邊軍左路統領，徙駐黑龍江城。越二年，除知開封遺缺知府，未之官，值東北邊防亟，超改黑龍江副都統。明年春，入覲，垂詢邊情甚悉，命佐將軍恩澤治軍。

疏請增募十五營，調諳邊事者十餘人，躬詣上海購軍械，自長崎、海參崴、伯利循海歸，潛度形勢，備戰守。新軍成，而恩澤卒於任，朝命代之。既蒞事，鏟奸弊，明賞罰，圖要塞；手訂行陣操法，頒之各將領，使番上，授以方略；雖末弁亦接見，籍記備器使。

二十六年夏，拳亂作，俄軍數千聲爲保護哈爾濱鐵軌，紛集海蘭泡，乞假道。壽山曰：「敵偪我都，我假敵道，如大義何！」拒之。遂檄愛琿副都統鳳翔禦北路，呼倫貝爾副都統依興阿禦西路，通肯副都統慶祺禦東路，令各嚴戒備毋浪戰；並牒俄勿進兵，願負保路責。而俄軍已分道進，重以鐵路土工可十餘萬索值，倡罷工，揚言與俄爲難。壽山亟下令軍中曰：「保鐵路，護難民，全睦誼，違者殺無赦！」復使統領吉祥約富拉爾基監工蓋爾肖甫入城，俾釋疑懼，而蓋爾肖甫迺擊殺工人宵遁。壽山猶强爲容忍也，慎導俄民出境，籍錄其財物備還，然俄軍不爲止，入寇愛琿及黑河屯，華人被迫赴水者，屍蔽江下。

三姓、呼倫貝爾又紛紛告警，壽山亟電吉林將軍長順會攻哈爾濱，然猶囑其語俄總監工，謂若罷兵，願以全家質。當是時，諸路軍皆潰敗，北路統領崇玉，營官德春、瑞昌，西路統領保全，東路營官保林，並陷陣死，於是俄遂偪齊齊哈爾省城。既而聞聯軍媾和，迺遣同知程德全往商和議，而自守「軍覆則死」之義，命妻及子婦先裁，手繕遺疏，猶惓惓於墾政，並致書俄將領囑勿戕民。閱日，具衣冠，飲金，臥柩中，不死；呼其屬下材官擊以槍，不忍，手顫機動，彈出中左脅，猶不死；更呼材官擊小腹，仍不死；呼益厲，又擊之，氣始絕。先是詔責其開邊釁，部議奪職。後以總督徐世昌請復官，予騎都尉兼雲騎尉世職，附祀富明阿祠。族孫瑞昌，充北路營官，俄陷黑河，與統領崇玉同戰歿。

鳳翔，字集庭，漢軍鑲黃旗人，吉林駐防。累官協領。光緒二十一年，中日事起，將軍長順赴奉督師，鳳翔任餽運，給食不乏。尋擢愛琿副都統。二十六年，俄將固畢廼脫爾來假道，壽山令愛琿戒備。俄軍已自黑龍江下駛，翼日，俄官廓米薩爾名闊利士密德者，浮軍艦至，鳳翔遣軍拒之三道溝。闊利士密德來謁，申前請，弗允，赬怒去，令舟師擊我，而我師已先發，殲其軍官二，闊利士密德被重創，奔還海蘭泡，旋卒。於是黑河軍與海蘭泡俄軍相轟擊者數日。鳳翔令統領王仲良率騎旅三百渡江擊之，始小挫，繼獲大勝。俄軍緣江遁，師往馳之，會其軍艦泊江岸，載歸。閱二日，又渡江來，擊卻之。遲明，又率步旅六千自五道河濟，右路統領崇玉望見之，其軍皆樹我幟，衣我衣，意爲漠河護礦兵也，弗敢擊，旣登岸始覺，而勢已不可遏，我師敗績，崇玉殞於陣，愛琿陷。壽山聞之，亟令鳳翔回援，弗及。

鳳翔駐兜溝子，去愛琿七十里。踰月，俄軍復至，槍彈雨下，鳳翔以戰爲守，相持累日。黑龍江行軍故無棚帳，戰罷露宿，衆苦寒，以是軍有怨聲，鳳翔慮譁潰，復以地勢平衍難扼守，迺請壽山結陣徐退，抵內興安嶺軍焉，去兜溝子又百六十里。未幾，俄軍爭上嶺，勢洶洶，師失利，仍扼嶺拒之。敵攻益亟，鳳翔悉甲出，令曰：「有後者斬！」而自赴前敵督懾。有材官稍卻，立使飛騎斬之。材官懼，大呼陷陣，俄軍少卻，復進，遂大敗，署北路翼長恆玉斷一臂，俄將卒死傷無算。鳳翔戰旣酣，右臂左足兩受彈傷，墜馬者三，輒復躍上，鏖戰不少休，旣還，嘔血數升而死。事聞，優卹如制。

崇玉，通肯正藍旗佐領。時同死事者，玉慶，黑龍江城世管佐領。城陷被執，詈不絕口，死最慘。扎魯布，黑龍江城水師四品官。懷印以殉，死後猶手握印不可脫。又段國英，宜黃人，以縣丞榷鹽阿什河。俄兵至，令讓所處屯兵，嚴詞拒之，縛而去；旋釋歸，則俄兵已佔其地，且懸俄幟，國英大哭曰：「中國亡矣！」觸石，頭裂，死。俄人覩者皆歎息。

論曰：秉衡淸忠自矢，受命危難，大節凜然，此不能以成敗論也。聯軍之占津、海也，長驅而入，唯士成阻之；俄兵之侵龍江也，乘隙以進，唯壽山拒之：固知必不能敵，誓以一死報耳。榮光爭大沽，鳳翔守愛琿，雖已無救於大局，而至死不屈，外人亦爲之奪氣，何其壯哉！

清史稿卷四百六十八

列傳二百五十五

崇綺 子葆初等 志鈞 延茂 弟延芝 色普徵額 王懿榮 熙元
宗室寶豐 宗室壽富 弟壽蕃等 宋承庠 王鐵珊

崇綺，字文山，阿魯特氏，蒙古正藍旗人，大學士賽尚阿子。以穆后父貴，升隸滿洲鑲黃旗。初爲工部主事，坐其父出師無功，褫職。咸豐四年，粵寇謀犯畿輔，充督練旗兵處文案，事寧，敍兵部七品筆帖式。英吉利兵艦窺天津，錄守內城功，擢主事。嗣遷員外郞。同治三年，將軍都興阿以崇綺諳兵事，奏自隨，兵部疏留。是歲成一甲一名進士，立國二百數十年，滿、蒙人試漢文獲授修撰者，止崇綺一人，士論榮之。九年，遷侍講，出典河南鄉試，充日講起居注官。十一年，詔册其女爲皇后，錫三等承恩公。歷遷內閣學士，戶部、吏部侍郞。

光緒二年，充會試副考官，補鑲黃旗漢軍副都統。會河南旱，大吏匿不報，爲言官所劾。上命偕侍郎邵亨豫按問，廉得實，巡撫李慶翔以下皆獲罪。四年，吉林駐防侍衞倭興額被盜誣控，詔與侍郎馮譽驥往讞，尋命崇綺署將軍專治之。倭興額控如故，事下侍郎志和覈覆，得誣告狀，崇綺自劾，被宥。五年，出爲熱河都統。御史孔憲瑴疏稱其忠直，宜留輔，不許。七年，調盛京將軍。

九年，謝病歸。旋授戶部尙書，再調戶部，復乞休。初，穆宗崩，孝哲皇后以身殉，崇綺不自安，故再引疾。二十六年，立溥儁爲「大阿哥」，嗣穆宗。迺起崇綺於家，俾署翰林院掌院學士，傅溥儁。於是崇綺再出，與徐桐比而言廢立，甚得太后寵，恩眷與桐埒。義和團起，朝貴崇奉者十之七八，而崇綺亦信仰之。事敗，隨榮祿走保定，居蓮池書院，自縊死。榮祿以聞，賜奠醊，入祀昭忠祠，諡文節。

崇綺妻，瓜爾佳氏，先於京師陷時，預掘深坑，率子散秩大臣葆初及孫員外郎廉定，筆帖式廉容、廉密，監生廉宏，分別男女入坑生瘞，闔門死難，各獎卹有差。二十七年，命以孫法亮嗣廉定，襲爵。

志鈞，亦三等承恩公，滿洲鑲黃旗人。充散秩大臣。聞警，設醴祭先，率妻子皆衣冠對縊於中堂。卹如例，諡貞愍。

延茂，杜氏，內務府漢軍正白旗人。同治二年進士，銓禮部主事。光緒八年，歷遷至鴻臚寺少卿。上言八旗官學廢弛，宜變通章程。再遷內閣侍讀學士。

中法搆衅，疏言：「我國士夫多懵外勢，請自今愼選使才，令其考察彼國政治利弊，圖其山川夷險，隨時奏聞。」又言：「名將必知地利而後可行師，廟堂必知地利而後可馭將。今宜北起盛京，南踰嶺廣，合臺、瓊爲一氣。復自滇、粵邊外訖越南全境，分繪兩圖，更令諸疆臣各繪所轄地圖，上測緯度，下準方斜，俾知相距里數，爲軍事之用。」上韙其議。

十三年，除奉天府府丞。越四年，入爲大理寺少卿。二十四年，由駐藏辦事大臣擢吉林將軍，以倉廩災，上章自劾。明年，徵還，再授黑龍江將軍，未行而拳禍作。聯軍入都，偕弟延芝守安定門，城陷，闔室自焚死。贈太子少保，謚忠恪。妻並諸娣姒女子子皆獲旌。

色普徵額，舒穆魯氏，滿洲正白旗人。咸豐十年，賊竄畿疆，以健銳營前鋒校，從大學士瑞麟往討，裹創力戰。旋從僧格林沁勦捻，斬馘甚衆。同治初，又從都統穆騰阿軍畿南。光緒三年，遷參領。八年，軍政課最，授鑲紅旗漢軍副都統，充神機營專操大臣。二十四年，徙駐南苑。二十六年，擢寧夏將軍，未行，拳亂起，命守正陽門，晝夜儆循不少休。聯軍攻城，中礮死。贈太子少保，謚壯恪，予騎都尉兼雲騎尉世職。

王懿榮，字正孺，山東福山人。祖兆琛，山西巡撫。父祖源，四川成緜龍茂道。懿榮少劬學，不屑治經生藝，以議敍銓戶部主事。光緒六年成進士，選庶吉士，授編修，益詳練經世之務，數上書言事。十二年，父憂，解職。服闋，出典河南鄉試。二十年，大考一等，遷侍讀。明年，入直南書房，署國子監祭酒。會中東戰事起，日軍據威海，分陷榮城，登州大震，懿榮請歸練鄉團。和議成，還都，特旨補祭酒。越二年，遭母憂，終喪，起故官。蓋至是三爲祭酒矣，前後凡七年，諸生翕服。

二十六年，聯軍入寇，與侍郎李端遇同拜命充團練大臣。懿榮面陳：「拳民不可恃，當聯商民備守禦。」然事已不可爲。七月，聯軍攻東便門，猶率勇拒之。俄衆潰不復成軍，迺歸語家人曰：「吾義不可苟生！」家人環跽泣勸，厲斥之。仰藥未卽死，題絕命詞壁上曰：「主憂臣辱，主辱臣死。於止知其所止，此爲近之。」擲筆赴井死。先是懿榮命浚井，或問之，笑曰：「此吾之止水也！」至是果與妻謝氏、寡媳張氏同殉焉。諸生王杜松等醵金瘞之。事聞，贈侍郎，謚文敏。懿榮泛涉書史，嗜金石，翁同龢、潘祖蔭並稱其博學。

熙元，直隸總督裕祿子。光緒十五年進士，由編修累遷至祭酒。聯軍入，方家居守制，聞變，偕嫂富察氏、妻費莫氏仰藥以殉。贈太常寺卿，謚文貞。越三年，杜松等以兩祭酒大節昭著，籲請隆報饗，得旨，附祀監署唐韓愈祠。

宗室寶豐，字稐年，隸正藍旗。好讀書，有清尙。光緒十五年進士，選庶吉士，授編修，歷遷至侍講。二十五年，立溥儁爲「大阿哥」，命直弘德殿，並賞高賡恩四品京堂，同授大阿哥讀。明年，兩宮西幸，寶豐以隨扈不果，憤甚，誓死職。自題絕命詞曰：「忠孝節廉，本乎天性。見利思義，見危授命。嗚呼寶豐，不失其正。」飲金死。贈太常寺卿。

宗室壽富，字伯茀，隸正藍旗，侍讀寶廷子。泛覽羣籍，尤諳周官、禮、太史公書，旁逮外國史，通算術，工古文詩詞。光緒十四年，成進士，選庶吉士。嘗憤國勢不張，八旗人才日衰，箸勸八旗官士文，立知恥會，大旨警頑傲，勵以自強。浙江巡撫廖壽豐疏薦壽富才學堪大用，命赴日本考政治。旣還，箸日本風土志四卷獻上，召見，痛陳中國積弊及所宜興宜革者，漏三下始退，上器之。政變作，遂杜門。

壽富性故矜貴，不通刺朝列。及拳亂起，迺上書榮祿，言董福祥軍宜託故令離畿甸，然後解散拳民，謂「董爲禍根，拳其枝葉耳」。榮祿不省。妻翁內閣學士聯元旣以論拳匪誅，家屬匿其宅，衆以壽富重新學，亦指爲祖外，恚甚，或勸之他往，曰：「吾宗親也，寧有去理耶？」城陷，壽富自題絕命詞，並貽書同官曰：「國破家亡，萬無生理。乞赴行在，力爲表明。侍已死於此地，雖講西學，未嘗降敵。」遂與弟右翼宗室副管壽蕃及一妹一婢並投繯死。贈侍講學士。

壽富刻苦孤峭。寶廷罷官早，家貧甚，性癖泉石。壽富事父能委曲以適其意旨。著有搏虎集。

宋承庠，字養初，江蘇華亭人。由拔貢考取小京官，銓工部。光緒四年，舉於鄉，遷主事。八年，充總理衙門章京，遷員外郎，轉御史。二十六年，巡視京城，聯軍入，遙望城內火光燭天，自言：「主辱臣死，義無可逃。」疾書一紙遺家人曰：「宗廟宮寢，已付一炬，敵人殘忍，不共戴天。讀聖賢書，惟有捐軀報國而已。我得死所，妻子勿以我爲念。」時已仰藥，口不能言，越一日卒。贈四品卿銜。

王鐵珊，字伯唐，安徽英山人。光緒十五年進士，銓兵部主事。居久之，母年老，欲歸省。會拳亂作，知都城必危，遂不去。悉舉貲斧寄母，獨留百金，復分其半助邑館貧不能歸者。其人謂：「盍不偕南？」曰：「時勢至此，不能出力抗敵，已負朝廷；若更引身遠避，何以爲人？且在京爲大清官，在籍踐大清土，國苟不保，家將焉屬？」其人知其隱蓄死志，强之行，不可。兩宮既西狩，遂伏案作書寄弟，略云：「身非武職，恨不能執干戈衞社稷；官非臺諫，又不獲效忠言維國是。如都城不保，義不偷生。所恨居官以來，未能事母，長負此不孝之罪耳。」書畢，肅衣冠拜，默坐室中。聞內城陷，自縊死。遺書友人治後事，謂：「某非死節，不忍見國事敗壞耳。」事聞，贈員外郎，又追贈道員。廕一子入監讀書，以知縣用。

論曰：國都既陷，主辱臣死，此大義也。崇綺久著清節，終以一死自明。延茂等見危授命，義不苟生。色普徵額等執干戈衞社稷，死猶不瞑，至今皆凜凜有生氣焉。

清史稿卷四百六十九

列傳二百五十六

恩銘 孚琦 鳳山 端方 弟端錦 劉燧 赫成額
松壽 趙爾豐 馮汝騤 陸鍾琦 子光熙等

恩銘，字新甫，于庫里氏，滿洲鑲白旗人，錦州駐防。以舉人納貲爲知縣，累官至知府。光緒十一年，權知兗州，晉道員。二十一年，改官山西。二十六年，署按察使。拳匪擾晉，恩銘請巡撫毓賢陰護送教士出境，弗聽。兩宮西幸，毓賢率師赴固關，恩銘兼攝撫、藩事。車駕至太原，召見，奏對，聲淚俱下。補歸綏道。先是口外七廳殺教士四十餘、教民二千餘，待撫者衆且亟，到官後，即發帑金倉粟濟之。會聯軍至大同，民駭走。復令教士諷喻，並與執爭，迺引兵去。

二十八年，調直隸口北道。時經拳亂後，十三廳、州、縣教民洶洶圖報復，宣化華教士且强逼民入教，恩銘患之，與西教士反覆辨論，始允約束，民、教始安。遷浙江鹽運使。二十九年，調兩淮，晉江蘇按察使。辦鹽務如故，杜私販，恤煎丁，歲增國課三十萬。時論欲請改埸垣爲公司，並創煤煎輪運議，恩銘力陳其弊，事迺寢。授布政使，錄山西協餉功，晉頭品服。三十二年，署安徽巡撫，修廣濟圩，賑皖北水菑，民德之。紅蓮會匪自贛入，燬建德教堂，同時楚民寄居霍山者，亦與教堂啓釁，匪黨乘之，勢漸熾。恩銘分軍揚勦，並劾有司之釀禍者，地方以靖。

是時廷議行新政，銳意興警察，於是承上指，整頓巡警學堂。適王之春薦道員徐錫麟才，遂畀以會辦。復念政劇財匱，援例清丈緣江洲地，按年收科，墾牧與樹藝並舉。朝旨又以民刑事訴訟法參用東、西律，下其議督撫。恩銘慮皖北民悍，爲擇其不便者六事具以報。明年夏，巡警學生卒業，恩銘詣校試驗，錫麟乘間以鎗擊之，被重創。知縣陸永頤銳身救護，先殞。錫麟令經歷顧松閉校門，不從，亦斃之。從者負恩銘還署，遂卒。事聞，贈太子少保，謚忠愍，予皖省建祠，賞騎都尉兼一雲騎尉世職，子咸麟襲。恩銘既死，錫麟亦被獲。

錫麟者，浙江山陰人。就學日本，以貲爲道員。志在謀縮軍隊，便起事，倉卒發難，卒被擒僇。閱數年，復有孚琦、鳳山被刺事。

孚琦，字樸孫，西林覺羅氏，隸滿洲正藍旗。以工部筆帖式充軍機章京，累官郎中。三遷至內閣學士。光緒二十八年，授刑部右侍郎。三十二年，出爲廣州副都統。頗以興學爲己任，嘗設八旗工藝學校，整麗中小各學堂。明年，權將軍。將軍事故簡，孚琦慮卽偸惰，日必讀書臨池，暇輒躬執勞役。宣統二年，再攝將軍篆。明年春，赴城東燕塘勘旗地，兼閱試演軍用飛機。有溫生才者，隸革命黨，事暗殺。會日將暮，伏道左，俟其至，轟擊之，遂殞命。生才被執，論棄市。事聞，上憫惻，諡恪愍，命鳳山代之。

鳳山，字禹門，劉氏，隸漢軍鑲白旗。以繙譯舉人襲佐領，充驍騎營翼長、印務章京。累遷參領，總辦東安巡捕分局。聯軍入京，法人在其轄境刃傷商民，縛致總局，請毋少貸，論如律。擢副都統，訓練近畿陸軍，著聲績。除西安將軍，仍留治兵事。宣統初，改練軍歸部節度，始解兵柄。三年，授廣州將軍，未行而武昌事起。香港爲粤民黨藪，謀攻省城，衆阻其勿往，曰：「吾大臣也，不可不奉詔。」遂毅然去。將至時，總督及布、按以下官皆不敢出迓，或勸宜微服先入城，毋蹈孚將軍覆轍，鳳山不可。日午，輿衞導行，抵南城外，黨人匿市廛簷際擲炸彈，屋瓦摧壓，從者死十餘人，街石寸寸裂。暮得鳳山屍，焦爛無完膚。事聞，贈太子少保，諡勤節，予騎都尉世職。

端方，字午橋，托忒克氏，滿洲正白旗人。由廕生中舉人，入貲爲員外郎，遷郎中。光緒二十四年，出爲直隸霸昌道。京師創設農工商局，徵還，筦局務，賞三品卿銜。上勸善歌，稱旨。除陝西按察使，晉布政使，護巡撫。兩宮西幸，迎駕設行在。調河南布政使，擢湖北巡撫。二十八年，攝湖廣總督。三十年，調江蘇，攝兩江總督。尋調湖南。顓志興學，資遣出洋學生甚衆。逾歲，召入覲。擢閩浙總督，未之官，詔赴東西各國考政治。既還，成歐美政治要義，獻上，議改立憲自此始。三十二年，移督兩江，設學堂，辦警察，造兵艦，練陸軍，定長江巡緝章程，聲聞益著。

宣統改元，調直隸。孝欽皇后梓宮奉安，端方輿從橫衝神路，農工商部左丞李國杰劾之，坐違制免。既而御史胡思敬又彈其貪橫凡十罪，事下張人駿，覆奏入，以不治崖檢被訶斥，因已罷官，貸勿問。

三年，命以侍郎督辦川漢、粵漢鐵路。時部議路歸國有，而收路章條湘、川不一致，川人大譁。川、鄂爲黨人所萃，乘機竊發。端方行次漢口，亟入川，並劾川督趙爾豐操切。命率師往按，尋詔代攝其事。所過州縣，輒召父老宣喻威德。至資州，所部鄂軍皆變，軍官劉怡鳳率衆入室，語不遜，端方以不屈遇害。

端方性通侻，不拘小節。篤嗜金石書畫，尤好客，建節江、鄂，燕集無虚日，一時文采幾上希畢、阮云。

弟端錦，字叔絅。河南知府。赴東西各國考路政，箸日本鐵道紀要。從兄入川，變作，以身蔽其兄，極口詈軍士無良，同被殺。事聞，贈端方太子太保，謚忠敏；端錦謚忠惠。

其時轉餉官劉燧，荆州駐防、舉人、都司赫成額，並赴水死。

松壽，字鶴齡，滿洲正白旗人。以廕生官工部筆帖式，累遷郎中。出爲陝西督糧道。光緒二十一年，晉山東按察使。明年，調江西，晉江寧布政使。二十四年，擢江西巡撫。越三載，移撫江蘇，歷河南，加尚書銜，所蒞皆稱職。二十八年，召爲工部右侍郎，兼正藍旗蒙古副都統，尋授熱河都統。疏陳續修礦章四條，允行。復以地控蒙部，號難治，條上吏治、軍政、興學、理財方略甚悉。又召還，拜兵部尚書。明年，調工部。又明年，出爲察哈爾都統。三十三年，授閩浙總督。

居官垂二十年，不務赫赫名，然律己以廉，臨下以寬，爲時論所美。宣統三年秋，鄂、湘、江、浙新軍踵變，閩軍乘之，將舉事，使人要松壽，令繳駐防營軍械，斥之，遂決戰，初獲勝，繼迺大挫，憤甚，飲金以殉。事聞，贈太子少保，予二等輕車都尉世職，謚忠節。

趙爾豐，字季和，漢軍正藍旗人。以山西知縣累保道員。四川總督錫良疏薦其才，權永寧道，剿匪嚴誅捕。駐藏大臣鳳全遇害，調建昌。會克巴塘，建議籌邊，充川滇邊務大臣，護總督，改駐藏大臣。以兵至打箭爐，改設康定、登科等府。宣統元年，仍專任邊務。藏兵犯巴塘，擊敗之，乘勢收江卡等四部。於是爾豐軍越丹達山而西，直抵江達，達賴喇嘛逃入印度。爾豐請一舉平藏，革教易俗，廷意不欲開釁，阻之。爾豐盡克三崖野番，決收回瞻對。三年，署四川總督，檄番官獻瞻對。爾豐遂入瞻對，設官治之。進克波密，並取白馬崗，收明正等土司，皆改流。計所收邊地縱橫三四千里，設治者三十餘區，一時皆懾於兵力，不敢抗。

會川亂起，爾豐還省，集司道聯名奏請變更收路辦法，不允。商民罷市，全省騷動。廷寄飭拏禍首，捕蒲殿俊等拘之，其黨圍攻省城。督辦川路大臣端方劾爾豐操切，詔仍回邊務大臣，以岑春煊代總督。武昌變作，資政院議爾豐罷黜待罪，而朝旨已不能達川。重慶兵變，會匪蠭起，軍民環請獨立，爾豐遽讓政權於殿俊，殿俊自稱都督。防軍復變，殿俊走匿，全城無主。商民請爾豐出定亂，因揭示撫輯變兵。而標統尹昌衡率部入城，自爲都督，羅綸副之，以兵攻督署，擁爾豐至貢院，爾豐罵不絕口，遂被害。〔一〕

馮汝騤，字星巖，河南祥符人。光緒九年進士，選庶吉士，散館授戶部主事，充軍機章京，累遷郎中。出知四川順慶府，遭母憂去。服闋，起山東青州知府，調直隸大名。三十一年，遷湖北鹽法道。明年，調安徽徽寧池太道，遷甘肅按察使。未幾，晉陝西布政使，擢浙江巡撫。三十四年，移撫江西，整稅務，省不急，官稱治辦。朝議方厲行新政，迺復察民情，量財力，從容施設，士民安之。宣統元年，御史江春霖上其溺職徇私狀，事下安徽巡撫朱家寶覈覆，得白。坐疏忽干吏議，奪俸三月。

三年，武昌變起，下游皆震。南昌軍相應和，脅汝騤爲都督，號獨立，峻拒之。贛人故感其賢，導之出。至九江，迺仰藥以殉。詔旨軫惜，謚忠愍。

陸鍾琦，字申甫，順天宛平人，本籍浙江蕭山。父春榮，績學不遇，祭酒盛昱其弟子也。鍾琦少劬學，以孝稱。光緒十五年進士，以編修辦直隸賑災，徐桐亟賞之。拳禍起，桐惑焉，鍾琦持異議，弗聽。聯軍入，同年王懿榮、熙元、寶豐輩先後皆殉節。鍾琦聞之，泣，闔戶自經，遇救獲免。二十九年，除江蘇督糧道。越五載，遷江西按察使，調湖南，察吏嚴，定州縣結案功過章條，月計勘案數與其鞫訊狀限期報司，繇是獄鮮積滯。再移江蘇，多平反。宣統改元，晉布政使。三年，擢山西巡撫。到官未踰月，而武昌難作。鍾琦語次子敬熙曰：「大事不可爲矣！省垣倘不測，吾誓死職。汝曹讀書明大義，屆期毋效婦仁害我！」又曰：「生死之事，父子不相強，任汝曹自爲之。但吾孫毋使同盡，以斬宗祀。」敬熙知父意決，入告母。母曰：「汝父殉國，吾惟從之而已。」敬熙以事亟，赴京語其兄光熙，偕還晉。鍾琦馭新軍嚴，至是調兩營赴南路，時九月七日也。夜發餉，將以翼日行，而遲明變作，新軍突入撫署。鍾琦出堂皇，僕李慶雲從，麾之弗去，且挺身出，先被戕。鍾琦叱曰：「爾輩將反邪？」語未竟，遽中鎗而殞。光熙奔救，亦被擊死。叛軍入內室，其妻唐氏抱雛孫起，並遇害。詔褒其忠孝節義萃於一門，予謚文烈。妻唐旌表。

光熙，本名惠熙，字亮臣。少從盛昱游，勵學。鍾琦遘危疾，嘗封股和藥以進。光緒三十年，成進士，選庶吉士。東渡日本學陸軍，卒業歸，授編修，擢侍講。贈三品京堂，謚文節。

論曰：恩銘遇刺，實在辛亥之前，蓋亂機已久兆矣。武昌變起，各行省大吏惴惴自危，皆罔知所措。其死封疆者，唯松壽、鍾琦等數人，或慷慨捐軀，或從容就義，示天下以大節，垂絕綱常，庶幾恃以復振焉。

〔一〕按：趙爾豐傳，關內本與關外一次本相同，較此爲詳。全文附錄於後，作爲參考。

趙爾豐，字季和，漢軍正藍旗人。父文穎，見忠義傳。爾豐以鹽大使改知縣，選山西靜樂，歷永濟。清獄治盜，匪絕跡。躬捕蝗，始免災。擢河東監掣同知，護河東道，以憂去。光緒二十六年，聯軍入晉邊，山西巡撫錫良檄總營務處嚴防密偵，以策退之。錫良遷河道總督，調委河工，累保道員，復從至熱河。錫良督川，疏薦其才，權永寧道。時會匪爲患，爾豐受任卽親出巡剿，凡八閱月，誅巨匪百餘人，民始安業。

三十一年，駐藏大臣鳳全被害於巴塘，錫良以爾豐爲建昌道，會提督馬維騏往討。維騏軍先發，爾豐從之，遂克巴塘。爾豐接辦善後，移兵討鄉城，匪退喇嘛寺，據碉死守。爾豐斷水道，圍攻，番衆悉降。於是爾豐建籌邊議，錫良以聞，加爾豐侍郎，充川滇邊務大臣。爾豐會錫良暨雲貴總督丁振鐸奏陳改流設官、練兵、招墾、開礦、修路、通商、興學諸端，廷議准撥開邊費銀百萬兩。三十三年，錫良移任去，爾豐護四川總督。於是遙策邊事，凡前所奏陳，皆以次舉，察吏尤嚴，多所舉劾，僚屬肅然。川南邊地多匪，移興文縣於建武，移永寧縣於古藺。時外人議輪運入川，爾豐令川商自辦淺水輪以阻之，是爲川江駛輪之始。

三十四年，以爾豐兄爾巽督川，改爾豐駐藏大臣，仍兼邊務，專邊藏事。爾豐以經營全藏，宜以殖民爲主，特慮恩信未孚，藏人疑阻，請仍責駐藏大臣聯豫駐守，而自巡視邊藏。

先以巴塘爲根據，寓遷民於兵墾，漸及藏地。又與爾巽會奏，設安康道，改打箭爐爲康定府，設河口縣、裏化廳同知、稻成縣、貢噶嶺縣丞，巴安府三壩廳通判，定鄉縣，鹽井縣。詔促爾豐出關，因就成都駐防旗兵中選練西軍三營自隨。藏人聞之，聚兵三崖以阻。爾豐至打箭爐，適德格土司爭襲搆亂，乃請旨往辦，迭敗之贈科、麻木，追奔至卡納沙漠地，衆悉降。爾豐分其地爲五區，設登科府德化、白玉兩州，石渠、普同兩縣，置邊北道。德格地大，包有春科、高日兩土司，遂與靈蔥土司之郎吉嶺等地並改歸流。宣統元年，朝意務懷柔藏人，采爾巽議，以經營西藏責聯豫暨幫辦溫宗堯，改爾豐專任邊務，駐巴塘，爲藏聲援，劃察木多、乍丫歸邊轄。

川軍協統鍾穎率新軍三千入藏，被困察木多。爾豐聞報，立馳往援，鍾穎軍出，並驅剿類伍齊、碩般多、洛隆宗、邊壩各部落逆番殆盡，三十九族波密、八宿等部咸納款。而江卡藏兵忽抄邊軍後路，犯巴塘，爾豐分兵擊敗之，乘勢收江卡、貢覺、桑昂、雜瑜四部落。於是爾豐軍越丹達山而西，直抵江達，距藏都拉薩僅六日程矣。二年，達賴喇嘛聞川軍將至，逃入英屬印度。爾豐請乘勝一舉平藏，革教易俗，廷意不欲開釁，阻之。爾豐上疏力爭，略言：「我國幅幀遼闊，强鄰環伺，屬地多有侵佔。自革達賴喇嘛，阿旺郎結叛逆，不惟藏人搖動，卽外人覬覦之心亦因而愈熾。今我兵雖已入藏，然阿旺郎結已入英手，英人必挾以圖藏。若再姑容，將成大患。臣因一面由巴塘進兵攻破南墩，一面由察木多進兵貢覺、桑昂、曲宗，我兵所到，番人親附，即洛隆宗、碩板多等亦皆遠來輸誠，備陳藏中苛虐情形，堅懇內屬。臣初意務在保境息民，並無開疆拓土之念。唯桑昂、曲宗屬地雜瑜與倮儸野番接壤，時有英人潛伏。倮儸之南，爲阿撒密，西爲波密。英人若得雜瑜，即可直接波密，由工布入藏，與印度聯成一片。則波密不可不收入版圖，其勢至迫。請及此將邊兵所到之地，概收歸邊。並函商聯豫以烏蘇里江以東隸邊，以西屬藏。」疏入，樞府以外交責言爲慮，聯豫亦不允劃界。然邊軍所得江達以內地，爾豐已逐漸改流，早成轄境矣。

爾豐巡視各地，經貢覺、乍丫、江卡三部落，羣以討三崖爲請。三崖者野番也，地險人悍，三部落苦其侵掠，嘗合攻之，反爲所敗，官軍久不能討。爾豐策三崖四周皆已改流，必爲我用，遂派知府傅嵩炑率兵五路進攻，苦戰兩月，盡克上中下三崖全境，設官治之。初，藏人占瞻對，爾豐屢請收回，廷議責聯豫議贖，久不得要領。至是邊地略定，獨瞻對爲藏有，梗塞其中，爾豐乃決以策取之。三年，爾豐調署四川總督，因薦嵩炑以道員用，代理邊務大臣，同行閱邊，繞道北路，先至孔撒、麻書，設甘孜委員，靈葱、白利、倬倭、東科、單東、魚科各土司繳印改流，並受色達及上羅科野番降，瞻對民皆聞風請附。爾豐乃檄番官曰：「瞻對原係川屬，朝廷前以賞藏，設官征糧。光緒二十年，瞻人叛藏，則藏已失瞻；川兵取瞻，則瞻爲川有。乃藏人久占不歸，迄今又十餘年矣，厚斂橫征，民不堪命。應將瞻對仍獻朝廷，以表恭順。」藏官畏爾豐威，獻戶籍去。瞻對民歡呼出迎，爾豐遂入瞻對，設官治之。野番俄落、色達均望風降。又波密自言其先爲入藏漢兵，別成部落。爾豐前至察木多，波密呈驗所產棉布、糧食，證明確由漢出，並述其地與白馬崗接壤，在英、藏間，力請內附。及爾豐師還，聯豫忽遣兵攻之，大敗乞援。至是，爾豐派鳳山由巴塘率邊兵二千往與聯豫參贊羅長裿軍共克波密，並取白馬崗。爾豐至打箭爐，收明正土司地及魚通、冷邊、沈邊、咱里等土司印，皆改流。計爾豐所收邊地，東西三千餘里，南北四千餘里，設治者三十餘區，詳土司傳。

會川亂起，爾豐還省。初，商辦川漢鐵路公司集股銀二千餘萬，忽奉旨收歸國有，咸大譁，倡保路同志會，好事者爭附和，勢張甚。爾豐至成都，察亂已成，思弭解，集司道聯名電奏，請變更收路辦法，不允。商民罷市，同志會捧德宗神牌銜入督署，與護兵相持，頗有死傷，全省騷動。廷寄飭拏禍首正法，爾豐不得已捕會首蒲殿俊等九人拘之。其黨圍攻省城，兵皆川產，不用命。督辦川漢鐵路大臣端方方奉命援川，滯重慶，劾爾豐操切，詔仍回邊務大臣，以岑春煊代爲總督。武昌變作，春煊阻不得往，端方至資州，遇害。資政院劾爾豐，罷黜待罪，而朝旨已不能達川。重慶兵變，會匪蠭起，軍民環請獨立，爾豐遽讓政權於殿俊，殿俊自稱都督，防軍復變，殿俊走匿，全城無主，商民請爾豐出定亂，因揭示撫輯變兵。而標統尹昌衡率部入城，自爲都督，羅綸副之，以兵攻督署，擁爾豐至貢院，爾豐駡不絕口，遂被害。

清史稿卷四百七十

列傳二百五十七

志銳 劉從德 春勳 良弼 宗室載穆 萬選 德霈 同源
文瑞 承燕 克蒙額 恆齡 德霈等 樸壽 謝寶勝 姚靄雲
黃忠浩 楊讓梨等

志銳，字公穎，他塔拉氏，世居扎庫木，隸滿洲正紅旗，陝甘總督裕泰孫。父長敬，四川綏定府知府。志銳幼穎異，光緒六年成進士，選庶吉士，授編修。與黃體芳、盛昱輩相勵以風節，數上書言事。累遷詹事，擢禮部右侍郎。中東事起，上疏畫戰守策累萬言。慮陪都警，自請募勇設防，稱旨，命赴熱河練兵。未踰月，以其妹瑾、珍兩妃貶貴人，降授烏里雅蘇臺參贊大臣，釋兵柄。遂迂道出張家口，策馬踰天山西絕幕。所逕臺站，輒周咨山川、風俗、宗教，箸詩記事。居數年，將軍長庚令赴邊外鞫中俄積案，凡六閱月，結千餘起。前後五上疏籌西北防務，發強隣狡謀，中當軸忌，左遷索倫領隊大臣。領隊例不得專摺奏事，居則鉤稽地形阨塞，出則徼循鄂博、卡倫，冀得當以報。又數年，改授寧夏副都統，疏請發帑二十萬濬城外故渠，獲沃壤數千頃。頻上疏，多言人所不敢言。

宣統二年，遷杭州將軍。明年，調伊犂將軍，加尚書銜。入覲，條上弭邊患、禦外侮機宜甚悉；又力陳新政多糜費，請省罷，壹意練兵救危局。並請邊地練兵費百萬，部議止予二十萬。抵新疆，聞武昌變，或勸少留，不可。踰月，到官，日討軍士而申儆之。已，蘭州軍譁變，寧夏繼之。伊犂協統楊纘緒以兵叛，夜據南北軍器庫，攻將軍署。羣議舉志銳爲都督，峻拒之；迫詣商會，亦弗從，起發鎗擊之，遂遇害。其僕呂順奔走營棺斂，撫尸號慟，亦爲叛軍所戕。

又武巡捕官劉從德，四川人；教練官春勳，京旗人：並及於難。事聞，贈志銳太子少保，謚文貞。

志銳夙負奇氣，守邊庭踰十稔，自號爲窮塞主。工詩詞。熟察邊情，懼禍至無日。其赴伊犂也，以手書徧告戚友，言「以身許國，不作生入玉門想」。其致命遂志，蓋已定於拜疏出國門日云。

良弼，字賚臣，紅帶子，隸鑲黃旗，大學士伊里布孫。少孤，事母孝。劬學，留學日本陸軍學校，畢業歸，入練兵處。歷陸軍部軍學司監督副使，補司長。時新設禁衞軍，任第一協統領兼鑲白旗都統，遷軍諮府軍諮使。平日以知兵名，改軍制，練新軍，立軍學，良弼皆主其謀。尤留意人才，自將帥以至軍士，莫不延納。思有所建樹，頗爲時忌。

武昌亂起，各省響應，朝論紛呶，王公貴人皆氣餒，莫知所爲。良弼獨與三數才傑朝夕規畫，外聯羣帥，內安當國，思以立憲弭革命，圖救大局，上下皆恃以爲重。時袁世凱來京，方議國體，人心不安甚矣。一日，良弼議事歸，及門，有人遽擲炸彈，三日而卒。事聞，震悼，優卹如例。其後官紳請立祠於北京祀之。

良弼剛果有骨氣，頗自負，雖參軍務，無可與謀，常以不得行其志爲恨，日有憂色。及遇刺，醫初謂可療，忽有進以酒者，遂死。死未旬日，而遜位詔下，時皆悼之。

宗室載穆，字敬修，隸滿洲鑲藍旗，恂勤郡王允禵五世孫。祖綿翔，鎭國將軍。父奕雲，一等侍衞，記名副都統。載穆年二十，除三等侍衞，累遷頭等，兼辦事章京。以伉直忤上官意，數歲不遷。光緒二十六年，拳亂起，兩宮西幸，痛哭自盡者再，遇救獲免。三十二年，授太原城守尉。明年，有詔遣裁駐防，分遣歸農，迺倡農桑，勸女工，興學校。比去晉，旗民男婦務耕作、婣織紝者逹二百人。省城門有八，舊閉其二。皁城門當汾水衝，河決土壅，不能通車馬，羣議閉之。載穆曰：「此汾西數十村入城孔道也，請於舊門南闢新門。」民稱便。秩滿，將入覲，巡撫丁寶楨疏留之，報可。

宣統三年，簡京口副都統。鄂難作，緣江戒嚴。載穆繕城郭，犒軍士，設練兵處，定營防城守章條，晝夜儆循，旗、漢民雜居者皆安堵。已而新軍徙頓鐵道旁，運槍械者緜屬。載穆知有異，遣使如江寧告急，弗應。江蘇巡撫程德全號獨立，傳檄鎭江，防營迺潛通蘇軍，全城益怖懼。於是官紳集議，定滿、漢聯合策，約毋戰，且要旗營繳軍械。載穆知事不可爲，罷會大慟，語左右曰：「吾上負朝廷，所欠止一死耳！」左右環跽，請繫衆心，維危局。翼日，鎭紳楊邦彥詣軍門趣繳械，不許。會新軍入據漢城，旗營大譁，迺進旗衆而語之曰：「駐防兵單糧儲竭，吾戰死甘如飴。顧糜吾民肝腦膏鋒刃，吾奚忍？若曹其徇衆議，紓急禍。吾身爲大臣，且天潢親也，宜効死。」是時驍騎校萬選力爭，請毋止戰，不見用，頓足大哭。印班德霈亦憤甚，曰：「大局休矣！吾寧死以報國。」載穆嘿不語，迺繕遺疏，手自緘印，遣佐領良才賫至京師。復草遺書致商會，猶殷殷以七千人生命相囑。隨行四僕皆遣歸。有李順者，去復返，朝夕侍其側，偶退休，詰朝入寢室，則已自經死矣。郡人哀之，殯歛如禮，且爲置田安厝焉。將軍鐵良上聞，命覈覆死事。江寧失，鐵良走，宗人府亦無奏報，故褒贈之典弗及云。

萬選、德霈並殉。先是驍騎校同源以旗人將失所，忍死爭旗產。至是迺語家人曰：「吾可以從殉國諸公後矣！」沐浴整衣冠，不食而死。萬選，字子昭，蒙古敖漢氏。著有易注、筆諫、金石賞心、火龍攻戰略諸書。德霈，字雨田；同源，字子清：並蒙古人。

文瑞，鈕祜祿氏，滿洲鑲紅旗人。世襲男爵，充頭等侍衛，出爲馬蘭鎮總兵。中日之役，喜峰口迫近戰地，策守禦，遏內匪，轄境以寧。坐陵樹蟲災免，頃之被宥，除歸化城副都統，兼署綏遠城將軍。拳匪亂，蔓延蒙旗，教案紛糾。文瑞至，與外人推誠商榷，償款獨輕，綏民德之。調青州，念旗民乏生計，爲闢工廠，興學校，編制軍隊，滿城一切皆治辦。移成都，未之官，擢西安將軍。興學、勸工，爲治復倣青州。

議辦移墾授田法，未及行而鄂變作，西安新軍應之，先據漢城，緣塗縱火，烟燄張天。疾趨南街，遇新軍，前驍戈什哈數人被擊死，紆道歸。與左翼副都統承燕、右翼副都統克蒙額籌應變策，遣軍士晝陴而守，兩軍合戰，自申及亥不少休。翼日昧爽，新軍分攻東、南門，旗兵多傷亡，文瑞督懾益力。未幾，新軍請停戰會議，遣協領葆鈞往，迄未得要領。復貽書新軍，反覆開喻，亦不答。而新軍又兩路夾攻，旗營火器竭，漸不支。日方午，東門破，進滿城，終夕巷戰，旗兵死者二千餘人，餘皆屠殺。麾下壯士從者十餘，及其子熙麟而已。於是環請引避圖恢復，文瑞慨然曰：「吾爲統兵大員，有職守不能戡亂，重負君恩，惟有死耳！」迺口授遺疏，趣熙麟書之，命乘間達京師，而自從容整衣冠赴井死。幕僚秦鶴鳴歛之。承燕同時投井死。

克蒙額，字哲臣，滿洲鑲藍旗人。先請巡撫發新式軍械，遲不應，激戰三晝夜，力竭陣亡。

恆齡，字錫九，舒穆魯氏，滿洲正藍旗人，湖北荊州駐防。恆齡少嗜學，嫺武幹，尤熟中外兵家言。以附生官筆帖式，遷驍騎校，累擢佐領。旗營久習窳惰，罕知兵事，迺創編新軍，設講武堂敎之。拳匪亂作，湘人旅荊者被煽動，燔沙市釐船及稅關、領事署，外國僑民多逃避，勢岌岌。恆齡率二百人往鎭撫，誅首要，宥脅從，外人避難者護持之。事寧，軍政課最。將軍綽哈布疏綜營務，恆齡條上四事，曰：設警察，興學校，釐財政，練常備軍，並奏行。設八旗高等學堂、陸軍小學堂，俾任校事。顧其時風氣闇僿，款無所出，遂走謁總督張之洞，面陳規畫，獲助萬金，始成立；猶不足，省新軍陋規益之，歲以爲常。於是訂章條，甄材穎，走書幣聘海內名儒，分科敎授，校風肅然。學部曹司考察，稱荊州第一。旋領振威新軍，調督練處參議，總辦陸軍小學。將軍恩存、總督陳夔龍交章論薦。

宣統改元，調充熱河練軍統領。汰老弱，補缺額，申嚴紀律，凡兩閱月，獲匪首葛蘭亭等，推功將校。二年，授寧夏副都統，朝陽紳民籲留，夔龍上聞。廷議以西陲邊要，趣到官。既蒞事，首嚴烟禁，開渠屯田，久無效，設方略整飭之。

三年，遭父憂。令甲，旗員百日服除即視事。恆齡固請終制，解職去，奉父喪於萬縣，抵宜昌，鄂亂作，道塗阻絕，將軍連魁疏請參軍事，上命署荊州左翼副都統。恆齡援「墨經從戎」義，慨然任城守，而援絕餉匱，兵人疲饉則譁變，迺斥家財餉之，涕泣誓衆，令毋擾沙市啓外衅。時方患癰劇，裹創策騎出，晝夜儌循，血痕猶濡縷然。無何，事益亟，外城失。恆齡晨起，公服端坐堂上，發手槍洞胸而歾。家人得其與弟恆廣、子裕文書，曰：「吾家世受國恩，宜竭力圖報。今城旣失，義當死。所憾者老母在堂，忠孝不獲兩全。第吾母有子能盡忠，亦甚得。我死，汝曹能闔門殉節固善，否則善事吾母，以補吾不孝之罪，毋以吾死狀令老人知也。」恆齡死數日，連魁與右翼副都統松鶴開門納民軍，荊州遂失。事聞，上震悼，謚壯節。

參謀長德霈自經死。恩霈亦自經，家人救之，憤不欲生，後數日卒。

樸壽，字仁山，滿洲鑲黃旗人。光緒二十年舉人，授吏部主事，累遷郎中。拳亂起，聯軍入城，首與各國謀保商民。出爲山西歸綏道，簡庫倫辦事大臣。三十二年，召授鑲藍旗滿洲副都統，遷正黃旗漢軍都統。明年，除福州將軍，整旗務，嚴烟禁，專志訓練，得精卒四千人。宣統三年，省城民軍起，率防軍與搏，火器猛利，民軍幾不支。然民軍雖被創，輒隨時募集，防軍以猛鬭故，傷亡多，卒敗潰。樸壽被執，受挫辱，不屈，遂支解之，棄尸山下，其死狀爲最烈云。事聞，贈太子太保，予二等輕車都尉世職，謚忠肅。

謝寶勝，字子蘭，安徽壽州人。初隸金順麾下，從征西陲。嗣隨宋慶、馬玉崑克肅州及關外諸城，積勳至都司。以事與玉崑左，棄冠服走博克達山爲黃冠。光緒十五年，玉崑提督畿輔，鳩集舊部，獨偉視寶勝，招之出。敦促備至，寶勝愾然曰：「玉崑知我者，義不忍卻！」迺棄黃冠，詣軍所獻方略。二十一年，朝鮮告警，從出關，與日軍數十戰，勇敢躐倫等。玉崑弟陷重圍，銳身救之出。和議成，憤甚，復爲道士裝，羈跡京師白雲觀，如是者數年。拳亂作，柴洪山統武衞護軍，榮祿檄領前路後營，已留河南，更名精銳軍，領左營，尋筦豫北軍。忌者中以蜚語，巡撫吳重憙疏辨其冤，上卒優容之。駐軍河、陜、汝最久，將士積相畏服，軍麾所指，紀律肅然。累遷至副將。

宣統改元，授河北鎮總兵。明年，移南陽，河、陝、汝軍仍受節度。寶勝益感奮，尤嚴治盜，所蒞毋擾民。恆短衣執械先士卒，或宵行數十百里，僞爲小商，詗虛實。村民通匪者憚其至，嘗置毒飲水處，寶勝則自攜水罌，懷麥餅，食盡，忍飢渴以爲常，以是寇鮮漏網。洛陽張黑子、嵩縣王天縱、汝州董萬川尤鷙悍，張、董並計擒之，天縱懼不敢出。豫西數十州縣皆安堵，而南陽王八老虎猶嵎負。寶勝至，移書期決鬬。會天大雪，前期五日，潛師薄其巢，賊不戒，據中庭轟拒。寶勝奮身入，衆繼之，火其廬，卒就縛，置之法。自是南陽無遺寇。寶勝短軀幹，目光炯炯能懾人。視盜如仇，待士卒若子弟。勞無恡賞，遇喪亡，賻卹尤厚。餉饋無所受，無兼衣餘食，統兵十餘年，而負債鉅萬。巡撫寶棻上聞，中旨敕司庫償九千餘金，異數也！

三年，移師嵩縣。值鄂亂作，亟還籌戰守。其時襄樊已應和，土寇處處飆起。豫南與陝、鄂壤地接，市言訛讖日數至。檢勒部曲，日夕巡儌不少休。支振數十日，而襄樊軍闌入，士民與通款，將內訌。諸將意沮，咸莫能奮，惟都司姚霱雲慷慨願從戰。無何，新野陷，大吏飛檄戒毋妄動。寶勝憤激，赴校場，與衆誓死守，而府縣官已委印綬去。翌日元旦，獨朝服詣萬壽宮行禮，痛哭不能止。俄傳南軍入，烟燄翳天，各營亦以食盡而潰。不得已，退頓裕州，比至，城皆樹白幟矣，廼止舍。至夕而遜位詔至，召將卒勵以忠義，麾之去，夜半時，屏僕從，肅衣冠，嘔血數升，以槍自擊死。平旦，將卒趨視，皆哭失聲，以大纛裹屍，舁至獨頭鎮斂之。

靄雲，陝西人。舊爲多隆阿部將，後從寶勝軍，隸營務處，亦爲民軍所戕云。

黃忠浩，字澤生，湖南黔陽人。通經術，嗜讀儒先性理書。以優貢生入貲爲內閣中書。主沅州講席，銳意地方利弊，建西路師範學堂，勸民植桑育蠶，尤顓志鑛業。陳寶箴、趙爾巽先後撫湘，設鑛局及公司，採平江金鑛、常寧水口山鉛礦，至今稱厚利，皆其謀也。

光緒二十一年，以東事籌防，募鄉勇五百人入鄂，守田家鎭礮臺。總督張之洞一見重之，調領武靖營，駐洪山。二十三年，治軍長沙，統毅字軍，軍故征苗舊旅，日久窳敝，不可用。寶箴納其議，別募威字新軍，俾主之。二十六年，之洞檄募師勤王。二十八年，徙駐岳州，緝新隄土寇，平之。再入貲爲道員。赴日本參觀大操，歸，益詳練戰術，知兵名大著。明年，爾巽檄綜湖南營務處，統忠字旗五營。其冬，母憂去職。

踰歲，廣西降匪陸亞發陷柳州，湘邊大震。起忠浩率所部援桂，直擣梅寨，用少擊衆，寇大創，降敕褒嘉。寇奔福祿村，村故瑤地，箐壑深岨，中有危塗垂綫縷，容一人行。忠浩迺短衣芒蹻，徒步深入。會天酷暑，鬱爲瘴癘，兵士死相繼，忠浩亦遘膨疾，然治軍勤如故，寇卒不敢近。捷上，授狼山鎭總兵，請終制，改署任道員授總戎，特例也。是時岑春煊駐桂林，檄與議軍事，奏署右江鎭。服闋，予實授。未幾，乞假去。再至湖北，爾巽留綜營務處，兼統全省防軍，荆襄水師受節度。

宣統二年，從爾巽入川，署提督，乞歸。三年，京師開全國教育會，忠浩與焉。爭鐵路國有爲非計，議大濬洞庭湖，紓湘菑，議論侃侃無所撓。還長沙，值巡撫余誠格新蒞官，黨人謀日亟。誠格慮新軍有異志，以中路巡防十營屬之，不就。誠格下席揖請至再，不獲已，始受事。甫三日，鄂亂起。九月朔，新軍變，將入城，協統蕭良臣遁，防軍爲內應。忠浩方晨謁，隨誠格出，撫諭至再，勢洶洶不可遏，要誠格爲都督。誠格從間道出，召水師，水師亦變。誠格投江，左右援之，不得死。忠浩猶留署，火起，護弁强之出，及門，遇亂兵，被執，脅降不從，劫之走，刃傷臂及股，至小吳門城樓，遂遇害。家人奉喪歸葬，緣塗設奠者數百里。繼忠浩死者有楊讓梨。

讓梨，字劭欽，籍湘鄉。少與王錱子詩正友善。詩正援臺灣，戰失利，嘗負之以免，軍中咸壯之。積勳至守備。轉戰新疆、河州、西寧，數有功，累擢參將，賜號鏗色巴圖魯。既，還長沙，隸忠浩麾下。宣統二年，補鎭筸鎭標中軍游擊。明年，武漢事起，忠浩電調援長沙。次辰州，聞省城亂，迺扼辰龍關，誓死守。筸兵故悍銳，爲民軍所憚。時總兵周瑞龍持兩端，其子瓚齎金至，將以餌箄兵，哨弁李鳳鳴潛告讓梨，得爲備。瑞龍稱疾，檄讓梨還，代以他將。讓梨迺上書責以大義滅親，辭激昂，且傳檄捕瓚，瓚遁。已而瑞龍降，道府官委印綬去。讓梨痛哭，犒遣軍士，獨櫂小舟至淸浪灘，踊身入水。舟子泅出之，讓梨恚甚，曰：「奚活我爲？」瓚出代其軍，遣人追縶讓梨及其子傳孔，鎖送長沙。逕常德，遇龍璋巡按西路，勸之不屈，遂斬之。臨刑，肅衣冠北嚮拜，觀者萬餘人，皆泣下。傳孔釋還。

有陳其者，讓梨從子壻也。當讓梨被縛時，其卽奮起擊縛者，仆一人，攢刃交下，傷其首，斷一足，並死之。

論曰：辛亥之變，各省新軍既先發難，防營不能獨支，而京外旗兵久無軍備，又多被殘困，死行陣者，自寥寥可數。志鈞等權輕勢孤，艱難搘柱，思以一隅挽全局；及事不可爲，乃以死報，志節皎然，可敬亦可哀矣！

清史稿卷四百七十一

列傳二百五十八

盛宣懷　瑞澂

盛宣懷，字杏蓀，江蘇武進人。以諸生納貲爲主事，改官直隸州知州，累至道員。嘗贊置輪船招商局，開採湖北煤鐵礦，李鴻章頗信任之。英商擅築鐵軌，首滬迄寶山訖吳淞，上海道數阻，弗聽。宣懷與英官梅輝立折辯，償銀二十八萬有奇，始歸於我。光緒五年，署天津道。時鴻章督畿輔，方嚮新政，以鐵路、電報事專屬宣懷。宣懷以英、丹所設水陸綫漸侵內地，迺集貲設津滬陸綫，建電報學堂，並援萬國公例與爭，始克嚴定條款。會訂水綫相接合同，於是與輪船招商同爲商辦兩大局。八年，英、法、德、美議立萬國電報公司，增造自滬至香港水綫，壟利權。宣懷復勸集華商自設緣海各口陸綫，以絕覬覦。

十年，署天津海關道。會法越搆釁，海防急。迺移金州礦貲治蘇、浙、閩、粵電綫，便軍事，而部議指爲含混，科以降級調用。左宗棠爲言於上，事下南洋大臣曾國荃等，上其績狀，始改留任。十二年，授山東登萊青道。法領事林椿詣煙臺與訂越南北圻綫約，朝旨既報可矣，而張之洞執言不可行。宣懷曰：「今琿春、海蘭泡欲接俄綫，俄方有挾求。法既許接綫，彼必易就範。且英、丹皆與約，奚拒法！」總署然之。果不數年而俄約成。十八年，除眞。滬上織布局廠災，宣懷籌設華盛總廠，復任彌漢冶鐵廠虧耗。於是之洞賞其才，與王文韶交薦之，遂擢四品京堂，督辦鐵路總公司。入覲，奏言築路與練兵、理財、育才互爲用，並請開銀行，設達成館，稱旨，補太常寺少卿。與比訂貸款草約。二十四年，詔趣造粵漢路。宣懷建議貸美款歸自辦，具改歸商辦本末以上；而言者盛毀其所爲遲滯，被訶責。宣懷具報曲折，上乃慰而勉之。宣懷自請解職，仍留京會議洋貨稅則。已而徐桐劾兩局有中飽，適剛毅按事南下，銜命察覆。宣懷具以實對，奏上，被溫旨。

二十六年，拳禍作，各國兵艦紛集江海各口。宣懷倡互保議，電粵、江、鄂、閩諸疆吏，獲同意，遂與各領事訂定辦法九條，世所稱東南保護約款是也。又電奏請下密詔平亂，發國電國書懲禍首，卹五忠，所言動關大計。事寧，加太子少保，除宗人府府丞。明年，充辦理商稅事務大臣。以和約旣成，償費過鉅，迺奏豫籌四策，而注重加稅。復以債款稱息負累劇，請婉商各國，分攤免息。嗣與各國商加稅免釐，議垂成，英忽中悔。厥後宣懷數續議，仍無效。是歲奏設勘礦總公司。越二年，而有爭粵漢廢約事，滬寧、蘇杭甬踵之，衆大譁。詔禁宣懷干預，命唐紹儀代督兩局。宣懷遂奏罷鐵路總公司。後四年，浙路事益棘，上終以宣懷諳路政，復召見問籌策。宣懷言：「既借款，不應令商造；既商造，不應再借款。民情可用，不順用之恐激變。」上是之，拜郵傳部右侍郎。命甫下，而浙路總理湯壽潛因言宣懷短，請離路事。壽潛獲嚴譴，宣懷亦不復久居中，仍命詣滬辦商約。

宣統改元，奏言推廣中央銀行，先齊幣制，附陳辦法成式。逾歲，命充紅十字會會長。先是日俄戰爭，宣懷與呂海寰等謀加入瑞士總會，中國有紅十字會自此始。既拜命入都，時朝廷方整釐幣制，遂敕還郵部本官，參與度支部幣制事。晉尚書，數上封事，凡收回郵政，接筦驛站，規畫官建各路，展拓川藏電綫，釐定全國軌制，稱新政畢舉，而以鐵路收爲國有，致召大變，世皆責之。

先是給事中石長信疏論各省商民集股造路公司弊害，宜敕部臣將全國幹路定爲國有，其餘枝路仍准各省紳商集股自修。諭交部議，宣懷復奏言：「中國幅員廣袤，邊疆遼遠，必有縱横四境諸大幹路，方足以利行政而握中樞。從前規畫未善，致路政錯亂紛歧，不分枝幹，不量民力，一紙呈請，輒准商辦。乃數載以來，粵則收股及半，造路無多；川則倒帳甚鉅，參追無着；湘、鄂則開局多年，徒供坐耗。循是不已，恐曠日彌久，民累愈深，上下交受其害。應請定幹路均歸國有，枝路任民自爲，曉諭人民，宣統三年以前各省分設公司集股商辦之幹路，應即由國家收回，亟圖修築，悉廢以前批准之案，川、湘兩省租股並停罷之。」於是有鐵路國有之詔，並起端方充督辦粵漢、川漢鐵路大臣。

宣懷復與英、德、法、美四國結借款之約，各省聞之，羣情疑懼，湘省首起抗阻，川省繼之。湘撫楊文鼎、川督王人文先後以聞，詔切責之，諭：「嚴行禁止，儻有匪徒從中煽惑，意在作亂者，照懲治亂黨例，格殺勿論。」宣懷又會度支部奏收回辦法：「請收回粵、川、湘、鄂四省公司股票，由部特出國家鐵路股票換給，粵路發六成，湘、鄂路照本發還，川路宜昌實用工料之款四百餘萬，給國家保利股票。其現存七百餘萬兩，或仍入股，或興實業，悉聽其便。」詔飭行。四川紳民羅綸等二千四百餘人，以收路國有，盛宣懷、端方會度支部奏定辦法，對待川民，純用威力，未爲持平，不敢從命。人文復以聞，再切責之。趙爾豐等復奏：「川民爭路激烈，請仍歸商辦。」不許，川亂遂成，而鄂變亦起，大勢不可問矣。資政院以宣懷侵權違法，罔上欺君，塗附政策，釀成禍亂，實爲誤國首惡，請罪之，詔奪職，遂歸。後五年，卒。

宣懷有智略，尤善治賑。自咸豐季葉畿輔被水菑，嗣是而晉邊，而淮、徐、海，而浙，而鄂，而江、皖，皆起募款，籌賑撫。因討測受菑之故，益究心水利，其治小清河利尤溥。唯起家實業，善蓄藏，稱富，亦往往冒利，被口語云。

瑞澂，字莘儒，滿洲正黃旗人，大學士琦善孫，將軍恭鏜子。以貢生官刑部筆帖式，遷主事，調陞戶部員外郎。出爲九江道，有治聲，移上海道。滬地交涉繁，瑞澂應付縝密，頗負持正名。尤顓意警政，建總局，廓分區，設學堂，練馬巡，中外交誦其能。光緒三十三年，授江西按察使，遷江蘇布政使。時江、浙梟匪蠢動，出沒滬、杭孔道，釀成巨案。侍郎沈家本建議辦清鄉，朝命瑞澂主蘇、松、太、杭、嘉、湖捕務，六屬文武受節度。瑞澂添募水師，購置兵輪，仿各國海軍制，編成聯隊。擒獲巨魁夏竹、林聲爲，匪徒斂迹。

宣統改元，稱疾，乞解職，溫旨慰留。總督端方密薦其才，遷巡撫。既蒞事，澄吏治，肅軍紀，嚴警政，條具整飭本末以上，上嘉納，命署湖廣總督。踰歲，到官，旋實授。劾罷巡警道馮啓鈞、勸業道鄒履和。湘民飢變，復糾彈前祭酒王先謙、主事葉德輝、道員孔憲穀阻撓新政狀，中旨分別懲革，繇是威望益著。其時朝廷籌備立憲，瑞澂希風指，凡置警、興學、設諮議局、立審檢廳，一切皆治辦。名流如張謇輩咸與交驩，而懿親載澤方用事，則又爲其姻婭，聲勢駸駸出南北洋上。

三年七月，被命會辦川漢、粵漢鐵路。居無何，督辦端方上言鄂境鐵路收歸國有，詔嘉之。越月，武昌變起。先是黨人謀亂於武昌，瑞澂初聞報，憂懼失措，漫不爲備，惟懸賞告密，得黨人名册，多列軍人名，左右察知僞造，請銷毀以安衆心。瑞澂必欲按名捕之，獲三十二人，誅其三，輒以平亂聞。詔嘉其弭患初萌，定亂俄頃，命就擒獲諸人嚴鞫，並緝逃亡，於是軍心騷動，翌日遂變。瑞澂棄城走，詔革職，仍令權總督事，戴罪圖功，並令陸軍大臣蔭昌督師往討，薩鎮冰率兵艦、程允和率水師援之，而瑞澂已乘兵艦由漢口而蕪湖而九江，且至上海矣。

黨軍推陸軍第二十一混成協統領官黎元洪稱都督，置軍政府。旣占武昌，復取漢陽，據漢口，乃起袁世凱爲湖廣總督，督辦剿撫，節制長江水陸各軍，副都統王士珍副之。召蔭昌還，命軍諮使馮國璋總統第一軍，江北提督段祺瑞總統第二軍，俱受世凱節制。國璋與黨軍戰於灄口，水陸夾擊，復漢口，連克漢陽，指日下武昌，而世凱授總理內閣大臣，遽令停攻。復起魏光燾督湖廣，士珍暫權，段芝貴護，又命祺瑞攝之。時瑞澂已久遁上海，始以失守武昌，潛逃出省，偸生喪恥，詔逮京，下法部治罪，而瑞澂不顧也。瑞澂居上海四年，病卒。

論曰：辛亥革命，亂機久伏，特以鐵路國有爲發端耳。宣懷實創斯議，遂爲首惡。鄂變猝起，瑞澂遽棄城走，當國優柔，不能明正以法。各省督撫遂先後皆不顧，走者走，變者變，大勢乃不可問矣。嗚呼！如瑞澂者，謚以罪首，尙何辭哉？

清史稿卷四百七十二

列傳二百五十九

陸潤庠　世續　伊克坦　梁鼎芬　徐坊　勞乃宣　沈曾植

陸潤庠，字鳳石，江蘇元和人。父懋修，精醫，見藝術傳。潤庠，同治十三年一甲一名進士，授修撰。光緒初，屢典試事，湖南、陝西皆再至。入直南書房，洊擢侍讀。出督山東學政。父憂服闋，再遷祭酒，典試江西。以母疾乞養歸。二十四年，起補祭酒，擢內閣學士，署工部侍郎。兩宮西巡，奔赴行在，授禮部侍郎，充經筵講官。擢左都御史，管理醫局，典順天鄉試，充會試副總裁，署工部尚書。

三十二年，充釐訂官制大臣。已而工部裁省，以尚書兼領順天府尹事。明年，授吏部尚書、參預政務大臣，謂：「捐例開，仕途雜，膺民社者或不通曉文義，因訂道府以下考試章程，試不及格者停其分發，設仕學館教習之。」潤庠爲陸贄後，嘗奏進文集，參以時事，大意謂：「成規未可墨守，而新法亦須斟酌行之。若不研求國內歷史，以爲變通，必至窒礙難行，且有變本加厲之害。」

宣統元年，協辦大學士，由體仁閣轉東閣大學士，充弼德院院長。皇帝典學，充毓慶宮授讀，兼顧問大臣。疏陳：「曲阜篤生聖人之地，今新建曲阜學堂，必須闡明經術，提倡正學。若雜聘外人，異言異服，喧賓奪主，將來聖教澌滅，亦朝廷之憂。」又陳：「釐訂官制，宜保存臺諫一職。說者謂既有國會，不須復有言官。豈知議員職在立法，言官職在擊邪。議院開會，不過三月，臺諫則隨時可以陳言。行政裁判，係定斷於事後，言官則舉發於事前。朝廷欲開通耳目，則諫院不可裁；諸臣欲鞏固君權，則亦不可言裁。卽使他時國會成立，亦宜使該院獨立，勿爲邪說所淆。」又言：「游學諸生，於實業等事學成而歸者，寥寥可數，而又用非所學。其最多者惟法政一科。法政各國歧異，悉就其本國人情風俗以爲制。今諸生根柢未深，於前古聖賢經傳曾未誦習，道德風尚概未聞知，襲人皮毛，妄言改革；甚且包藏禍心，倡民權革命之說，判國家與君主爲兩途，布其黨徒，潛爲謀主。各部院大臣以爲朝廷銳意變法，非重用學生不足以稱上旨，遂乃邪說詖行，徧播中外，久之必致根本動搖，民生塗炭。」

又疏陳財用枯竭，請酌停新政，謂：「今日之害，先由於督撫無權，漸而至於朝廷無權。

庫儲之困難，寇賊之充斥，猶其顯而易見者也。鎭兵之設也，所用皆未經歷練之學生，韜略則紙上空談，作用則徒取形式，甚至持不擊同胞之謬說。一旦有事，督撫非但不能調遣，甚且反戈相向，其不可用明矣。則莫如停辦鎭兵，仍取巡防隊而整理之。審判之立也，所授皆未曾聽訟之法官，黑白混淆，是非倒置。舊時諳練之老吏，督撫不得用之，散遣州縣捕役，以緝盜責之巡警。巡警無能也，且不過省會及通商口岸有巡警，豈能分布鄉閭？將來必至徧地皆盜，人民無可控訴。則莫如停辦審判，仍以聽斷緝捕歸之州縣。諮議局之設也，所舉皆不諳掌故之議員，逞臆狂談，箝制當道，督撫莫能禁之。於是借籌款之名，魚肉鄉里，竊自治之號，私樹黨援。上年資政院開議，竟至戟手漫罵，藐視朝廷。以辯給爲通才，以橫議爲輿論，蜩螗沸羹，莫可究詰。則莫如停辦國會，仍以言事責之諫院。學堂之設也，所聘皆未通經史之教員，其沿用教科書，僅足啓發顓蒙，廢五經而不讀，禍直等於秦焚。暑假、星期，毫無拘束，彼血氣未定者，豈不結黨爲非？又膳學費百倍於前，致使貧寒聰穎之士流，進身無路。則莫如停辦中小學堂，仍用經策取士。凡此皆於財政有關，而禍不僅在財政，使不早爲之所，必至權柄下移，大局不可收拾。」疏上，多不報。時建設立憲內閣，宰輔擁虛名而已。

武昌兵變，官軍旣克漢陽，武昌旦夕下。而新內閣又成立，總理大臣袁世凱議修和息戰禍，取隆裕太后懿旨，頒示天下，改建國體，於是遜位詔下矣。潤庠以老瞶辭授讀差，奉懿旨仍照料毓慶宮，給月俸如故，授太保。越二年，病卒，年七十五，贈太傅，謚文端。

潤庠性和易，接物無崖岸，雖貴，服用如爲諸生時。遇變憂鬱，內結於胸而外不露。及病篤，竟日危坐，瞑目不言，亦不食，數日而逝。

世續，字伯軒，索勒豁金氏，隸內務府滿洲正黃旗。光緒元年舉人，以議敍主事歷內務府郎中，擢武備院卿，授內閣學士。二十二年，爲總管內務府大臣，兼工部侍郎。二十六年，各國聯軍入京，兩宮西狩，適遭父喪，命留京辦事。卽日縗墨詣聯軍請保護宮廷，日爲宮中備飲饌，並保壇廟。晉理藩院尚書，調禮部。兩宮回鑾，賞黃馬褂，轉吏部，兼都統。內務府三旗甲米向歸吏胥代領折價，名曰「米折」，所得甚微。世續商之倉場，飭旗丁自領，衆感實惠。纂呈四書圖說，特旨褒嘉。三十年，以吏部尚書協辦大學士，尋授體仁閣大學士。三十二年，命爲軍機大臣。歷轉文華殿大學士，充憲政編查館參預政務大臣。念八旗生計日艱，奏設工藝廠，俾習工藝贍身家。德宗崩，議繼體，世續獨言國事艱危，宜立長君，不能用。

宣統改元，以疾乞休。三年，復起原官，仍兼總管內務府大臣。及議遜位，世續首贊之。

太后令磋商優待條件，授太保。接修崇陵工程，加太傅。丁巳復辟，懼禍及，力阻之。事變亟，入宿衛，並以殮服自隨。頻年以經費拮据，支持尤苦，纂修德宗實錄，始終其事，及書成，已病不能起矣。辛酉年，卒，年六十九。贈太師，謚文端。

伊克坦，字仲平，瓜爾佳氏，滿洲正白旗人，西安駐防。光緒十二年進士，以編修歷至都察院副都御史，充滿蒙文學堂監督。有請達海從祀文廟者，伊克坦以達海創定國書，繙譯經史，有功聖教，允宜附祀，卽爲代奏，略言：「學官立於漢京，而配享實始於唐代，宋、元以來，迭有增祀，大率以闡明聖學，有功經訓爲斷。漢儒許愼，特因說文解字，功在經籍，專隆升祔。我太祖高皇帝、太宗文皇帝指授文臣創立國書，傳譯經史，宣布文教，尤極千古未有之盛。夫國書字體，創自文臣額爾德尼及噶蓋等，而仰承聖意，彙集大成，詳定頒行者，實唯儒臣達海。達海以肇造貞元之佐，擅閎通著述之才，歷相兩朝，瞻言百里。其初奉命詳定國書，重加圈點，發明音義；又以國書漢字對音未全，於十二字頭之外有所增加，而國書之用乃廣。復定兩字切音之法，較之漢文切音，更爲精當，而國書之制乃備。繙譯經典，昭示羣倫，功不在傳經諸儒下。崇德十年，既蒙賜謚文成，康熙九年，復奉賜文立碑，隆德報功，永受恩澤。旋有學士阿理瑚奏請從祀文廟，禮臣復奏，以爲創造國書，一藝之長，不當從祀，未經議准。查達海詳定國書字體，實稟太宗指示而成。作者爲聖，述者爲明，非唯羽翼六經，抑且昭示百世。部議謂僅一藝之長，實未深知大體。達海於聖經有表章之力，於後學有津逮之功。方今宗學、旗學兼重國書，並奉旨特設滿蒙文學堂於京師，奉省亦經奏立八旗滿蒙文中學堂。揆諸古者釋奠祭師之誼，達海應得附祀，核與漢儒許愼從祀之例亦屬相符。仰懇俯准達海附祀文廟，並請敕建專祠於盛京，以昭矜式。查盛京東門外尙有達海塋墓，榛莽荒蕪，碣碑剝落，並請敕下所司修治看護，用示朝廷崇尙實學、藎念儒臣之至意。」

又代陳典學事宜，略言：「伏讀雍正三年世宗憲皇帝諭：『帝王御宇膺圖，咸資典學。我聖祖仁皇帝天亶聰明，而好古敏求，六十餘年孜孜不倦。』又嘉慶二十四年仁宗睿皇帝諭：『帝王之學，在於貫徹天人，明體達用，以見諸施行，與經生尋章索句者不同。』仰見列聖相承，重視典學之至意。我皇上睿哲性成，聰明天縱，沖齡踐祚，洪業肇基，當此春秋典學之時，實爲聖敬日躋之始。伏維監國攝政王薰陶德性，輔養聖躬，愼選侍從，左右將護，亦既淵沖翕受，法戒靡遺。唯是皇上一念之張弛，係萬機之治忽；一朝之規制，係薄海之觀瞻。有不得不愼之又愼者，謹爲我皇上詳晰陳之：一，請崇聖學。易端蒙養，禮重師教，書述遜敏，詩頌緝熙，聖學精微，非尋常科學範圍之所能及。宋儒有言『帝王之學，與儒生異尙』，與我仁宗睿皇帝典學之諭用意正符。今我皇上典學之初，應定教學科目，自應會通今古，融貫中西，不可拘於舊例。伏乞簡派儒臣，詳細籌訂，鑒成憲，酌時宜，毋徒陳進講之空文，毋虛循延英之故事，庶足以開張聖聽，裨益亶聰，以立聖學聖治之基。一，請擇賢傅。舊制師傅向以大臣選充，期於老成典型，成就君德，然或入官從政，講學非其所長。老師大儒，潛德隱而勿耀，而教育精深，尤非研究有素，不能取益。擬請敕下內外大臣，各舉所知，勿拘資格，略仿乾隆十四年詔舉經學人員成例，擇其品端學粹、教育卓著成績者，請旨召用，隆以師傅之任，分門講教，而仍派大臣總司其成，俾專日講於經筵，不必更勞以職事。其任彌專，其責彌重，其效彌速，使天下曉然於尊師崇儒之意，庶儒林有所矜式，而聖德日進高明矣。一，請肅規制。古者聖王教冑，必選端方正直、道術博聞之士，與之居處，是以習與智長，化與心成。我皇上毓德方新，始基宜固，舊制選派內監伴讀，似不足以肅學制而廣箴規。擬請改選王公大臣之賢子弟昕夕侍從，斅學相長，並參考學校制度，建設講堂，陳列圖書彝器，觀摩肄習，以收敬業樂羣之效。以上三事，僅舉大綱。我皇上今日之言動起居，罔有勿敬，即異日之立政敷教，罔有勿臧，此尤根本之至計，不可不謹之於漸，而愼之於始者也。伏念朝廷廣勵人才，振興教育，侁侁學子，爭自濯磨，皇上典學伊始，益宜宏茲遠謨，以慰天下士民之望。」

宣統三年，伊克坦與大學士陸潤庠及侍郎陳寶琛，同奉命直毓慶宮，朝夕入講，遇事進言，憂勤彌甚。丁巳復辟，潤庠已前卒，寶琛爲議政大臣，伊克坦一不爭權位，日進講如故。及事變，誓臨危以身殉。伊克坦忠直有遠識，主開誠布公，集思廣益；而左右慮患深，務趨避，時復相左。伊克坦憂鬱遂久病，日寄於酒。癸亥，卒，年五十有八，謚文直。

梁鼎芬，字星海，廣東番禺人。光緒六年進士，授編修。法越事亟，疏劾北洋大臣李鴻章，不報。旋又追論妄劾，交部嚴議，降五級調用。張之洞督粵，聘主廣雅書院講席；調署兩江，復聘主鍾山書院；又隨還鄂，皆參其幕府事。之洞銳行新政，學堂林立，言學事惟鼎芬是任。

拳禍起，兩宮西幸，鼎芬首倡呈進方物之議。初以端方薦，起用直隸州知州；之洞再薦，詔赴行在所，用知府，發湖北，署武昌，補漢陽。擢安襄鄖荊道、按察使，署布政使。奏請化除滿、漢界限。三十二年，入覲，面劾慶親王奕劻通賕賄，請月給銀三萬兩以養其廉。又劾直隸總督袁世凱「權謀邁衆，城府阻深，能諂人又能用人，自得奕劻之助，其權威遂爲我朝二百年來滿、漢疆臣所未有，引用私黨，布滿要津。我皇太后、皇上或未盡知，臣但有一日之官，卽盡一日之心。言盡有淚，淚盡有血。奕劻、世凱若仍不悛，臣當隨時奏劾，以報天恩」。詔訶責，引疾乞退。兩宮升遐，奔赴哭臨，越日卽行，時之洞在樞垣，不一往謁也。明年，聞之洞喪，親送葬南皮。

及武昌事起，再入都，用直隸總督陳夔龍薦，以三品京堂候補。旋奉廣東宣慰使之命，粵中已大亂，道梗不得達，遂病嘔血。兩至梁格莊叩謁景皇帝暫安之殿，露宿寢殿旁，瞻仰流涕。及孝定景皇后升遐，奉安崇陵，恭送如禮，自願留守陵寢，遂命管理崇陵種樹事。旋命在毓慶宮行走。丁巳復辟，已臥病，强起周旋。事變憂甚，逾年卒，謚文忠。

徐坊，字梧生，山東臨淸州人，巡撫延旭子。少納貲爲戶部主事。光緒十年，法陷諒山，延旭逮問，下刑部獄。坊侍至京師，入則慰母，出則省延旭於獄，橐饘之事，皆自任之，布衣蔬食，言輒流涕。延旭戍新疆，未出都卒，坊扶柩歸葬，徒行泥淖中，道路歎爲孝子。二十六年，奔赴西安行在。明年，扈駕返，以尙書榮慶薦，超擢國子丞。鄂變起，連上五封事，俱不報。遜位詔下，遂棄官。旋命行走毓慶宮，坊已久病，力疾入直。未幾，卒，謚忠勤。

勞乃宣，字玉初，浙江桐鄉人。同治十年進士，以知縣分直隸。查淶水禮王府圈地，力請減租蘇民困。光緒五年，初任臨榆，日晨起坐堂皇治官書，啓重門，民有呼籲者，立親訊之，使閽者不能隔吏役，吏役不能隔人民。其後居官二十餘年皆如之。曾國荃督師山海關，檄司文案。歷南皮等縣，畿輔州縣遇道差，咸科於民有定額，而官取其贏。乃宣任蠡縣，值謁陵事竣，贏支應錢千餘緡，儲庫備公用。任完縣，購書萬餘卷庋尊經閣。任吳橋，創里塾，農事畢，令民入塾，授以弟子規、小學內篇、聖諭廣訓諸書，歲盡始罷。先是寧津奸民陳二糾黨爲州郡害，土人稱曰黑團，勢甚熾。嘗至南皮劫殺，乃宣會防營掩捕，擒陳二及其黨數人磔於市，黑團遂絕。

二十五年，義和拳起山東，蔓延於直、東各境，乃宣爲義和拳敎門源流考，張示曉諭，且申請奏頒禁止，不能行。景州有節小廷者，匪首也，號能降神。乃宣飭役捕治，縱士民環觀，既受笞，號呼不能作神狀，梟示之，匪乃不敢入境。明年，拳黨入京，乃宣知大亂將作，適調吏部稽勳司主事，遂請急南歸，浙撫任道鎔延主浙江大學堂。尋入江督李興銳幕，端方、周馥繼任，咸禮重之。周馥從乃宣議，設簡字學堂於金陵。初，寧河王照造官話字母，乃宣增其母韻聲號爲合聲簡字譜，俾江、浙語音相近處皆可通。三十四年，召入都，以四品京堂候補，充憲政編查館參議、政務處提調。

宣統元年，詔撰經史講義，輪日進呈，疏請造就保姆，輔養聖德。二年，欽選資政院碩學通儒議員。法律館奏進新刑律，乃宣摘其妨於父子之倫、長幼之序、男女之別者數條，提議修正之。授江寧提學使。三年，召爲京師大學堂總監督，兼學部副大臣。遜位議定，乞休去，隱居淶水。時士大夫多流寓青島，德人尉禮賢立尊孔文社，延乃宣主社事，著共和正解。丁巳復辟，授法部尚書，乃宣時居曲阜，以衰老辭。卒，年七十有九。

乃宣誦服儒先，踐履不苟，而於古今政治，四裔情勢，靡弗洞達，世目爲通儒。著有遺安錄、古籌算考釋、約章纂要、詩文稿。

沈曾植，字子培，浙江嘉興人。光緒六年進士，用刑部主事。事親孝，母多疾，醫藥必親嘗，終歲未嘗解衣安臥，遂通醫。遷員外郎，擢郎中。居刑曹十八年，專研古今律令書，由大明律、宋律統、唐律上溯漢、魏，於是有漢律輯補、晉書刑法志補之作。曾植爲學兼綜漢、宋，而尤深於史學掌故，後專治遼、金、元三史，及西北輿地，南洋貿遷沿革。尋充總理衙門章京。中日和議成，曾植請自借英款創辦東三省鐵路，時俄之韋特西比利亞鐵路尙未建議也，不果行。母憂歸，兩湖總督張之洞聘主兩湖書院講席。

拳亂啓釁，曾植與盛宣懷等密商保護長江之策，力疾走江、鄂，決大計於劉坤一、張之洞，而以李鴻章主其成，所謂「畫保東南約」也。旋還京，調外交部。出授江西廣信知府，曾植爲政，知民情僞，而持之以忠恕，故事治而民親。歷署督糧道、鹽法道，擢安徽提學使，赴日本考察學務。三十二年，署布政使，尋護巡撫。值江、鄂、皖三省軍會操太湖，而適遭國卹，羣情恟恟，民一日數驚，城外礮馬兵又譁變。曾植聞之，登城守禦，檄協統余大鴻馳入江防，楚材兵艦擊燬東門外礮兵壁壘，黃鳳岐奪回菱湖嘴火藥局，一日而亂定。

曾植在皖五年，重治人而尙禮治，政無鉅細，皆以身先。其任學使，廣教育，設存古學堂。又興實業，創造紙諸廠。會外人要我訂約開銅官山鑛，曾植嚴拒之。未幾，貝子載振出皖境，當道命藩庫支巨款供張，曾植不允，遂與當道忤。宣統二年，移病歸。遜位詔下，痛哭不能止。丁巳復辟，授學部尙書。事變歸，臥病海上，壬戌冬，卒，年七十三。著有海日樓文詩集。

論曰：辛壬之際，世變推移，莫之爲而爲，其中蓋有天焉。潤庠、世續諸人非濟變才，而鞠躬盡瘁，始終如一，亦爲人所難者也。乃宣、曾植皆碩學有遠識，惓惓不忘，卒憂傷憔悴以死。嗚呼，豈非天哉！〔一〕

〔一〕按：關內本把勞乃宣傳、沈曾植傳移入下卷，獨爲一卷。「論」中「鞠躬盡瘁」以下改爲「不忘故君，靖共爾位，始終如一，亦爲人所難者也。烏虖僅矣！」

清史稿卷四百七十三

列傳二百六十

張勳　康有爲

張勳，字少軒，江西奉新人。少孤貧。投効廣西軍，預法越之戰，累保至參將。日韓釁啓，隨毅軍防守奉天。袁世凱練兵小站，充管帶。拳匪亂作，統巡防營防勦，敍功擢副將，賞壯勇巴圖魯。兩宮回鑾，隨扈至京，諭留宿衞，授建昌鎭總兵，擢雲南提督，改甘肅，皆不赴。日俄戰後，調奉天，充行營翼長，節制三省防軍，賞黃馬褂。旋命總統江防各軍，駐浦口，調江南提督。

武昌變起，蘇州獨立，總督張人駿、將軍鐵良方與衆籌戰守，有持異議者，勳直斥之。翌日，新軍變，勳與戰於雨花臺，大破之。江、浙軍合來攻，糧援胥絕，乃轉戰，退而屯徐州，完所部。人駿、鐵良走上海。命勳爲江蘇巡撫，攝兩江總督，賞輕車都尉。遜位詔下，世凱遣使勞問，勳答曰：「袁公之知不可負，君臣之義不能忘。袁公不負朝廷，勳安敢負袁公？」世凱歷假勳定武上將軍、江北鎮撫使、長江巡閱使、江蘇都督、安徽督軍。及建號，勳首起抗阻，並請優待皇室，保衞宮廷。

世凱卒，各省有所謀，羣集徐州，推勳主盟。勳於是提兵北上，叩謁宮門，遂復辟。連下詔令，首頒復政諭云：「朕不幸以沖齡繼承大業，煢煢在疚，未堪多難。辛亥變起，我孝定景皇后至德深仁，不忍生民塗炭，毅然以祖宗創垂之重，億兆生靈之命，付託前閣臣袁世凱，設臨時政府，推讓政權，公諸天下，冀以息爭弭亂，民得安居。乃國體自改共和以來，紛爭無已，迭起干戈，强劫暴斂，賄賂公行，歲入增至四萬萬而仍患不足，外債增出十餘萬萬而有加無已。海內囂然，喪其樂生之氣，使我孝定景皇后不得已遜政恤民之舉，轉以重苦吾民。此誠我孝定景皇后初衷所不及料，在天之靈，惻痛難安；而朕深居宮禁，日夜禱天，徬徨飮泣，不知所出者也。今者復以黨爭激成兵禍，天下洶洶，久莫能定，共和解體，補救已窮。據張勳等以『國本動搖，人心思舊，合詞奏請復辟，以拯生靈』，各等語。覽奏，情詞懇切，實深痛懼。既不敢以天下存亡之大責，遂輕任於眇躬；又不忍以一姓禍福之奢言，置兆民於不顧。權衡重輕，天人交迫，不得已允如所奏，於宣統九年五月十三日臨朝聽政，收回大權，與民更始。自今以往，以綱常名教爲精神之憲法，以禮義廉恥收潰決之人心。上下以至誠相感，不徒恃法守爲維繫之資；政令以懲毖爲心，不得以國本爲嘗試之具。況當此萬象虛耗，元氣垂竭，存亡絕續之交，朕臨深履薄，固不敢有樂爲君，稍有縱逸。爾大小臣工，尤當精白乃心，滌除舊染，息息以民瘼爲念。爲民生留一分元氣，卽爲國家延一息命脈，庶幾危亡可救，感召天庥。所有興復初政亟應興革諸大端，條舉如下：一，欽遵德宗景皇帝諭旨，大權統於朝廷，庶政公諸輿論，定爲大清帝國君主立憲政體。一，皇室經費，仍照所定每年四百萬元數目，按年撥用，不得絲毫增加。一，懍遵本朝祖制，親貴不得干預政事。一，實行融化滿、漢畛域，所有以前一切滿、蒙官缺已經裁撤者，概不復設。至通婚易俗等事，並著所司條議具奏。一，自宣統九年五月本日以前，凡與東西各國正式簽定條約，及已付債款合同，一律繼續有效。一，民國所行印花稅一項，應卽廢止，以紓民困；其餘苛細雜捐，並著各省督撫查明，奏請分別裁撤。一，民國刑律不適國情，應卽廢除，暫以宣統初年頒定現行刑律爲準。一，禁除黨派惡習，其從前政治罪犯，概予赦免；儻有自棄於民而擾亂治安者，朕不敢赦。一，凡我臣民，無論已否剪髮，應遵照宣統三年九月諭旨，悉聽其便。凡此九條，誓共遵守。皇天后土，實鑒臨之！」次諭議立憲，設內閣；京、外官暫照宣統初年官制辦理；其現任文武大小官員，均照常供職。

先後命官以勳及陳寶琛、劉廷琛等爲內閣議政大臣，次則內閣閣丞萬繩栻、胡嗣瑗，大學士爲瞿鴻禨、升允，顧問大臣趙爾巽、陳夔龍、張英麟、馮煦等，各部尚書梁敦彥、張鎭芳、雷震春、沈曾植、勞乃宣等，侍郎李經邁、李瑞淸、陳曾壽、王乃徵、陳毅、顧瑗等，丞參章湯生、章梫、黎湛枝、梁用弧等，都御史張曾歇，副都御史胡思敬、溫肅；並召鄭孝胥、吳慶坻、趙啓霖及陳邦瑞、朱益藩等均來京。又以勳兼直隸總督、北洋大臣，仍留京。各省督、撫、提、鎭，皆就現任者改之。命下，各省多不應，而馬廠師起，稱討逆軍，傳檄討勳，勳自請罷斥。及攻都城，勳與戰，以兵寡不支，荷蘭公使以車迎入使館。旋赴津，居久之，卒，年七十，謚忠武。勳亢爽好客，待士卒有恩，所部數萬人，無一斷髮者，世指爲「辮子軍」。臨戰，盡納家屬妻妾子女別室，不聽避，蓋自懟負國，誓骨肉俱殉。及事亟，外人破戶劫之始脫云。

康有爲，字廣廈，號更生，原名祖詒，廣東南海人。光緒二十一年進士，用工部主事。少從朱次琦遊，博通經史，好公羊家言，言孔子改制，倡以孔子紀年，尊孔保教，先聚徒講學。入都上萬言書，議變法，給事中余聯沅劾以惑世誣民，非聖無法，請焚所著書。中日議款，有爲集各省公車上書，請拒和、遷都、變法，格不達。復獨上書，由都察院代遞，上覽而善之，命錄存備省覽。再請誓羣臣以定國是，開制度局以議新制，別設法律等局以行新政，均下總署議。

二十四年，有爲立保國會於京師，尙書李端棻，學士徐致靖、張百熙，給事中高燮曾等，先後疏薦有爲才，至是始召對。有爲極陳：「四夷交侵，覆亡無日，非維新變舊，不能自强。變法須統籌全局而行之，徧及用人行政。」上歎曰：「奈掣肘何？」有爲曰：「就皇上現有之權，行可變之事，扼要以圖，亦足救國。唯大臣守舊，當廣召小臣，破格擢用；並請下哀痛之詔，收拾人心。」上皆韙之。自辰入，至日昃始退，命在總理衙門章京上行走，特許專摺言事。旋召侍讀楊銳、中書林旭、主事劉光第、知府譚嗣同參預新政。有爲連條議以進，於是詔定科舉新章，罷四書文，改試策論，立京師大學堂、譯書局，興農學，奬新書新器，改各省書院爲學校，許士民上書言事，諭變法。裁詹事府、通政司，大理、光祿、太僕、鴻臚諸寺，及各省與總督同城之巡撫，河道總督，糧道、鹽道，並議開懋勤殿，定制度，改元易服，南巡遷都。未及行，以抑格言路，首違詔旨，盡奪禮部尙書、侍郎職。舊臣疑懼，羣起指責有爲，御史文悌復痛劾之。上先命有爲督辦官報，復促出京。

上雖親政，遇事仍承太后意旨，久感外侮，思變法圖强，用有爲言，三月維新，中外震仰。唯新進驟起，機事不密，遂致害成。時傳將以兵圍頤和園劫太后，人心惶惑。上硃諭銳等籌議調和，有「朕位且不能保」之語，語具銳傳。於是太后復垂簾，盡罷新政。以有爲結黨營私，莠言亂政，褫職逮捕。有爲先走免，逮其弟廣仁及楊銳等下獄，並處斬。復以有爲大逆不道，搆煽陰謀，頒硃諭宣示，並籍其家，懸賞購捕。有爲已星夜出都航海南下，英國兵艦迎至吳淞。時傳上已幽廢，且被弑，有爲草遺言，誓以身殉，將蹈海。英人告以訛傳，有爲始脫走，亡命日本，流轉南洋，遍遊歐、美各國。所至以尊皇保國相號召，設會辦報，集貲謀再舉，屢遇艱險不少阻。嘗結富有會，起事江漢，皆爲官兵破獲，誅其黨。連詔大索，毀所著書，閱其報章者並罪之。初，太后議廢帝，稱病徵醫，久閉瀛台，旦夕不測。有爲聞之，首發其謀，清議爭阻，外人亦起責言，兩江總督劉坤一言「君臣之分已定，中外之口難防」，始罷廢立。拳匪起，以滅洋人、殺新黨爲號，太后思用以立威，遂肇大亂，凡與有爲往還者，輒以康黨得奇禍。

宣統三年，鄂變作，始開黨禁，戊戌政變獲咎者悉原之，於是有爲出亡十餘年矣，始謀歸國。時民軍決行共和，廷議主立憲，而有爲創虛君共和之議，以「中國帝制行已數千年，不可驟變，而大清得國最正，歷朝德澤淪浹人心，存帝號以統五族，弭亂息爭，莫順於此」。內閣總理大臣袁世凱徇民軍請，決改共和，遂下遜位之詔。有爲知空言不足挽阻，思結握兵柄者以自重，頗遊說當局，數年無所就。丁巳，張勳復辟，以有爲爲弼德院副院長。勳議行君主立憲，有爲仍主虛君共和。事變，有爲避美國使館，旋脫歸上海。

甲子，移宮事起，修改優待條件，有爲馳電以爭，略曰：「優待條件，係大清皇帝與民國臨時政府議定，永久有效，由英使保證，並用正式公文通告各國，以昭大信，無異國際條約。今政府擅改條文，强令簽認，復敢挾兵搜宮，侵犯皇帝，侮逐后妃，抄沒寶器，不顧國信，倉卒要盟，則內而憲法，外而條約，皆可立廢，尙能立國乎？皇上天下爲公，中外共仰，豈屑與爭，實爲民國羞也！」明年，移蹕天津，有爲來覲謁，以進德、修業、親賢、遠佞爲言。丁卯，有爲年七十，賜「壽」，手疏泣謝，歷敍恩遇及一生艱險狀，悲憤動人。時有爲懷今感舊，傷痛已甚，哭笑無端。自知將不起，遂草遺書，病卒於青島。

有爲天資瑰異，古今學術無所不通，堅於自信，每有創論，常開風氣之先。初言改制，次論大同，謂太平世必可坐致，終悟天人一體之理。述作甚多，其著者有孔子改制考、新學僞經考、春秋董氏學、春秋筆削大義微言考、大同書、物質救國論、電通，及康子內外篇，長興學舍、萬木草堂、天遊廬講學記，各國遊記，暨文詩集。

論曰：光、宣兩朝，世變迭起，中國可謂多故矣。其事皆分見於紀、傳。斷代爲史，辛亥以後，例不能詳。唯丁巳復辟，甲子移宮，實爲遜位後兩大案，而勳與有爲又與淸室相終始，亦不可遂沒其人。明末三王及諸遺臣，史皆勿諱，今仿其體，並詳著於篇，庶幾考有淸一代之本末者，有所鑒焉。〔一〕

〔一〕按：關內本此卷是上卷移來的勞乃宣傳、沈曾植傳，無張勳傳、康有爲傳。傳後有論，其文是：「論曰：乃宣、曾植皆學有遠識，本其所學，使獲竟其所施，其治績當更有遠到者。乃朝局遷移，掛冠神武，雖皆僑居海濱，而平居故國之思，無時敢或忘者。卒至憔悴憂傷，齎志以沒。悲夫！」

關外一次本於張勳傳後附有張彪傳，全文如下：

張彪，字虎臣，山西榆次人。以武生歸撫標，巡撫張之洞器賞之，擢外委，隨調粵、鄂至兩江。時新練陸軍，充管帶，監修江陰江防礮臺。復還湖北，充護軍管帶。光緒二十三年，奏派赴日本考查軍政，歸，督修漢口後湖隄工，創漢陽兵工廠。累保副將，賞壯勇巴圖魯勇號，兼常備軍鎮統，授松潘總兵，留充陸軍第八軍鎮統制官。南北新軍會操於彰德，賞花翎；再會操太湖，更勇號曰奇穆欽。宣統二年，擢湖北提督，加陸軍副都統。三年，新軍變，總督瑞澂棄城走，彪率衞隊巷戰，自夜至日午，不能支，退召水師。瑞澂劾以搆變潛逃，詔革職，圖後效。復充湘豫鄂援軍總司令，率殘軍保漢口。禁衞軍及北洋軍南下，督隊先驅，屢有克捷。既復漢陽，還原官。官軍請改共和，要彪署名，力卻之，遂稱病去。東渡日本，歸寓津，築張園自隱。乙丑，迎蹕駐園，供張服用，夙夜唯勤。丁卯秋，病篤，見駕臨視，已不能起，强啓目含淚而逝，年六十八。

清史稿卷四百七十四

列傳二百六十一

吳三桂 耿精忠 尚之信 孫延齡

吳三桂，字長伯，江南高郵人，籍遼東。父襄，明崇禎初官錦州總兵。三桂以武舉承父廕，初授都督指揮。襄坐失機下獄，擢三桂總兵，守寧遠。洪承疇出督師，合諸鎭兵，三桂其一也。師攻松山，三桂戰敗，夜引兵去。松山破，承疇降，三桂坐鐫三秩，收兵仍守寧遠。三桂，祖大壽甥也，大壽旣降，太宗令張存仁書招三桂，不報。

順治元年，李自成自西安東犯，太原、寧武、大同皆陷，又分兵破眞定。莊烈帝封三桂平西伯，並起襄提督京營，徵三桂入衞。寧遠兵號五十萬，三桂簡閱步騎遣入關，而留精銳自將爲殿。三月甲辰，入關，戊申，次豐潤。而自成已以乙巳破明都，遣降將唐通、白廣恩將兵東攻灤州。三桂擊破之，降其兵八千，引兵還保山海關。自成脅襄以書招之，令通以銀四萬犒師，遣別將率二萬人代三桂守關。三桂引兵西，至灤州，聞其妾陳爲自成將劉宗敏掠去，怒，還擊破自成所遣守關將；遣副將楊珅、游擊郭雲龍上書睿親王乞師。王方西征，次翁後，三桂使至，明日，進次西拉塔拉，報三桂書，許之。

自成聞三桂兵起，自將二十萬人以東，執襄置軍中；復遣所置兵政部尚書王則堯招三桂，三桂留不遣。越四日，王進次連山，三桂又遣雲龍齎書趣進兵。師夜發，踰寧遠，次沙河，明日，距山海關十里。三桂遣邏卒報自成將唐通出邊立營，王遣兵攻之，戰於一片石，通敗走。又明日，師至關，三桂出迎。王命設儀仗，吹螺，偕三桂拜天畢，三桂率部將謁王，王令其兵以白布繫肩爲識，前驅入關。自成兵橫亙山海間，列陣以待。王令諸軍向自成兵而陣，三桂兵列右翼之末。陣定，三桂先與自成兵戰，力鬬數十合。及午，大風塵起，咫尺莫能辨，師噪風止。武英郡王阿濟格、豫郡王多鐸以二萬騎自三桂陣右突入，騰躍摧陷。自成方立馬高岡觀戰，詫曰：「此滿洲兵也！」策馬下岡走，自成兵奪氣，奔潰。逐北四十里，即日王承制進三桂爵平西王，分馬步兵各萬隸焉，令前驅逐自成。三桂執則堯送王所，命斬之。自成至永平，殺襄，走還明都，屠襄家，棄明都西走。命三桂從阿濟格逐自成至慶都，屢戰皆勝。自成走山西，乃還師。

世祖定京師，授三桂平西王冊印，賜銀萬、馬三。明福王由崧稱帝南京，使封三桂薊國公，又遣沈廷揚自海道運米十萬、銀五萬犒師，三桂不受；尋遣其侍郎左懋第、都督陳洪範等使於我，復齎銀幣勞三桂，三桂仍辭不受。尋命英親王阿濟格爲大將軍，西討自成，三桂率所部從，自邊外趨綏德。二年，克延安、鄜州，進攻西安。自成以數十萬人迎戰，三桂督兵奮擊，斬數萬級。自成出武關南走，師從之，自襄陽下武昌，自成走死。師復東徇九江。八月，師還，賜繡朝衣一襲、馬二，命進稱親王，出鎭錦州，所部分屯寧、錦、中右、中後、中前、前屯諸地。三桂疏言丁給地五晌，各所房屋灰燼，地土磽薄，請增給；並爲珅、雲龍及諸將吳國貴、高得捷等請世職，屬吏童達行等乞優擢；又以父襄、母祖氏、弟三輔並爲自成所殺，疏乞賜卹：並如所請。三桂辭親王，下部議，許之。三年，入覲，賜銀二萬。

五年，命與定西將軍墨爾根侍衞李國翰同鎭漢中。六年，明宗室朱森滏攻階州，三桂與國翰督兵擊斬之。有王永强者爲亂，破延安、榆林等十九州縣，延綏巡撫王正志、靖遠道夏時芳死之；復陷同官、定邊、花馬池。三桂督兵克宜君、同官，擊斬七千餘級。進克蒲城、宜川、安塞、清澗諸縣，誅永强所置吏。定邊、榆林、府谷皆下。八年，入覲，賜金册印。時明桂王由榔稱帝居南寧，張獻忠將孫可望、李定國等皆降於明，率兵擾川北諸郡縣。命三桂偕國翰率師討之。九年七月，三桂與國翰遣兵西撫漳臘、松潘，東拔重慶；進攻成都，明將劉文秀棄城走；復進克嘉定，駐軍緜州。文秀及王復臣復自貴州向四川，招倮玀爲助，陷重慶，進破敍州。三桂屢戰不利。文秀、復臣圍巡按御史郝浴於保寧。浴趣三桂等赴援，擊斬復臣，文秀引兵走。浴疏劾三桂擁兵觀望狀，三桂摘疏中「親冒矢石」語劾浴冒功，浴坐謫徙。三桂敍功，歲增俸千。子應熊尙主，爲和碩額駙，授三等精奇尼哈番，加少保兼太子太保。

十四年，可望反明，攻由榔，定國禦之，可望敗走長沙，來降。詔授三桂平西大將軍，與國翰率師徇貴州；時大將軍羅託、經略洪承疇等出湖南，將軍卓布泰等出廣西：三道並進。三桂等發漢中，道保寧、順慶，次合州，破明兵，收江中戰艦。定國遣其將劉正國、楊武守三坡、紅關諸隘，石壺關者尤險峻，明兵阻關。三桂令騎兵循山麓，步兵陟其巓，以礮發其伏，明兵驚潰，遂下遵義，克開州。會羅託等已克貴陽，卓布泰亦自都勻、安遠入，信郡王多尼將禁旅至。國翰還師遵義，尋卒。三桂馳與羅託等會於平越楊老堡，議分道進兵。三桂自遵義出天生橋，聞白文選據七星關，遂繞出烏撒土司境，次霑益。多尼師進曲靖，敗文選。卓布泰師進羅平，敗定國。

十六年正月，由榔奔永昌。二月，三桂與尙善、卓布泰合軍克雲南會城，破文選玉龍關，取永昌，由榔走緬甸。師渡潞江，定國設伏磨盤山，詗知之，分八隊迎擊，斬殺過半。取騰越，追至南甸，乃振旅自永昌、大理、姚安還。明將馬寶、李如碧、高啓隆、劉之復、塔新策、王會、劉偁、馬惟興、楊武、楊威、高應鳳、狄三品等，及景東、蒙化、麗江、東川、鎮雄諸土司，先後來降。多尼、卓布泰等師還，留固山額眞伊爾德、卓羅等分軍駐守，而詔三桂鎮雲南，命總管軍民事。諭吏、兵二部，雲南將吏聽三桂黜陟。定國求出由榔緬甸，軍孟艮。元江土司那嵩與降將高應鳳舉兵應定國。三桂督兵自石屏進圍元江，逾月，擊斬應鳳，嵩自焚死，收其地爲元江府。

十七年，戶部疏言雲南俸餉歲九百餘萬，議檄滿洲兵還京，裁綠旗兵五之二。三桂謂邊疆不寧，不宜減兵力。是時三桂已陰有異志，其藩下副都統楊珅說以先除由榔絕人望。三桂乃疏言：「前者密陳進兵緬甸，奉諭：『若勢有不可，愼勿强，務詳審斟酌而行。』臣籌畫再三，竊謂渠魁不滅，有三患二難：李定國、白文選等分住三宣六慰，以擁戴爲名，引潰衆肆擾，其患在門戶；土司反覆，惟利是趨，一被煽惑，徧地蠭起，其患在肘腋；投誠將士，尙未革心，萬一邊關有警，若輩乘隙而起，其患在腠理。且兵糧取之民間，無論各省餉運愆期，卽到滇召買，民方懸罄，米價日增，公私交困，措糧之難如此；年年召買，歲歲輸將，民力旣盡，勢必逃亡，培養之難又如此。惟及時進兵，早收全局，乃救時之計。」下議政王大臣會戶、兵二部議，令學士麻勒吉、侍郎石圖如雲南諮三桂機宜，乃決策進兵。命內大臣愛星阿爲定西將軍，率禁旅南征。

三桂所部五丁出一甲，甲二百置佐領，積數十佐領，以吳應麒、吳國貴爲左、右都統分統之。七月，三桂疏請部勒降兵，分置十營，營千二百人，以降將爲總兵：馬寶、李如碧、高啓隆、劉之復、塔新策將忠勇五營；王會、劉偁、馬惟興、楊威、吳子聖將義勇五營。十月，又疏請置援剿四鎭，以馬寧、沈應時、王輔臣、楊武爲總兵。皆允之。三桂請拊循南甸、隴川、千崖、盞達、車里諸土司，頒敕印；復檄緬甸，令執由榔以獻。定國、文選屢攻緬甸求出由榔，緬甸頻年被兵，患苦之，使告師破定國等，請以由榔獻。十八年，三桂遣使緬甸刻師期，令於猛卯迎師；遣副都統何進忠及應時、寧等率師出騰越，道隴川，三月，至猛卯。緬甸又與定國戰，道阻。既，緬甸使至迎師，會瘴發，進忠等引還。

三桂以馬乃土司龍吉兆稱兵應定國，遣寶、啓隆及游擊趙良棟等討之，攻七十餘日，破其寨，斬吉兆，以其地爲普安縣。九月，瘴息。三桂與愛星阿及前鋒統領白爾赫圖，都統果爾欽、遜塔等督兵攻大理，復出騰越，道南甸、隴川至猛卯，分兵二萬，遣寧、輔臣別取道姚關、鎭康、孟定；又慮蠻暮、猛密二土司助定國阻我師後，留總兵張國柱將三千人屯南甸爲備。十一月，會師木邦。文選毀錫箔江橋走茶山，定國走景線。三桂令寧等以偏師逐文選，而與愛星阿趨緬甸，復檄令執送由榔。十二月，師進次舊晚坡，距緬甸都六十里。緬甸使告請遣兵進次蘭鳩江濱扞衞，乃遣白爾赫圖將百人以往。緬甸遂執由榔及其母、妻等送軍前。寧等逐文選及於猛卯，文選以數千人降，師還。

康熙元年，捷聞，詔進三桂親王，並命兼轄貴州。召愛星阿率師還。四月，三桂執由榔及其子，以弓絃絞殺之，送其母、妻詣京師，道自殺。定國尙往來邊上伺由榔消息，三桂令提督張勇將萬餘人戍普洱、元江爲備。未幾，定國走死猛臘。三桂招其子嗣興，以千餘人降，明亡。二年，遣會等攻隴納山蠻，破巢，斬渠。三年，遣之復及總兵李世耀率兵出大方、烏蒙，攻水西土司安坤、烏撒土司安重聖，並擊斬之，以其地設府：隴納曰平遠，大方曰大定，水西曰黔西，烏撒曰威寧。四年，奏裁雲南綠旗兵五千有奇。五年，復遣兵攻土司祿昌賢於隴箐，取其寨數十。迤東悉定，設府曰開化，州曰永定。

三桂初以開關迎師，位望出諸降將孔有德、耿仲明、尙可喜輩右。有德專征定湖廣，徇廣西，李定國破桂林，殉焉；可喜與仲明子繼茂分兵定廣東、福建；而三桂功最高。雲、貴初定，洪承疇疏用明黔國公沐英故事，請以三桂世鎭雲南。三桂復請敕雲南督撫受節制，移總督駐貴陽，提督駐大理。據由榔所居五華山故宮爲藩府，增華崇麗。籍沐天波莊田七百頃爲藩莊。假濬渠築城爲名，重榷關市，壟鹽井、金銅鑛山之利，厚自封殖。通使達賴喇嘛，互市北勝州。遼東參，四川黃連、附子，就其地採運，官爲之鬻，收其值。貨財充溢，貸諸富賈，謂之「藩本」。權子母，斥其羨以餌士大夫之無藉者。擇諸將子弟，四方賓客，與肄武備，謂以儲將帥之選。部兵多李自成、張獻忠百戰之餘，勇健善鬬，以時訓練。所轄文武將吏，選用自擅。各省員缺，時亦承制除授，謂之「西選」。又屢引京朝官、各省將吏用以自佐。御史楊素蘊疏論劾，三桂摘疏中「防微杜漸」語，請旨詰素蘊。素蘊覆奏，言：「防微杜漸，古今通義。」事遂寢。

六年，三桂疏言兩目昏瞀，精力日減，辭總管雲、貴兩省事。下部議，如各省例，歸督撫管理，文吏由吏部題授。雲貴總督卞三元、雲南提督張國柱、貴州提督李本深交章陳三桂勞績，請敕仍總管。得旨：「王以精力日減奏辭，若仍令總管，恐其過勞。如邊疆遇有軍事，王自應經理。」尋進應熊少傅兼太子太傅，命赴雲南視疾，仍還京師。三桂益欲攬事權，搆釁苗、蠻，藉事用兵，私割中甸畀諸番屯牧，通商互市。迨三元乞歸養，甘文焜代爲總督，不附三桂。三桂詐稱邊寇，檄赴勦；比至，又稱寇退，檄使還。藩屬將吏士卒糜俸餉鉅萬，各省輸稅不足，徵諸江南，歲二千餘萬，絀則連章入告，贏不復請稽核。是時可喜鎮廣東，繼茂子精忠鎮福建，與三桂並稱「三藩」，而三桂驕恣尤甚。

十二年二月，上遣侍衞吳丹、塞扈立勞三桂，賜御用貂帽、團龍裘、青蟒狐腋袍、束帶，亦遣使賚可喜。可喜旋疏引疾乞歸老，下部議，請併移所部。七月，三桂亦疏請移藩，並言：「所部繁衆，昔自漢中移雲南，閱三歲始畢。今生齒彌增，乞賜土地，視世祖時分畀錦州、寧遠諸區倍廣，庶安輯得所。」聖祖察三藩分鎭擅兵爲國患，得三桂疏，下議政王大臣會戶、兵二部議奏。諸王大臣度三桂疏非由衷，遽議遷徙，必致紛紜，議移藩不便；獨尙書米思翰、明珠謂苗、蠻既平，三桂不宜久鎭，議移藩便。乃爲二議以上：一議移三桂山海關外，別遣滿洲兵戍雲南；一議留三桂鎭雲南如故。上曰：「三桂蓄異志久，撤亦反，不撤亦反。不若及今先發，猶可制也。」遂命允三桂請移藩，並諭如當用滿洲兵，仍俟三桂奏請遣發。卽令侍郞折爾肯、學士傅達禮齎詔諭三桂。

三桂初上疏，度廷議未卽許，冀慰留久鎭。九月，詔使至，三桂大失望。與所部都統吳應麒、吳國貴，副都統高大節及其壻夏國相、胡國柱謀爲亂，部署腹心扼關隘，聽入不聽出，與使者期以十一月己丑發雲南。先三日丙戌，邀巡撫朱國治脅之叛，不從，榜殺之。遂召諸總兵竇、啓隆、之復、足法、會、屏藩等舉兵反，自號周王天下都招討兵馬大元帥。蓄髮，易衣冠，幟色白，步騎皆以白氈爲帽。執折爾肯、傅達禮，按察使李興元，知府高顯辰，同知劉崑，不爲三桂屈，具楚毒，徙置瘴地。國柱及總兵杜輝、柯鐸，布政使崔之瑛等皆降。三桂傳檄遠近，並致書平南、靖南二藩，及貴州、四川、湖廣、陝西諸將吏與相識者，要約響應。三桂遣馬寶將兵前驅向貴陽，李本深謀應之。文焜馳書告川湖總督蔡毓榮，並趣折爾肯、傅達禮從官郞中党務禮、員外郞薩穆哈、主事辛珠、筆帖式薩爾圖速還京師告變。三桂遣騎追之，辛珠、薩爾圖爲所殺。文焜率數騎趨鎭遠，鎭遠副將江義已得三桂檄，以兵圍文焜，文焜死之。寶兵至，巡撫曹申吉、總兵王永清皆降。

十二月，党務禮、薩穆哈至京師，三桂反問聞。上以荆州咽喉地，卽日遣前鋒統領碩岱率禁旅馳赴鎭守。尋命順承郡王勒爾錦爲寧南靖寇大將軍，率師討三桂，分遣將軍赫業入四川，副都統馬哈達、擴爾坤駐軍兗州、太原備調遣，並停撤平南、靖南二藩。王大臣等請逮應熊治罪，命暫行拘禁。三桂兵陷淸浪衞；毓榮遣總兵崔世祿防沅州，三桂兵至，以城降；復進陷辰州。

十三年正月，三桂僭稱周王元年，部署諸將：楊寶蔭陷常德，夏國相陷澧州，張國柱陷衡州，吳應麒陷岳州。偏沅巡撫盧震棄長沙走，副將黃正卿、參將陳武衡以城降。襄陽總兵楊來嘉舉兵叛，鄖陽副將洪福舉兵攻提督佟國瑤，擊破之；走保山寨，皆應三桂，受署置。三桂自雲南至常德，具疏付折爾肯、傅達禮還奏，語不遜。上命誅應熊及其子世霖，諸幼子貸死入官。六月，命貝勒尙善爲安遠靖寇大將軍，與勒爾錦分道進兵。是時雲南、貴州、湖南地皆入三桂，通番市，以茶易馬，結倮儸助戰，伐木造巨艦，治舟師，採銅鑄錢，文曰「利用」。所至掠庫金、倉粟，資軍用。

勒爾錦師次荆州，三桂遣劉之復、王會、陶繼智等屢以舟師攻彝陵，勒爾錦遣將屢擊敗之，未卽渡江。尙善師次武昌，以書諭三桂降，置不答。三桂傳檄所至，反者四起：提督鄭蛟麟、總兵譚弘、吳之茂反四川，巡撫羅森、降將軍孫延齡以有德舊部反廣西，精忠反福建，河北總兵蔡祿反彰德，三桂勢益張；又遣使與達賴喇嘛通好。達賴喇嘛爲上書乞罷兵，上弗許。先後遣經略大學士莫洛、大將軍康親王傑書、貝勒董額等四出征撫，將軍阿密達擒祿誅之。上趣尙善攻岳州，三桂使吳應麒、廖進忠、馬寶、張國柱、柯鐸、高啓隆等分道拒戰，又遣兵窺江西，循江達南康，陷都昌；復自長沙入袁州，陷萍鄉、安福、上高、新昌諸縣。上命安親王岳樂爲定遠平寇大將軍，徇江西；簡親王喇布爲揚威大將軍，鎭江南。時王輔臣已爲陝甘提督，復以寧羌叛應三桂，莫洛死之。三桂遣其將王屛藩入四川，與吳之茂合軍助輔臣。上復趣尙善速攻岳州，尙善疏請益兵，未卽進。

十四年正月，上命岳樂自袁州取長沙，岳樂遣兵先後克上高、新昌、東鄉、萬年、安仁、新城諸縣，復進克廣信、饒州。夏國相堅守萍鄉，攻之不下。上以岳樂師向湖南，命喇布移鎭南昌。三桂遣將率兵七萬、倮儸三千防醴陵，築木城以守；又於岳州城外掘壕三重，環竹木爲穽；於洞庭湖峽口植叢木爲樁，阻舟師；陸軍築壘皆設鹿角重疊，阻騎兵；乃自常德赴松滋，駐舟師虎渡口，截勒爾錦、尙善兩軍使不相應；揚言將渡江攻荊州，決隄以灌城，分岳州守兵據彝陵東北鎭荊山，令王會、楊來嘉、洪福等合兵陷穀城，執提督馬胡拜，攻鄖陽、均州、南漳。勒爾錦遣貝勒察尼守彝陵，與都統宜理布等力禦之，疏請益兵。上責勒爾錦逗遛，不許。是歲，察哈爾布爾尼叛，上遣大將軍信親王鄂札、副將軍大學士圖海擊破之。

十五年，三桂遣兵侵廣東，授之信招討大將軍。時可喜已病篤，之信遂降。三桂別遣其將韓大任、高大節將數萬人陷吉安。上令喇布固守饒州，岳樂攻萍鄉，力戰破十二壘，斬萬餘級，國相引兵走，乃克之。師進復醴陵、瀏陽，復進攻長沙。三桂遣胡國柱益兵以守，馬寶、高啓隆自岳州以兵會。三桂自松滋移屯嶽麓山，爲長沙聲援；又令大任、大節自吉安分兵犯新淦，屯泰和，復陷萍鄉、醴陵，斷岳樂軍後。上嚴趣喇布援岳樂，乃自饒州進復餘干、金谿，攻吉安，大節將四千人來拒，戰於大覺寺，以百騎陷陣，師左次螺子山。大節復以少兵力戰，喇布及副將軍希爾根倉卒棄營走，師敗績。會大任與大節不相能，大節怏怏死。喇布遣兵復圍吉安，大任不敢出戰。勒爾錦以三桂去松滋，率兵渡江取石首，遣貝勒察尼攻太平街三桂兵壘，師敗績，退保荆州。是歲大將軍、大學士圖海代董額征陝西，輔臣降。上令將軍穆占將陝西兵赴荆州，康親王傑書自浙江下福建，精忠降。之信亦遣使詣喇布降。延齡聞，亦願降，三桂使從孫世琮襲桂林，執而殺之，掠柳州、横州、平樂、南寧。

十六年，尚善分兵送馬三千益岳樂軍，三桂邀奪於七里臺，復遣兵援吉安，與喇布軍相持。穆占自岳州進，與岳樂夾攻長沙，克之。三桂所遣援吉安諸軍皆引去，大任棄城走。

吉安乃下。三桂自嶽麓徙衡州，分兵犯南安、韶州，並益世琮兵掠廣西。十七年，岳樂復平江、湘陰，三桂將林興珠率所將水師降。穆占攻永興，拔之，並下茶陵、攸、酃、安仁、興寧、郴、宜章、臨武、藍山、嘉禾、桂陽、桂東十二城。喇布亦與江西總督董衞國率師逐大任，及於寧都，大任敗走福建，詣傑書降。三桂遣馬寶、胡國柱等攻永興，都統宜理布、護軍統領哈克山出戰，死。穆占與碩岱等力守。

是歲，三桂年六十有七，兵興六年，地日蹙，援日寡，思竊號自娛。其下爭勸進，遂以三月朔稱帝，改元昭武，以衡州爲定天府。置百官，大封諸將，首國公，次郡公，亞以侯、伯。造新曆。舉雲、貴、川、湖鄉試。號所居舍曰殿，瓦不及易黃，以漆髹之。構廬舍萬間爲朝房。築壇衡山，行郊天即位禮，將吏入賀。是日大風雨，草草成禮而罷。俄病噎，八月，又病下痢，噤不能語。召其孫世璠於雲南，未至，乙酉，三桂死。寶、國柱攻永興方急，聞喪，自焚其壘，引軍還衡州。世璠，應熊庶子，留雲南，奔三桂之喪，至貴陽，其下擁稱帝，改號洪化，倚方光琛、郭壯圖爲腹心。光琛，三桂所署大學士；壯圖，封國公。

三桂初起兵，其下或言宜疾行渡江，全師北向；或言直下金陵，扼長江，絕南北運道；或言宜出巴蜀，據關中，塞殽、函自固。三桂皆不能用，屯松滋，與勒爾錦夾江而軍，相持，皆不敢渡江決戰。既，還援長沙。晚乃欲通閩、粵道，糾精忠、之信復叛，攻永興未下而死。

吳國貴復議舍湖南，北向爭天下，陸軍出荆、襄趨河南，水軍下武昌，掠舟順流撼江左。諸將俱重棄滇、黔，馬寶首梗議，乃罷。

上以勒爾錦頓兵荆州不進，時尚善卒，貝勒察尼代爲安遠靖寇大將軍，攻岳州，吳應麒守堅，久未下。下詔將親征，聞三桂死，乃罷。趣諸軍分道並進，並敕招撫陷賊官民。察尼屯君山，不能斷湖道，至是造鳥船百、沙船四百餘，配以兵三萬，水師始成軍，以貝勒鄂鼐統之。用林興珠策，以其半泊君山，斷常德道；以其半分泊扁山、香爐峽、布袋口諸地；陸軍屯九貴山，斷岳州、衡州道。水陸綿亙百里，岳州餉竭援窮，應麒與諸將江義、巴養元、杜輝駕巨艦二百，乘風犯柳林嘴。察尼令水師棹輕舟，越敵艦，發礮擊之，毁過半，兵皆入水死。應麒復將五千人犯陸石，將軍鄂訥、前鋒統領杭奇率師擊之，應麒敗走。杜輝有子在師中，通使約降，事泄，應麒殺輝。諸將日搆隙，陳華、李超、王度沖等以舟師降。應麒收殘卒，挾輜重，潰圍奔長沙，胡國柱亦棄城與俱走。察尼率師自岳州進克華容、安鄉、湘潭、衡山諸縣。

勒爾錦聞三桂死，率師自荆州渡江，三桂所部勒水師泊虎渡上游，陸師屯鎮荆山，皆潰走。分兵定松滋、枝江、宜都、石門、慈利、澧州，進克常德。喇布率師入衡州，進取祁陽、耒陽，復進克寶慶。是時吳國貴自衡州退屯武岡，與馬寶俱。吳應麒自岳州退屯辰州，胡國桂自長沙退屯辰龍關，相犄角力守。穆占師進克永明、江華、東安、道州，復進取永州。岳樂師自衡州復常寧，攻武岡，國貴以二萬人據楓木嶺拒戰。岳樂令林興珠與提督趙國祚督兵奮擊，國貴死，兵潰。貝子彰泰等逐至木瓜橋，大破之，武岡下。上召岳樂還京師，彰泰代爲定遠平寇大將軍，令與穆占議進取。是歲，將軍莽依圖等師徇廣西，世琮走死。

十九年春，將軍趙良棟自略陽破陽平關，克成都。王進寶自鳳縣破武關，取漢中。王屏藩走保寧，師從之，戰於錦屏山，薄城，屏藩自殺。保寧下，進克順慶。將軍吳丹、提督徐治都自巫山克夔州、重慶，楊來嘉、譚弘先後降。察尼攻辰龍關，出間道襲破之，克辰州。楊寶蔭、崔世祿皆降。彰泰師克沅州，吳應麒、胡國柱走貴陽。上召勒爾錦、察尼還京師，趣彰泰與穆占、蔡毓榮等自沅州，喇布自南寧，吳丹、趙良棟自遵義，三道並進。世璠令應麒與王會、高啓隆、夏國相合兵入四川，掠瀘州、敍州，進陷永寧。譚弘復叛，陷夔州。上復趣彰泰速下貴陽，命賚塔爲平南大將軍，盡護廣西諸軍。吳丹坐不援永寧，罷，命趙良棟盡護四川諸軍，仍三道入雲南。世璠召會、啓隆、國相自四川還援貴陽，令馬寶、胡國柱等掠四川。

十月，彰泰師克鎭遠，世璠將張足法等敗走。復進取平越，克新添、龍里二衞，薄貴陽。世璠與應麒等奔還雲南。貴陽與安順、石阡、都勻諸府並下。世璠所署侍郎郭昌、邱元，總兵臧世遠、齊聘金、文臺等，率將吏百數十人、兵一千三百有奇，詣彰泰軍降。師復進，世璠所署總兵蔡國昌、平遠知府鄭開樞等以平遠降。戰於永寧，至雞公背，世璠兵焚盤江鐵索橋走。普安土司龍天祐，永寧土司沙起龍，禮廷試造浮橋濟師。

二十年春，世璠以高啓隆爲大將軍，與夏國相、王會、王永清、張足法等將二萬人拒彰泰，復陷平遠，屯城西南山上，穆占與提督趙賴進擊破之。啓隆等走，會降，復取平遠。彰泰師進次安南衞，世璠將線緎、巴養元、鄭旺、李繼業以萬餘人屯盤江西坡，爲象陣，師初戰，爲緎等所敗。越二日，彰泰令總兵白成功等進擊，戰於沙子哨，力鬬，自午至酉，師分隊奮進，緎等夜走。遣都統䙪圖等逐之，至臘茄坡，再戰，緎等退保交水城。克新興所、普安州，黔西、大定諸府皆下，斬世璠所署巡撫張維堅。賚塔師自田州進次西隆州，世璠將何繼祖以萬人屯石門坎守隘。賚塔督兵分隊進攻，奪隘，復安籠所。繼祖退至新城所，復與世璠將詹養、王有功等，合兵二萬人屯黃草壩，爲象陣堅守。賚塔督兵進，力戰，奪壘二十二，獲養、有功，俘兵千餘。復進破曲靖，取交水城。緎等復走，遂克馬龍州易龍所、揚林城，彰泰師亦至，兩軍會於嵩明。

二月，進攻雲南會城，屯歸化寺，世璠遣將胡國柄等將萬人爲象陣拒戰。彰泰、賚塔督兵進擊，大破之，斬國柄及裨將九，俘六百餘，追之，薄城。世璠將張國柱、李發美等先後降。臨安、姚安、大理、鶴慶、麗江諸府悉下。世璠召馬寶、胡國柱、夏國相等還救雲南。上諭趙良棟等分兵邀擊寶等。寶自尋甸至楚雄，屯烏木，兵潰，與巴養元、趙國祚、鄭旺、李繼業、郎應璧等詣姚安降。國柱自麗江、鶴慶入雲龍州，窮蹙自縊死。夏國相自平越敗後走廣西，總兵李國樑遣兵圍之，亦與王永清、江義等出降，世璠援絕。趙良棟師自夾江克雅州，復建昌，渡金沙江，次武定，復進次緜竹。九月，進與彰泰、賚塔諸軍合。時圍城已數月未下，良棟議斷昆明湖水道，主速攻，督兵薄城，圍之數重。線緎等謀執世璠及郭壯圖以降，世璠與壯圖皆自殺。十月戊申，緎等以城降。穆占與都統馬齊先入城，籍賊黨，執方光琛及其子學潛、從子學範，磔於軍前。戮世璠尸，傳首京師。世璠所署將吏一千五百餘、兵五千有奇，皆降。雲南、貴州、四川、湖廣諸省悉平。上令宣捷詔，赦天下。二十一年春，從議政王大臣請，析三桂骸，傳示天下。懸世璠首於市。磔馬寶、夏國相、李本深、王永清、江義，親屬坐斬。斬高啓隆、張國柱、巴養元、鄭旺、李繼業，財產妻女入官。

三桂諸將，馬寶、王屏藩最驍勇善戰。寶初爲流賊，降明桂王由榔爲將。桂王奔南甸，寶降於三桂，爲忠勇中營總兵。三桂反，率兵前驅，盡陷貴州至湖廣南境諸郡縣，封國公。再入廣西，一入四川，敗走姚安，詣希福軍降，至是死。屏藩亦三桂所倚任，代高啓隆爲忠勇左營總兵。三桂反，令入四川爲王輔臣聲援。自秦州退守保寧，敗我師蟠龍山。十九年，師克保寧，自殺。

諸專閫大將叛降三桂助亂者：雲南提督張國柱，貴州提督李本深，總兵王永清，副將江義，四川總兵譚弘、吳之茂，湖廣總兵楊來嘉，廣東總兵祖澤清，而陝西提督王輔臣兵最强，亂尤劇。

國柱，明副將，來降。從續順公沈永忠下湖南，又從可喜定廣東，累遷至提督。三桂反，授以大將軍，封國公。陷衡州，圍長沙，戰岳州，皆國柱力。師圍世璠，乃自大理出降。

本深，明總兵高傑甥，傑死，以提督代將。降於豫親王多鐸，授三等精奇尼哈番，累遷至提督。三桂反，授以將軍。彰泰師克貴陽，出降。

永清以黔西鎮，義以鎮遠協，戕文焜，先後附三桂。至是同死。

弘，初以明將降，累遷至總兵。三桂反，與四川提督鄭蛟麟、總兵吳之茂合謀叛。蛟麟，明都司，自松山降。三桂使犯漢中，戰敗，復出降。弘獨力戰，屢攻鄖陽。三桂授以將軍，封國公。弘死，子天祕走萬縣，久之始出降，送京師。是年五月，磔死。

之茂，與屏藩合軍援輔臣，攻秦州，力戰，敗走松潘。還與屏藩守漢中，城下，就擒，送京師誅之。

來嘉，初以鄭錦將降，授總兵。三桂反，與副將洪福同叛，三桂授以將軍。來嘉屢攻南漳，福屢攻均州。勒爾錦師渡江，福先降。來嘉敗走巫山，復走重慶。城下，出降，送京師，未至，死。

澤清，大壽子。以高州叛降三桂。尙之信降，澤清亦降。俄復叛，命之信討之，克高州，獲澤清及其子良梗，送京師磔死。

輔臣初爲盜，號馬鷂子。從姜瓖爲亂，降於英親王阿濟格。尋以侍衞從洪承疇南征，事承疇謹，除總兵。三桂留授援剿右鎭，從入緬甸，破桂王，遷提督。三桂反，招使叛，輔臣以聞，授三等精奇尼哈番，官其子繼貞。經略大學士莫洛自陝西入四川，以輔臣從。次寧羌，脅衆擊殺莫洛，反，三桂授以大將軍，固原、定邊、臨洮、蘭州、同州諸將吏悉附，大將軍貝勒董額討焉。輔臣保平涼，久不下。大學士圖海代將，督兵力攻，乃出降。詔復官爵，加太子太保，授靖寇將軍，從圖海駐漢中。輔臣內不自安，與其妻妾縊，獨不死；圖海師還，偕至西安，一夕死。上不深罪，但命停世襲，罷繼貞官。

耿精忠，靖南王繼茂子。順治中，繼茂遣入侍，世祖授以一等精奇尼哈番，尙肅親王豪格女，封和碩額駙。康熙十年，繼茂卒，襲爵。十二年，疏請撤藩，許之，遣侍郞陳一炳如福建料理。三桂反，命仍留鎭，召一炳還。三桂以書招精忠，精忠與藩下都統馬九玉，總兵曾養性、江元勳，參領白顯忠、徐文耀、王世瑜、王振邦、蔣得鋐等謀應三桂，獨九玉以爲不可，養性等皆贊之。

十三年三月，發兵反，脅總督范承謨，不屈，執而幽之，並及其賓從眷屬。巡撫劉秉政降。精忠自稱總統兵馬大將軍。蓄髮，易衣冠。鑄錢曰「裕民通寶」。以養性、顯忠、元勳爲將軍，分陷延平、邵武、福寧、建寧、汀州諸府。約三桂合兵入江西。嗾潮州總兵劉進忠擾廣東。又招鄭錦發兵取沿海郡縣爲聲援。浙江總督李之芳聞亂，出駐衢州，遣副將王廷梅等四出禦戰。上命將軍賚塔出浙江，將軍希爾根出江西，削精忠爵，聲討。仍遣郎中周襄緒偕精忠護衞陳嘉猷齎敕招撫，精忠留之軍中。養性與林沖、徐尙朝、馮公輔、沙有祥等將萬餘人出仙霞關，陷江山、平陽，游擊司定猷縛總兵蔡朝佐，以城降。渡飛雲江，攻瑞安不下。移師攻溫州，總兵祖弘勳以城降。巡道陳丹赤、永嘉知縣馬琾死之。精忠授弘勳將軍，衆至十萬，陷樂清、天台、仙居、嵊縣，而寧海、象山、新昌、餘姚諸縣土寇競起。養性請於精忠官其渠，使屯大嵐山，擾紹興、寧波。破黃巖，總兵阿爾泰降。分兵犯金華，精忠與其將周列、王飛石、桑明等陷廣信、建昌、饒州。復合玉山、永豐土寇東犯常山，陷開化、壽昌、淳安、遂安諸縣。別遣兵攻徽州、婺源、祁門。

上令康親王傑書爲奉命大將軍，貝子傅喇塔爲寧海將軍，率師下浙江。又以岳樂、喇布兩軍爲聲援。將軍賚塔師次衢州，養性自常山來犯，賚塔同之芳遣兵擊卻之。副將牟大寅戰常山，斬精忠將張宏。洪起元戰紹興，復嵊縣。鮑虎戰淳安，擒飛石、明，復壽昌、遂安。養性、尙朝等以五萬人攻金華，副都統瑪哈達、總兵陳世凱等與戰於木道山，斬二萬餘級，養性走天台。十四年，養性復以步騎數萬攻金華，遣其將朱飛熊率舟師水陸並進，傅喇塔擊斬飛熊，養性退屯茂平嶺。巡道許弘勳擊破大嵐山土寇，斬其渠。傅喇塔督兵自間道出茂平嶺背，養性兵潰，復黃巖、樂淸。養性走保溫州，傅喇塔督兵合圍。瑪哈達擊敗尙朝、公輔、有祥等，復處州。穆赫林擊敗林沖，復仙居。喇布以兵助將軍額楚定徽州、婺源、祁門。將軍希爾根亦復建昌、饒州。

岳樂師次南昌，諭精忠，精忠以謾書答之。上復遣其弟聚忠齎敕諭降，至衢州，精忠拒不納。精忠母周氏，阻精忠毋叛，精忠不聽，周氏憤死。精忠攻衢州，戰屢敗，以馬九玉爲將軍，率兵屯江山，而鄭錦兵至，據泉、漳諸地，與精忠搆釁。尙可喜請援，上令喇布自江西下廣東。精忠遣其將邵連登等擾建昌，進攻撫州、贛州。三桂兵陷袁州、吉安，相犄角，阻師行。尙之信亦叛。

十五年春，傅喇塔自黃巖進攻溫州，力戰，屢破敵壘。養性憑江拒戰，累月未能薄城。上趣傑書自金華至衢州，下福建。八月，傑書與賚塔、之芳督兵擊九玉，戰於大溪灘，九玉敗走，克江山。招仙霞關守將金應虎降，遂入關，拔浦城。鄭錦兵侵興化，將及福州。精忠勢漸蹙，謀出降，先使人戕承謨及其客嵇永仁等。傑書師進次建陽，書諭降精忠，答書請宣詔赦罪。師復進，克建寧，次延平。精忠遣其子顯祚及襄緒、嘉猷出迎師。傑書使齎赦宣示，精忠乃出降，請從軍討錦自効。傑書以聞，詔復爵，以其弟昭忠爲鎭平將軍，駐福州，命精忠從軍討錦。錦敗，還臺灣。乃移師趨潮州，進忠出降，令精忠駐焉。養性在溫州，屢出戰，傳喇塔督兵擊破之。養性墮水，復入城困守，精忠降，亦降，仍爲藩下總兵。

十六年，遣顯祚入侍，授散秩大臣。藩下參領徐鴻弼等使赴兵部具狀，訐精忠降後尙蓄逆謀，昭忠亦以鴻弼等狀聞，上留中未發。十七年，上令精忠還福州，以其祖及父之喪還葬。是秋，三桂死，傑書疏請誅精忠，上諭曰：「今廣西、湖南、四川俱定，賊黨引領冀歸正者不止千百。驟誅精忠，或致寒心。宜令自請來京，庶事皆寧貼。」十九年，精忠請入覲，上以九玉爲總兵，轄藩下兵。昭忠、聚忠又疏劾精忠，上乃下鴻弼等狀，令法司按治，繫精忠於獄。遣聚忠赴福州宣撫所部。是歲，之信以悖逆誅。二十年，雲南平。二十一年，法司具獄上，上諭廷臣欲寬之。大學士明珠奏精忠負恩謀反，罪浮於之信。乃與養性、顯忠、元勳、進忠、文耀、世瑜、振邦、得鋐並磔於市。顯祚、弘勳等皆斬。秉政逮詣京師，道死。

尙之信，平南王可喜子。順治中，可喜遣入侍，世祖以可喜功多，令之信秩視公爵。康熙十年，聖祖允可喜請，令之信佐軍事。之信酗酒嗜殺，可喜老病，營別宅以居，號令自擅。

十二年，可喜用其客金光策，上疏請以二佐領歸老海城，而以之信襲爵留鎭。光，浙江義烏人，佐可喜久，以捕佛山亂民江鵬翥功，授鴻臚寺卿銜。屢以之信暴戾狀告可喜，爲可喜謀，冀得見上自陳。上以可喜疏下部議，令併移所部，遣尙書梁清標如廣東料理。三桂反，命可喜仍留鎭，召清標還。總兵劉進忠以潮州叛，可喜遣次子之孝率兵討之。上授之孝平南大將軍，而命之信以討寇將軍銜協謀征勦。鄭錦遣兵助進忠。總兵祖澤清復以高州叛，孫延齡將馬雄引三桂將董重民、李廷棟、王弘勳等陷雷、廉二郡。之孝退保惠州。十五年春，可喜病益劇，之信代治事。三桂招可喜藩下水師副將趙天元、總兵孫楷宗相繼叛，之信遂降三桂，遣兵守可喜藩府，戒毋白事，殺光以徇。罷之孝兵，使侍可喜，可喜以憂憤卒。

三桂授之信招討大將軍、輔德公，旋進號輔德親王，而以重民爲兩廣總督，駐肇慶。謝厥扶者，故疍戶，以繒船數百附馬雄。天元之叛，厥扶實誘之。三桂亦授以將軍，使與重民水陸相援應，屢檄之信出兵。之信賂以庫金十萬，乃不復相促迫。

之信旋遣使詣喇布軍，具疏請立功贖罪，上敕慰諭之。十六年，之信復疏請敕趣喇布軍入廣東。之信密嗾重民所部兵譟索餉，乘閒擒重民，擊敗厥扶，走入海。乃遣副都統尙之瑛迎師，疏言闔屬歸正，並請敍藩下總兵王國棟、長史李天植等襄贊功。時方多故，而可喜有大勳，上優容之，命之信襲平南親王，國棟等復舊職。之信使入貢，上諭曰：「昔爾先人在時，屢獻方物。比年事變，信使弗通。每念爾先人忠貞不二，爲國忘家，朕甚愍焉！王克承先志，遣使遠來，朕見物輒念爾先人。王其安輯粵東，以繼爾先人未盡之志。貢獻細務，勞人費事，今當暫止。」

是年秋，三桂遣其從孫世琮據廣西，巡撫傅弘烈率師討之，復梧州、潯州，規取桂林，之信令總兵尚從志以三千人從。上令之信自韶州進取宜章、郴州、永州，之信不赴。將軍莽依圖攻韶州，擊敗三桂將馬寶、胡國柱等。上命之信移師梧州，又不赴。十七年春，上以莽依圖深入廣西，命之信策應。之信仍以高、雷、廉三郡初定，疏請留鎭省城。上乃命發兵應莽依圖，之信遣國棟率兵赴宜章。及三桂死，之信乃請自進廣西，命爲奮武大將軍，從師並進。十八年，天元出降，之信疏請誅之。師進次橫州，自言病作，遽還。上命以所部從莽依圖並進，之信令藩下總兵時應運率以往。及莽依圖將攻桂林，留應運守南寧。三桂兵據武宣，之信又疏言海寇宜防，將召應運還。上復諭趣之，十九年春，之信乃自將攻武宣。

之信與之孝不相能，以之孝嘗典兵，不欲其居廣州，疏請遣還京師。之信殘暴猜忌，醉輒怒，執佩刀擊刺，又屢以鳴鏑射人。楷宗叛復降，上貸其罪，之信杖殺之。護衞張永祥爲之信齎疏詣京師，上召見，授總兵。之信故阻抑，復屢辱以鞭箠。怒護衞張士選語忤，射之，殘其足，諸護衞皆不平。國棟與副都統尙之璋、總兵甯天祚密謀圖之信。巡撫金儁疏言：「之信凶殘暴虐，猶存異志。臣察其左右俱義憤不平，因密約都統王國棟等共酌機宜，之信旦夕就擒。乞敕議行誅，以爲人臣懷二心者戒。」國棟亦上疏自述與儁、之璋、天祚合謀圖之信，又代之信母舒氏、胡氏疏言：「之信怙惡不悛，有不臣之心。恐禍延宗祀，乞上行誅。」上諭趣之信出師。

之信旣赴武宣，永祥、士選詣京師告變。上遣侍郎宜昌阿以巡視海疆至潮州，諭將軍賚塔移師，並令總督金光祖、提督折爾肯、副都統金榜選、總兵班際盛傳詔逮之信。之信與光祖、榜選、際盛等攻克武宣，之信入城。光祖等屯城外，得國棟檄，合兵圍城，傳詔逮之信。之信就逮，還廣州，上疏自辨。上令削爵，逮詣京師。藩下兵駐廣西，訛言師至雲南，卽分置城守，衆情恟懼。上命宜昌阿、賚塔宣敕慰諭。七月，宜昌阿將以之信赴京師。天植怒國棟發難，白之信母，與之信弟之節、之璜、之瑛召國棟議事，伏兵殺之。賚塔率兵捕治，天植自服造謀，之信不與聞。護衞田世雄言之信實使天植殺國棟。獄上，上命賜之信死，之節、之璜、之瑛、天植皆斬。舒氏、胡氏貸其罪，並毋籍沒。世雄以不先發，坐杖流。上復諭宜昌阿曰：「之信雖有罪，其妻子不可凌辱，當護還京師。」又令察罷之信諸虐政。所部十五佐領改隸漢軍，駐防廣州。

之信初叛，提督嚴自明附之。自明，明參將，降，從總督孟喬芳征撫陝、甘，又擊張獻忠，破桂王，有功，授三等阿思哈尼哈番。之信遣攻南康，敗走南安，先之信降，授鑾儀使。病死。

孫延齡，漢軍正紅旗人。父龍，從孔有德來歸，授二等阿思哈尼哈番，從有德廣西。有德以女四貞字延齡。及有德死事，龍亦戰死，加拖沙喇哈番，以延齡襲。四貞尚幼，還京師，孝莊皇后育之宮中，賜白金萬，歲俸視郡主。長，命仍適延齡。

有德所部諸將，線國安功最高。國安與有德同起事，偕來降。從入關，西破李自成，南破桂王，累擢廣西提督，駐南寧。李定國陷桂林，盡殺其孥。國安與總兵馬雄、全節力戰復桂林，走定國。累加太子太保、征蠻將軍，封三等伯，統有德舊部駐桂林。康熙五年，以老乞休。

上以延齡有德壻，四貞生長軍中，習騎射，通武事，乃授延齡鎮守廣西將軍，代國安統有德舊部。予四貞郡主儀仗，偕赴鎮。延齡漸驕縱，十一年，御史馬大士劾延齡擅除武職，兵部旣駁奏，延齡復疏請，恣肆不臣，上命申禁。十二年，所部都統王永年，副都統孟一茂，參領胡同春、李一第等列延齡縱兵殃民狀，牒總督金光祖，光祖以聞。上遣侍郎勒德洪按治，得實，請逮延齡治罪，特命寬之。三桂反，上授延齡撫蠻將軍，起國安都統。時節已前卒，雄代國安爲提督，命與巡撫馬雄鎭合謀剿禦。

十三年二月，延齡舉兵反，殺永年、一茂、同春、一第，幽雄鎭及其眷屬。詔奪官爵，聲討。延齡乃上疏言光祖、雄誘永年等謀害，上審其誣，諭尚可喜與光祖籌策進攻。延齡自稱安遠大將軍，移牒平樂、梧州諸郡。雄與總兵江義亦以柳州叛應三桂。國安病死。延齡招致萬羊山土寇，與所部合設五鎭，鎭兵二千。俄又自稱安遠王。慶陽知府傅弘烈當三桂未反，疏發諸不軌事，謫戍蒼梧，延齡既叛，授以將軍。弘烈說延齡迎師，四貞尤力勸之。十六年，延齡遣弘烈迎師江西。三桂詗知之，使從孫世琮率兵逼桂林，執殺延齡，四貞督兵禦戰。世琮乃留其將李廷棟戍桂林，出掠平樂、潯州、横州、南寧。弘烈還至平樂，延齡將劉彥明、徐洪鎭、徐上遠等擒斬廷棟，與國安子成仁並出降。四貞還京師。

雄亦從有德南征有功，授二等阿思哈尼哈番。既與郭義叛，義偕嚴自明攻南康，敗走。雄旋病死雒容。子承廕出降，進伯爵，授左江總兵。十九年二月，復叛，紿弘烈登舟，襲破其營，殺之。六月，復降，逮詣京師，論死。義奪官，放還原籍。

論曰：聖祖初親政，舉大事書殿柱，卽首「三藩」。可喜乞歸老，曷嘗言撤藩？撤藩自廷議，實上指也。三桂反，精忠等響應，東南六七行省皆陷寇。上先發兵守荆州，阻寇毋使遽北。分遣禁旅屯太原、兗州、江寧、南昌，首尾相顧，次第漸進，千里赴鬭而師不勞。三桂白首舉事，意上方少，諸王諸將帥佐開國者皆物故，變起且恇擾。及聞上從容指揮，軍報迅速，閫外用命，始歎非所料。制勝於廟堂，豈不然歟？上不欲歸咎建議撤藩諸臣，三桂等奉詔罷鎮，亦必曲意保全之。惜乎三桂等未能喻也！

清史稿卷四百七十五

列傳二百六十二

洪秀全

洪秀全，廣東花縣人。少飲博無賴，以演卜游粵、湘間。有朱九疇者，倡上帝會，亦名三點會，秀全及同邑馮雲山師事之。九疇死，衆以秀全爲敎主。官捕之急，乃往香港入耶穌教，藉抗官。旋偕雲山傳敎至廣西，居桂平。時秀全妹壻蕭朝貴及楊秀清、韋昌輝皆家桂平，與相結納。貴縣石達開亦來入敎。秀全嘗患病，詭云病死七日而蘇，能知未來事。謂：「上帝召我，有大劫，惟拜上帝可免。」凡會中人男稱兄弟，女稱姊妹，欲人皆平等，託名西洋敎。自言通天語，謂天父名耶和華，耶穌其長子，己爲次子。嗣是輒臥一室，禁人窺伺，不進飲食，歷數日而後出。出則謂與上帝議事，衆皆駭服。復造寶誥、眞言諸僞書，密爲傳布。潛蓄髮，藏山菁間。嗾人分赴武宣、象州、藤縣、陸川、博白各邑，誘衆入會。

初，粵西歲饑多盜，湖南雷再浩、新寧李沅發復竄入爲亂。粵盜張家福等各率黨數千，四出俘劫。秀全乘之，與楊秀清創立保良攻匪會，練兵籌餉，歸附者益衆。桂平知縣誘而執之，搜獲入教名册十七本；巡撫鄭祖琛不能決，遂釋之。秀全既出獄，秀清率衆迎歸，招集亡命，貴縣秦日綱、林鳳祥，揭陽海盜羅大綱，衡山洪大全皆來附，有衆萬人。馮雲山讀書多智計，爲部署隊伍、攻守方略。以歲值丁未，應「紅羊」之讖，遂乘勢倡亂於金田。褫鄭祖琛職，起前雲貴總督林則徐爲欽差大臣往督師。則徐薨於途，以兩廣總督李星沅代之，赴廣西勦寇。寇竄平南思旺墟，副將李殿元擊却之，復回撲，巡檢張鏞不屈死；仍遁金田，星沅檄清江協副將伊克坦布往攻，被圍陣亡。星沅檄鎮遠總兵周鳳岐往援，戰一晝夜，斃寇數百，圍始解。上以寇勢日熾，命前漕運總督周天爵署廣西巡撫，乃請提督向榮專勦金田。

咸豐元年，秀全僭號僞天王，縱火焚其墟，盡驅衆分擾桂平、貴、武宣、平南等縣，入象州。上命廣州副都統烏蘭泰會討，以大學士賽尚阿爲欽差大臣，率都統巴清德、副都統達洪阿馳防。烏蘭泰至象州，三戰皆捷，疏言：「粵西寇衆皆烏合，惟東鄉僭號設官、易服蓄髮有大志，兇悍過羣盜，實腹心大患。」周天爵主滾營進偪，驅諸羅淥洞盡殲之，向榮不謂然。檄貴州鎮總兵秦定三移營大林，堵北竄象州道，定三亦不奉命。四月，秀全自大林逸出走象州，犯桂平新墟。賽尚阿增調川兵，募鄉勇，合三萬人，分兵要隘。一日戰七勝，斬捕二千，寇仍遁新墟。七月，竄紫金山，山前以新墟爲門戶，後以雙髻山、猪仔峽爲要隘。巴清德與川、楚鄉勇出其後，上下奪雙髻山，寇大潰，屯風門坳。向榮率諸軍三路攻之，陣斃韋昌輝弟韋亞孫、韋十一等，始遁走。我軍追之，會大雨，軍仗盡失。

閏八月，寇分二路東走藤，北犯永安，陷之，遂僭號太平天國。秀全自爲天王，妻賴氏爲后，建元天德。以秀淸爲東王，軍事皆取決，蕭朝貴西王，馮雲山南王，韋昌輝北王，石達開翼王，洪大全天德王；秦日綱、羅亞旺、范連德、胡以晃等四十八人任丞相、軍師僞職。時官軍勢勝，寇知不可敵，有散志。秀淸獨建策封王以羈縻之，勢燼而復熾。九月，大軍移陽朔，會攻永安，賊分屯莫家村。烏蘭泰建中軍旗於秀才嶺，上植一紅蓋，下埋地雷，誘敵燔殺四千，大軍乘之，遂克莫家村。

二年正月，大兵圍永安，燬東、西礮臺。二月，石達開分兵爲四，敗我軍於壽春營，進破古東沖、小路關。僞丞相秦日綱由水竇屯仙回嶺。烏蘭泰分兵夾擊，斃寇數千，擒僞天德王洪大全，檻送京師，磔之市。時大雨如注，烏蘭泰提精卒入山，山路濘滑，寇乘我軍陣未定，短兵衝突，遂大敗。秀全從楊秀淸謀，由瑤山、馬嶺閒道徑撲桂林。烏蘭泰率敗卒追之城南將軍橋，受重創，卒於軍。三月，賊徑趨廣西省城。向榮先一時繞道至省，寇踵至，已有備，相持不能拔，解圍而北。

馮雲山、羅大綱先驅陷興安、全州，將順流趨長沙。浙江知縣江忠源禦之蓑衣渡，馮雲山中礮死，寇退走道州。道州俗悍，多會匪，所至爭爲効死，勢復張。六月，陷江華、寧遠、嘉禾。七月，陷桂陽州，江忠源躡至，一戰走之，趨郴州。蕭朝貴以膽智自豪，謂羣寇遲懦，又詗長沙守兵單，可襲而取也，乃率李開芳、林鳳祥由永興、茶陵、醴陵趨長沙，設幕城南。八月，蕭朝貴攻南門，官兵擊之，殪，尸埋老龍潭，後起出梟其首。秀全聞朝貴死，自郴州至，督攻益急，九月，掘隧道攻城，屢不獲逞。

十月，秀全於南門外得僞玉璽，稱爲天賜，脅衆呼萬歲。遂夜渡湘水，由回龍塘竄寧鄉，抵益陽。擄民船數千，出臨資口，渡洞庭，陷岳州。城中舊儲吳三桂軍械，至是盡以資寇。寇入長江，旬日間奪五千艘，婦孺貨財盡驅之滿載。秀全駕龍舟，樹黃旗，列巨礮，夜則張三十六燈，他船稱是，數十里火光不絕如晝，遂東下，十一月，陷漢陽。十二月，攻武昌。時楊秀淸司軍令，李開芳、林鳳祥、羅大綱掌兵事。值武漢二江届冬水涸，乃擄船作浮橋，環以鐵索，直達省城，分門攻之。向榮馳至，約城內夾攻，巡撫常大淳慮城啓有失，不許。地雷發，城遂陷。秀全出令，民人蓄髮束冠巾，建高臺小別山下，演說弔民伐罪之意。

三年，上以賽尚阿久無功，授兩廣總督徐廣縉爲欽差大臣。時石達開攻武昌，廣縉逗留岳州不敢進，上責其罪，更以向榮爲欽差大臣，日夜攻之急，寇棄武昌駕船東下，衆號五十萬，資糧、軍械、子女、財帛盡置舟中，分兩岸步騎夾行，進向九江，下黃州、武昌、蘄水等十四州縣；抵廣濟縣，下武穴鎭。兩廣總督陸建瀛率兵二萬餘、船千五百艘上湖，遇寇不戰而走，前軍盡覆，建瀛狼狽還金陵。寇薄九江而下，收官軍委棄礮仗，破安慶，巡撫蔣文慶死之。寇奪銀米無算，水陸並進，抵金陵，沿城築壘二十四，具戰船，起新州大勝關迤邐至七洲里止，晝夜環攻，掘地道壞城，守兵潰亂。建瀛易服走，爲寇所戕。將軍祥厚偕副都統霍隆武等守滿城，二日城陷，皆死之。城中男女死者四萬餘，閹童子三千餘人，洩守城之忿。

秀全既破金陵，遂建僞都，擁精兵六十餘萬。羣上頌稱明代後嗣，首謁明太祖陵，舉行祀典。其祝詞曰：「不肖子孫洪秀全得光復我大明先帝南部疆土，登極南京，一遵洪武元年祖制。」軍士夾道呼漢天子者三，頒登極制誥。大封將卒，王分四等，侯爲五等。設天、地、春、夏、秋、冬六官丞相爲六等，殿前三十六檢點爲七等，殿前七十二指揮爲八等，炎、水、木、金、土正副一百將軍爲九等，炎、水、木、金、土九十五總制爲十等，炎、水、木、金、土正副一百監軍爲十一等，前、後、左、右、中九十五軍帥爲十二等，前、後、左、右、中四百四十五師帥爲十三等，前、後、左、右、中二千三百七十五旅帥爲十四等，前、後、左、右、中一萬一千八百七十五卒長爲十五等；前、後、左、右、中四萬七千五百兩司馬爲十六等；又自檢點以下至兩司馬，皆有職同名目。其制大抵分朝內、軍中、守土三途：朝內官如掌朝門左右史之類，名目繁多，日新月異；軍中官爲總制、監軍、軍帥、師帥、旅帥、卒長、兩司馬，凡攻城略地，嘗以國宗或丞相領軍，而練士卒，分隊伍，屯營結壘，接陣進師，皆責成軍帥，由監軍總制上達於領兵大帥以取決焉，其大小相制，臂使指應，統系分明，甚得馭衆之道；守土官爲郡總制、州縣監軍、鄉軍帥、鄉師帥、鄉旅帥、鄉卒長、鄉兩司馬，凡地方獄訟錢糧，由軍帥、監軍區畫，而取成於總制，民事之重，皆得決之。

自都金陵，分兵攻克府、廳、州、縣，遂卽其地分軍，立軍帥以下各官，而統於監軍，鎭以總制，監軍、總制受命於僞朝。自軍帥至兩司馬爲鄉官，鄉官者以其鄉人爲之也。軍帥兼理軍民之政，師帥、旅帥、卒長、兩司馬以次相承，皆如軍制。此外又有女官，曰女軍師、女丞相、女檢點、女指揮、女將軍、女總制、女監軍、女軍帥、女卒長、女管長，卽兩司馬也，共女官六千五百八十四人。女軍四十，女兵十萬人，而職同官名目亦同。總計男女官三十餘萬，而臨時增設及恩賞各僞職尚不在此數也。

其軍制，每一軍領一萬二千五百人，以軍帥統之，總制、監軍監之。其下則各轄五師帥，各分領二千五百人。每師帥轄五旅帥，各分領五百人。每旅帥轄五卒長，各分領百人。每卒長轄四兩司馬，每兩司馬領伍長五人，伍卒二十人，共二十五人。

其陣法有四：曰牽陣法。凡由此至彼，必下令作牽陣行走法。每兩司馬執一旗，後隨二十五人。百人則間卒長一旗，五百人則間旅帥一旗，二千五百人則間師帥一旗，一萬二千五百人則間軍帥一旗，軍帥、監軍、總制乘輿馬隨行。一軍盡，一軍續進。寬路則令雙行，狹路單行，魚貫以進。凡行軍亂其行列者斬。其牽線行走時，一遇敵軍，首尾蟠屈鉤連，頃刻岔集。敗則聞敲金方退，仍牽線以行，不得斜奔旁逸。曰螃蟹陣。乃三隊平列陣也。中一隊人數少，兩翼人數多。其法視敵軍分幾隊，卽變陣以應之。如敵軍僅左右隊，卽以中隊分益左右，亦爲兩隊。如敵軍前後各一隊，則分左右翼之前鋒爲一隊，以後半與中一隊合而平列，爲前隊接應。如敵軍左右何隊兵多，則變偏左右翼以與之敵。如敵軍分四五隊，亦分爲四五隊次第迎拒。其大陣包小陣法，或先以小隊嘗敵，後出大陣包之；或詐敗誘敵追，伏兵四起以包敵軍，窮極變化。至於損左益右，移後置前，臨時指揮，操之司令，兵士悉視大旗所往而奔赴之，無敢或後。曰百鳥陣。此陣用之平原曠野，以二十五人爲一小隊，分百數十隊，散布如星，使敵軍驚疑，不知其數之多寡。敵軍氣餒，卽合而攻之。曰伏地陣。敵兵追北至山窮水阻之地，忽一旗偃，千旗齊偃，瞬息千里，皆伏地不見。敵軍見前寂無一卒，詫異徘徊。賊伏半時，忽一旗立，千旗齊立，急趨撲敵，往往轉敗爲勝。

其營壘或夾江、夾河、浮筏、阻山、據村市，及包敵營，爲營動合古法。每數營必立一望樓瞭敵。守城無布帳，每五垛架木爲板屋。木牆、土牆亦環庋板屋。地當敵衝，則浚重壕，築重牆，壕務寬深，密插竹簽。重牆用雙層板片，約以橫木，虛其中如複壁，中塡沙石摶土。築二重牆築物無定，或密排樹株，或積鹽包、糖包，及水浸棉花包，異常堅固。其攻城專恃地道，謂之鼇翻。土營而外，又有木營、金營。組織諸匠，各營以指揮統之。其總制至兩司馬皆如土營之制。立水營九軍，每軍以軍帥統之。但未經訓練，不能作戰，專以船多威敵而已。

其旗幟亦有差等，僞東王黃綢旗，紅字綠緣，方一丈；以下皆黃綢旗、紅字，而以緣別。如僞西王白緣，僞南王紫緣，僞北王黑緣，僞翼王藍緣，其尺丈長闊則以五寸遞減。豫王、燕王皆黃綢尖旗、紅字、水紅緣，國宗黃綢尖旗、紅字。其緣視何王國宗，卽從何色，皆長闊八尺。侯，黃綢尖旗，長闊七尺八寸。丞相，黃綢尖旗，長闊七尺五寸。檢點，黃綢尖旗，長闊七尺。以上皆紅字、水紅緣。指揮，黃綢尖旗，黑字、水紅緣，長闊六尺五寸。將軍至兩司馬，皆黃旗無緣，形尖，黑字，自長闊六尺以下遞減至二尺五寸。每一軍大小黃旗至六百五十六面之多。

軍中號令，惟擊鼓、敲金、吹螺、搖旗。凡起行出隊，俱擂鼓、吹螺、搖旗以集衆。打仗則擊鼓吶喊，收隊則鳴鉦。有老軍、新軍、童子軍。尤善用間諜，混入敵營。又能取遠勢，聲東擊西，就虛避實，其以進爲退，以退爲進，往往令人不測，墮其術中。此其行軍之大略也。

其服色尚黃。僞天王金冠，雕鏤龍鳳，如圓規沙帽式，上繡滿天星斗，下繡一統山河，中留空格，鑿金爲「天王」二字。東王、北王、翼王冠如古兜鍪式，冠額繡雙龍單鳳，中立金字職銜。國宗略同諸王式。自檢點至兩司馬，皆獸頭兜鍪式，帽上龍以節數分等差。如諸王九節，侯相七節，檢點、指揮、將軍五節，總制、監軍、軍帥三節是也。袍服則黃龍袍、紅袍、黃紅馬褂。僞天王黃緞袍，繡九龍。自諸王以下至侯相，遞減至四龍。檢點素黃袍，指揮至兩司馬皆素紅袍。自僞王至兩司馬，皆繡職銜於馬褂前團內。儀衞輿馬，諸王皆黃緞轎繡雲龍，侯、相、檢點、指揮皆紅緞轎，將軍、總制、監軍綠轎，軍帥、師帥、旅帥藍轎，卒長、兩司馬黑轎。

至金陵，始建宮室，毀總督署，復擴民居以廣其址，役夫萬餘，窮極奢麗。雕鏤螭龍、鳥獸、花木，多以金爲之。僞王皆建僞府，馮雲山、蕭朝貴早授首，其子亦襲封建府。其宗教制度，半效西洋。日登高殿，集衆演說，與人民以自由權，解婦人拘束。定僞律六十二條，最爲慘酷。然行軍嚴搶奪之令，官軍在三十里外，始准擄劫；若官軍在前，有取民間尺布、百錢者，殺無赦。於安慶大星橋設榷關，撥礮船十艘，環以鐵索，木筏横截江濱，以防偸漏。

略也。

九江、蕪湖，及沿江州縣岔河、小港地當衝要者，一律設立僞卡，徵收雜稅。此其建國大略也。

既都金陵，欲圖河北，羅大綱曰：「欲圖北必先定河南。大駕駐河南，軍乃渡河，至皖、豫一出。否則先定南九省，無內顧憂，然後三路出師：一出湘、楚；一出漢中，疾趨咸陽；以徐、揚席捲山左，再出山右，會獵燕都。若懸軍深入，犯險無後援，必敗之道也。且既都金陵，宜多備戰艦，精練水師，然後可戰可守。若待粵之拖罟咸集長江，則運道梗矣。今宜先備木筏，堵截江面，以待戰艦之成，猶可及也。」秀清方專政，不納。乃遣僞丞相林鳳祥、李開芳、羅大綱、曾立昌率衆東下，秀全詔之曰：「師行間道，疾趨燕都，無貪攻城奪地糜時日。」大綱語人曰：「天下未定，乃欲安居此都，其能久乎？吾屬無類矣！」

二月，林鳳祥等陷鎮江、揚州，令吳如孝等留守，分據浦口、瓜洲諸隘。向榮既復武昌，躡寇而東，抵金陵，軍孝陵衞，是謂江南大營。都統琦善亦以欽差大臣率直隸、陝西、黑龍江馬步諸軍軍揚州城外，是謂江北大營。三月，向榮破通濟門寇壘，襲占七橋甕，奪獲鍾山圍，殲寇無算，遂移大營逼城而軍。四月，漕運總督楊殿邦進攻揚州，毀城外木城土壘，東路寇悉避入城。琦善、勝保先後督攻，五戰皆捷。鳳祥留立昌踞揚城，驅婦女及所刼貨財運回金陵；率三十六軍北竄，分擾滁州，踞臨淮關，陷鳳陽府。其酋朱錫錕、黃益芸等別率悍黨犯浦口，攻六合，知縣溫紹原率鄉團拒之，夜火其營，寇遁回金陵。五月，大兵圍揚州，殺敵逾萬。勝保自揚州躡其後，力攻鳳陽，寇遁河南。

楊秀清遣僞丞相吉文元由浦口竄亳州，偕林鳳祥陷永城，犯開封。省官兵擊破之，又敗之汜水。寇奔黃河渡口，溺死無算。楊秀清遣僞豫王胡以晃陷安慶，又遣僞丞相賴漢英、石祥禎攻九江、湖口，進圍南昌。湖北按察使江忠源馳援江西，入城固守。鳳祥等自汜水敗退，犯鄭州、滎陽。六月，圍懷慶，以地道攻城，不克。鎮江寇出城撲我軍，戰北固山下，伏寇縱火，七營皆被焚。鄧紹良退守丹陽，都司劉廷鍈等督潮勇馳援。寇退入城，復擾丹徒鎮，劉廷鍈復擊退之。向榮檄總兵和春與劉廷鍈紥徒陽運河之新豐鎮，寇始不敢南竄，常州獲安。寇之圍懷慶也，立木栅爲城，深溝高壘，我兵相持幾至六旬。訥爾經額親督諸將分五路攻壘，毀其木栅，斃敵酋吉文元。鳳祥受重創，解圍而遁，河北肅清。

八月，鳳祥竄山西，陷平陽，直抵洪洞；竄直隸，踞臨洺關，擾至深州。賴漢英等解南昌圍，入湖北，踞田家鎮之半壁山。九月，踞入楚要隘，水陸並進，陷黃州。其竄深州者，旁擾欒城。十月，竄天津，踞靜海，屯獨流、楊柳青諸鎮。漢陽之寇，分股北竄：一陷孝感、黃陂諸縣，一由應城犯德安府，爲防兵所遏，合衆退黃州。秦日綱等陷安徽桐城、舒城，侍郎呂賢基死之。舒城既失，賊遂徑撲廬州，陷之。廬州者，安徽文武大吏之所僑寓以爲省治者也。十一月，秀全以揚州、鎮江攻圍急，遣賴漢英等領江西衆，糾合儀徵黨援揚州；又令由安徽寧國灣沚進薄高淳湖，窺伺東壩，圖解鎮江之圍，我軍均擊退之。寇復由三汊河進撲，死戰不退。揚州寇曾立昌突出，與賴漢英同竄瓜洲。

上以寇擾長江，非立水師不能制其死命，乃命在籍侍郎曾國藩練鄉勇、創水師討寇。初，寇圍南昌，城外寇壘僅文孝廟數座，官軍屢攻不能克。郭嵩燾偶獲諜訊之，則寇皆舟居，其壘則環三面築牆而虛其後，專蔽舟楫而已。嵩燾因與江忠源議曰：「東南州縣多阻水，江湖遇風，一日可數百里。官軍率由陸路躡寇，其勢常不及。長江數千里之險獨爲敵有。且寇上犯以舟楫，而官軍以營壘禦之，求與一戰而不可得，宜寇勢之日昌也。」忠源即具疏請飭湖南北、四川仿廣東拖罟船式，各造戰艦數千，飭廣東製備礮位以供戰艦之用，並交曾國藩督帶部署，奉旨允行。國藩遂治戰船於衡湘，至是始成。共募水勇四千，分爲十營；募陸勇五千，亦分十營。以塔齊布爲軍鋒。國藩親統大軍發衡州，水陸夾江而下。

初，鎮江、揚州、儀徵、瓜洲四處寇互相應援，不得破。十二月，琦善以揚州寇退，瓜洲勢孤，督軍攻復儀徵，乘勝追抵瓜洲。楊秀清遣胡以晃率黨十餘萬攻廬州，巡撫江忠源晝夜抵禦，以衆寡不敵，城陷，死之。四年正月，黃州寇張燈高會，總督吳文鎔出其不意襲之，會大雪罷戰。越數日，秀清分兵設伏山崗，命其黨率城軍撲營，文鎔拒戰，伏起火發，十三營皆潰，文鎔死之。賊乘勝遂陷漢陽。二月，揚州軍進剿瓜洲，總兵瞿騰龍陣亡。寇遣僞將孫寅山陷太平府，踞爲巢。自瓜洲結壘屬於江，以達金陵，往來不絕。秀清復遣石祥禎會漢、黃寇黨溯江直上，陷岳州，溯流至銅官渚，逼近長沙。曾國藩邀之靖港，而寇已由間道襲湘潭，副將塔齊布率兵千三百同水師血戰五晝夜，斃寇數萬。論者謂微此戰，寇溯湘源以達粵，直下金陵，首尾一江相貫注，大局不可支矣。

是月，參贊大臣僧格林沁攻克獨流寇巢，靜海寇復竄踞阜城。僧格林沁攻毀堆村、連村、林家場三處寇壘，擒殺僞指揮、監軍以下一百餘人，悉遁入城。秀全念河北不能支，遣皖黨由豐豆工偸渡黃河，竄山東金鄉，進撲臨清州，冀紓阜城之困。三月，寇以地雷陷城，尋爲我軍攻復，竄冠縣、鄆城，復據曹縣，築木城拒守。四月，勝保破其巢，追至漫口支河，逼溺水，僞丞相曾立昌、許宗揚皆溺死。僞副丞相陳世保已先於冠縣燒斃，悉數殲除。踞阜城者卽於是日全股南竄入連鎭。僧格林沁及勝保會軍合剿破之，誅林鳳祥；復破之高唐州馮官屯，生擒李開芳，磔之京市。河北肅清，是後不復北犯，我軍遂無後顧憂。

初，長江爲寇往來道，荊州當四路之衝，至省道梗，特召荊州將軍官文統軍討寇。時沔陽、安陸、荊門、監利、京山、天門均陷，進窺荊州。雲南普洱營游擊王國才奉調至，一戰敗之，重鎭始安。並克復監利、宜昌，寇遁洞庭湖，合股犯常德府。先是李侍賢常與陳玉成、李秀成謀解金陵圍，犯江西、福建。僞啓王梁成先犯陝西，後與捻合，欲犯湖南、河南，而陳玉成志在武昌、漢陽，乃領一隊入梁子湖達武昌，渡江分犯，以全力圖武昌，六月，陷之，並踞漢陽。巡撫青麟自縊不死，棄城走，尋正法。秀全以秦日綱留守武昌，授玉成僞殿右十八指揮；還陷田家鎭，破廣濟、黃梅，連陷九江，升僞殿右三十檢點。

楊秀清雖在軍，而金陵之事一決於己，驛騎絡繹，多稽時日。向榮軍孝陵衞，稱江南勁旅，秀清憂之，旣克武昌，遂馳還金陵，命石達開代守武漢。官文自荆州下剿，克沔陽。初，寇欲先取長沙，踞上游爲破竹之勢，而韋志俊略湘潭不得志，退踞岳州，築壘毀橋，意圖久抗。我軍水師設伏誘敗之，七月，復岳州。寇由城陵磯來犯，我軍分五路迎擊，斃僞丞相汪得勝等二人，獲船七十六，殲賊千餘人。塔齊布陣斬悍酋僞丞相曾天養。閏七月，寇奔城陵磯，塔齊布策馬率湘勇直入，毀營十三，斃二千人。陸軍旣勝，曾國藩飭李孟羣率水師追剿，荆河東、西兩岸寇壘悉夷。自此由荆入川，由岳州入湘，門戶始固。初，武昌失陷，上以楊霈代總督，台勇克京山、安陸，復天門，生擒孔昭文等正法。餘皆下竄，踞沔陽州仙桃鎭。是月破其巢，並收復下游孝感、黃州、蘄城諸縣。寇悉竄黃州。

時金陵寇分股嘯聚於太平府，與鎭江遙爲應援。向榮分兵四隊擊之，斃其僞國宗韋得玲、僞檢點陳贊見、僞將軍李長有、僞總制吳春和，遂復府城。楊秀清自率戰，圍軍不利，三路皆潰，退入城，謂韋昌輝等曰：「江南大營不走，吾輩無安枕日矣！現其勢方銳，不可敵也。當乘其罷徐圖之。」金陵寇以乏糧，驅婦女之老而無色者出城，聽其自散。盡取年十五以上、五十以下之婦女，指配給衆，不從則殺之，守志者多自盡，死者萬計。八月，總督楊霈收復黃州府屬蘄水、廣濟、羅田諸縣。曾國藩自克岳州後，議乘勝東下，先與塔齊布會攻崇陽，克之，生擒僞丞相金之亨等十一人。惟廖二逃竄，復句結餘黨，重失縣城。國藩親督水陸諸軍攻武昌、漢陽。寇守城之法，不守陴而守險，洪山、花園兩路皆精銳所在。大軍自螺山下剿，楊載福等率水師，羅澤南率陸師，三路同進，連克寇壘，焚毀敵船數千。李孟羣、塔齊布進薄武昌，寇宵遁。楊昌泗亦攻漢陽，克之。黃州府城、武昌縣均收復。九月，提督和春敗寇廬江，擒僞監軍任大綱等十七名。

下游知官軍分路進剿，乃由田家鎭糾黨六千餘，一由興國分抄大冶以拒武昌軍，一踞興國以拒金牛軍。羅澤南馳至興國，敗之，克州城。塔齊布赴大冶，擊斃千餘。彭玉麟、楊載福抵蘄州，燒寇船九十餘艘。十月，楚軍攻半壁山，寇置橫江鐵鎖四道，攔以木牌，徧列槍礮。楊載福等率水師至田家鎭，會陸師進攻，乘風縱火，破其壘，燔舟一萬有奇。陳玉成棄蘄州竄陷廣濟，聯合秦日綱、羅大綱等分扼要隘。塔齊布渡江追之，收復廣濟。寇退踞黃梅，黃梅爲湖北、江西、安徽三省總匯之區。寇死拒，以萬餘守小池口抗水師，以數萬拒大河埔，以萬餘紮北城外，又以數千游弋聯絡之。塔齊布與羅澤南登山下擊兜殺，陳玉成縋城而逸，遂克黃梅。玉成自請罪，而秀成反加僞勳號曰成天裕。

時捻匪蠭起，粵寇與之聯合，或令分擾，或令前驅，以牽制我軍。秀成由廬州踞舒城，並扼桐城大、小二關，阻我南路之師。二關爲安慶通衢，屢復屢失。京堂袁甲三檄參將劉玉豹、舉人臧紆青等戰奪兩關，斬其目吳鳳珠等十二名，進抵桐城。廬江寇糾安慶黨來援，我軍兜戮殆盡，而潛山援寇復至，臧紆青歿於陣。

十一月，國藩進軍九江。玉成自黃梅敗後，復糾安慶新到之衆踞孔壠驛、小池口，與對岸九江相句連。李孟羣七戰七捷。塔齊布與羅澤南等由北岸進至濯港，進攻孔壠驛，破土城，縱火焚街市，寇無得脫者。小池口寇聞之，亦遁。乃調陸軍攻九江，水師乘勝攻湖口，大綱趨救，大戰梅家洲，燬小河簰船、沙洲橋壘。十二月，蕭捷三率水師馳入鄱陽湖內，追至大姑塘。石達開聯船爲卡斷其後，捷三不能返，遂與外江水師隔絕。達開潛以小舟馳襲國藩坐船，國藩跳入羅澤南營以免。大軍之攻九江也，敗寇收合潰散，分三道東陷黃梅。值歲除，潛至廣濟，火煬霈大營，霈突圍出，不敢入武昌，走保德安。

五年正月，江蘇巡撫吉爾杭阿克上海縣，縣自三年秋陷於賊，至是始復。秀全令皖寇大舉犯湖北，中道自小池口沿江陷黃、蘄；復分黨從富池渡江西，陷興國、通城、崇陽、咸寧、通山，且掠江西武寧，所至脅衆以行。湖北巡撫陶恩培甫蒞任數日，時總督在外，未及議守備。城中兵僅二千，徵兵半途聞警皆潰去。湖北、江西方千里，旬日騷然矣。始寇之起，所行無留難。其踞省府，脅取民財米。行道掠人夫，不用則遣還，未嘗增衆。及屢敗，乃結土寇屯城鎮，頗收拔悍鷙者，而任用石達開、陳玉成等，極稱得人之盛。自漢口進襄河，上犯漢川，擾沔陽，進犯武昌，踞漢陽府城。沿江築壘，並於漢陽下南岸嘴高築礮臺，以阻下游之師。時江西寇入腹地陷饒州。國藩親至南昌，修整內湖水師，與羅澤南陸軍相依。

二月，韋國宗等攻陷武昌，巡撫陶恩培等死之。寇溯漢江而上，以岳家口、仙桃鎮爲老巢。上以胡林翼巡撫湖北，國藩進吳城鎮，屢書與議東南大勢，以武昌據金陵上游，宜厚集兵力爲恢復計。四月，陷德安府，楊霈退走襄陽，上褫其職，以官文爲湖廣總督。國藩屯南康，思整軍出江謀進取，然寇已由都昌陷饒州，別由東流、建德窺樂平，屯景德鎮，東犯祁門、休寧諸處。而湘軍僅萬餘人，水陸分爲四：李孟羣等水師回援武昌，塔齊布留攻九江，羅澤南入江西攻饒州，國藩收蕭捷三水師三營屯南康。羅澤南奔走往來，克廣信府，收景德。寇之踞徽州者，與土匪相結，據險以抗我軍。浙軍出境擊寇，復徽州，乘勝克休寧、黟縣、婺源，生擒僞將軍、兩司馬等八名。秀全命北固山、鎮江、瓜洲、金山四路，約期進犯揚州。托明阿伏兵九洑洲，迎擊破之，斷鐵鎖船鍊，焚船三百。諸路寇被創而遁。饒州之寇分據樂平、德興、弋陽，江西軍率水陸師往剿。寇出五隊來撲，不克而奔，郡城立復。秀全以金陵山三山爲濱江要區，以精卒守之，水師不能上駛。托明阿督水師總兵吳全美沿江掃蕩，焚船二百餘艘，獲拖罟、快蟹等船二十五艘、大小礮八十餘尊，生擒僞先鋒陳長順等六十一名。吳全美乘勢上山，蹋平營卡。江西肅清，水師始棹行無阻。

五月，秀全謀襲金口，斷楚軍糧道。林翼督軍屢戰，斬其僞丞相陳大爲等，進屯紙坊，逼省城小東門。寇潛自他門出掠。林翼建議先攻漢陽，扼渭口、蔡店要隘，絕竄湘之路；開濬江隄，以水師腹背攻之，則漢陽可破，而鄂省咽喉已通，不難併力於武昌矣。初，寇由府河入湘，所過州邑悉殘破無完土，復爲官文伏軍所狙擊，分途潰退。六月，收復雲夢、應城，二城者府河出入要道也，寇失之，大恐。我軍進攻德安，斷其出入，寇始不敢窺伺荆襄。七月，塔齊布卒於軍。寇陷義寧，國藩遣羅澤南出奇兵復之。寇嚴守襄河蔡店，上通德安，下達漢鎭，互爲應援。十二月，彭玉麟克蔡店，水陸並進，毀襄河鐵索浮橋，蹋平南岸敵巢，而下游塘角、漢陽、大別山營壘焚毀殆盡，德安之寇益蹙。林翼旣克蔡店，而漢川爲蔡店後路，寇據此游行衝突，德安亦資以通聲氣。林翼與官文會軍克復漢川，武漢首尾始聯絡一氣。

蕪湖之陷幾二載矣，江、皖往來道梗。寇以爲上下關鍵，水則聯艦，陸則砌臺，我軍屢攻不能拔。是月，向榮督軍分道擊之，縣城始復。楚南軍亦攻復湖口、都昌。八月，按察使李孟羣守金口，崇寧寇句結武昌城黨分道來撲，陸營失守，林翼亦敗於奓山，退保大軍山。寇勢復熾，分擾漢陽，並繞道襲陷漢川。九月，官文、林翼檄調羅澤南援武漢，澤南上書請率所部以行，謂：「得武昌乃可控制江、皖，屏蔽江西，而後內湖外江聲息可通，攻九江始操勝券。」國藩從之，乃部署援師五千人，自義寧趨通城。寇聞我軍至桂口，分衆來援，設木城重壕自固。澤南會軍克之，進攻崇陽。桂口寇退入崇陽，密約通山來援。桂口與湖南、江西、湖北交界，形勢奧衍，米糧充足。曩僞丞相鍾僉義寧敗後，踞此修土木城，跨山引澗，袤斜六里，欲踞一隅以掣三省之師，伺隙而動。澤南移得勝之兵先奪是隘，進克崇陽，焚寇壘，馳赴羊樓司扼敵上竄。

十月，克復廬州。廬州陷已三年矣，守之者爲僞豫王胡以晃，與我軍大小數百戰，死傷萬餘，皆受創而去，是月始克之。其據德安者，衆不過數千，恃武漢爲下游奧主，襄、府二河羣蟻聚。我軍勝東挫西，疲於奔命。至是官文督兵力戰，守城寇黨陸長年、馬超羣潛赴大營投誠，約爲內應。值大風雨，放火開門納師，遂復其城。時寇之牽制我軍者三路：自隨、棗至襄陽爲北路，武昌上下爲南路，漢川中路。尾潛、沔，首德安爲尤要，屢收屢陷。官文督軍分四道齊集漢川，克之，遂率兵東下，與林翼合謀武漢。石達開自安慶率三萬人上援武昌。澤南會林翼夾攻，連克蒲圻、咸寧；至金口，會攻武昌，破城外敵壘，駐軍洪山。寇之踞武昌者，城外大壘八、小壘二。林翼與戰，澤南襲之，破大壘一、小壘二。李孟羣亦薄攻漢南，與官文軍相聲援。水師往來南北燒敵船，都興阿以馬隊護之。羣帥輯和，寇益不得逞。漢陽城外自龜山沿河而下，敵船林立。上游入江之梁子湖，下游金牛鎮，羣寇赴援。水陸各軍督團勇犁巢掃穴，武漢外患至此盡除。

秀全以瓜、鎮屢挫敗，圖往援，十一月，出龍脖子等處。向榮飭張國樑敗之仙鶴門、甘家巷，又戰七霞街，斃僞丞相周少魁等四十名；追至石埠橋，馘二千餘，逃入城不敢復出。秀全於對江九洑洲築石壘，浚深壕，悉銳守之，爲金陵屏蔽。寇竄江北，以此爲出路，屢攻之未下也。六合知縣溫紹原克其壘，後復爲寇據，同治二年始復之。瓜洲、鎮江一水相望，兩城往來無阻，並時有合竄揚州圖北犯意。揚州軍與瓜洲相持已二年餘，托明阿以日戰無效，諭士民築長圍於瓜洲之北以扼之，至是圍成。寇水路分撲，大敗去，奪其簰船，生擒僞參護鄭金柱等十名。吉爾杭阿既克上海，移軍鎮江，是月營小九華山。又於黃鶴山、京畿嶺築城置礮臺以逼之，並爲地道轟城，寇死拒不得入。

十二月，無爲寇糾合安慶、蕪湖諸黨東下，圖解鎮江之圍。蕪湖下至揚州，沿江汊河套港皆寇通藪。向榮檄水師泝江會攻，敗之神塘河，又敗裕溪口援寇於陶陽浦，生擒僞檢點趙元發、僞將軍王化興等數十名。十二日，秀全遣李秀成等援鎭江，我軍禦之石埠橋，尋由江州下竄下蜀街。先是楊秀淸調上游蕪湖，江北和、含及廬州衆還江寧，統以李秀成及僞丞相陳玉成、僞春官丞相涂鎭興、僞夏官副丞相陳仕章、僞夏官正丞相周勝坤，取道棲霞、石埠，而豫遣城寇四出綴我軍。向榮大營存兵不敷分布，檄蕪湖鄧紹良分軍爲張國樑、秦如虎應援，令吳全美以師船攻大勝關，以分敵勢。明安泰嚴堵秣陵關，吝吉爾杭阿等守丹陽，以固蘇、常要隘。初，澤南旣去江西，石達開乘虛復入義寧，敗江西官軍，陷新昌、瑞州、臨江、袁州、安福、分宜、萬載。江西、湖北隔絕，軍勢不能復振。曾國藩飛調副將周鳳山統九江全軍往援，遇寇樟樹鎭，以鈎連槍敗其籐牌手，並會水師燬敵船，新淦寇聞風竄走，遂復其城。

六年正月，石達開陷吉安，乃由湖北入通城。達開悍而多詐，肆擾江西，不急犯省城，不直指南康，先旁收郡縣，偏置僞官，迫其士民，劫以助逆，因糧因兵，愈蔓愈廣。其陷瑞州者爲僞檢點賴裕新，先陷袁州者爲僞豫王胡以晃，先攻臨江後攻吉安者爲僞春官丞相張遂謀。廣東土匪入江西者，以周培春黨爲衆。又匪目葛耀明、鄧象等均於瑞州入達開大股之中，匪目王義潮、劉夢熊分屯吉安、泰和，亦與達開合併爲一。達開久居臨江，爲上下適中之地，凶悍之衆，皆萃於此。南則窺伺贛州、南安以通粵匪，北則踞守武寧、新昌以通九江。

達開進攻南昌，周鳳山以九江全軍守樟樹鎮。時達開衆才數千餘，乃張燈火山谷間爲疑兵，率敢死士乘夜來襲，我軍不戰而潰。鳳山走南昌，國藩亦移軍省城。秀全益以皖、贛諸事付達開，尋陷進賢、東鄉、安仁，破撫州。未幾，建康、南昌相繼失。澤南念國藩艱危，日夜憂憤，督戰益急。秦日綱嬰城待援，士卒多傷亡，陰穴城爲突門。會達開率九江援黨至，開城迎之。澤南要之突門，寇出直衝澤南軍。澤南三退三進，軍幾潰，槍丸中左額，收軍還，創發而歿。以李續賓領其衆。

續賓初建議分屯窯灣絕寇糧，既代澤南，仍屯洪山，以游兵巡窯灣、塘角間。古隆賢率萬人來援武昌，約城寇舉燧爲識，林翼諜知，佯舉火，城寇出，陷伏大敗。達開援衆號十萬，林翼分水陸力戰，焚敵船七十，平八十壘。武昌寇大窘，城守益固。而江西請師日數至，義寧寇復犯崇通，九江寇合興國、大冶土寇自武昌縣進至葛店，謀襲巡撫大營。林翼以江西待援，分軍四千一百人，以國藩弟國華統之，率劉騰鴻、劉連捷等道義寧，收咸寧、蒲圻、崇陽、通城、上高。湖南所遣援軍將劉長祐收萍鄉，蕭啓江收萬載。國藩命李元度收東鄉，周鳳山等收進賢，劉子淳收豐城。五月，畢金科將千人防饒州，陷，旋收復。黃虎臣將三千五百人攻建昌，遇寇死。六月，彭玉麟收復南康。七月，劉騰鴻至瑞州，戰寇，走之。

是時江西列縣陷者四十餘城，廣東和平土寇犯定南、安遠、信豐、長寧、上猶、崇義、雩都，省城不能救，軍報數月不相聞。瑞州居江、湘之衝，有南北城，中隔一河。劉騰鴻援南城，韋昌輝自臨江來援，至北城，遽挑戰，騰鴻乘其弊攻之，從北岸渡河抄其後，南城兵角其前，寇大敗。至是江湖路通，自長沙以至南昌無道梗憂。寇自陷吉、袁、瑞、臨諸府，大修戰船，議秋間圍攻省城。瑞、臨寇船出而下，湖口寇船入而上，困我水師，復於生米口築立堅壘。七月，由松湖帶戰船三十餘艘、陸寇千餘，將抵瑞河口，我水師偵知，豫釘排樁。寇甫至，我軍衝入，縱火焚之，復堵城寇於臨江口，焚其船壘。生米口之寇聞之亦遁。八月，劉騰鴻等敗臨川僞指揮黃某，收復靖安、安義。寧都土寇襲陷建昌、鉛山、貴溪，圍廣信。浙將饒廷選赴援，寇遁走。時江西寇勢浩大，黨類衆多，欲以全力困江西。自去年十一月至本年二月，以石達開爲主；三、四、五月，以黃玉崑爲主；六、七月，以韋昌輝爲主。九江則林啓容，瑞州則賴裕新，湖口則黃文金，撫州則三檢點，建昌則張三和，袁州則李能通，皆劇寇也。統計江西境內近十萬人。

九月，國藩視師瑞州，李元度以撫州不克，餉益絀，乃分軍略旁縣募糧，且分寇勢，遂收宜黃，復崇仁。是日城寇出攻江軍，林原恩敗死，元度突圍免。撫州軍俱潰，元度移屯貴溪。十月，復陷宜黃、崇仁，分陷金溪。福建援軍將張從龍援建昌，軍潰，特詔起黃冕知吉安府，率軍往，以國藩弟國荃爲軍主。當是時，江西軍分爲四，湘軍最强。國藩居水軍中，劉長祐屯袁州，派隊攻克分宜，援寇路絕。十一月，偽將李能通啓西門納官軍，袁州復。國荃收安福。江西諸軍稍振。

初，武昌久不下，林翼謂戰易攻難，以分兵牽寇斷其援路爲要。是月，唐訓方等敗石達開於葛店。寇增召戰艦復犯葛店，蔣益澧總六營往，逆戰，克之。追奔至樊口，合水師燔其船，入武昌縣城。石達開憤樊口之敗，大集黨萬餘，由廣濟、蘄水、黃岡至漢鎭，密約偽丞相鍾某堅守以待。官文獲其偽諜，令都興阿、多隆阿馬步兜擊，寇大潰。我軍乘勝攻黃州，不能克。舒興阿、舒保等將馬隊四百人渡江，寇於青山、魯港間增十三壘相持。水陸合擊破之，追奔至葛店。寇懾於騎軍，乃大奔。自是水陸馬步相輔，軍勢日盛，益募陸軍五千、水軍十營，增長圍困之。武昌、漢陽同克復，擊斃偽丞相鍾某、偽指揮劉滿，生擒偽將軍、師帥、旅帥、兩司馬五百餘名。武昌寇分七隊突門出，生擒偽檢點古文新等四人，斃先鋒悍黨八百餘，死兩萬有奇。蓋武漢自五年三月失守，至是已二十餘月矣。尋復武昌縣、黃州、興國、大冶、蘄州，民兵復蘄水、廣濟、黃梅。陳師九江城下。十二月，國藩至九江勞軍，議統水師決取九江，以聯絡內外。乃派千總張金璧等復建昌。李續賓追寇東下，復瑞昌。進攻九江，派軍復德安。劉長祐由袁州赴分宜，寇退踞新喻溪，遇之寶山，降將李能通匹馬衝陣，寇退入城，我軍隨之入，寇出東門遁。湖南援軍將劉拔元等收永寧、永新、蓮花廳、崇義、上猶。

寇陷鎮江至是四年矣，是年京口爲張國樑所迫，秀清命四僞丞相李秀成、陳玉成、陳仕章、涂鎮興往援。秀成欲一人渡江，潛往京口，約兵夾擊，無敢應者。玉成乃夜乘小舟潛越水寨，縱兵擊國樑軍，秀成登高見城中兵出，遣鎮興、仕章當敵，而自率奇兵繞國樑軍後擊之。乘勝擊丹徒，和春敗走，遂渡瓜洲攻揚州，陷之。托明阿軍潰退北路，詔德興阿代領其軍。僞顧王吳如孝守鎮江，分兵踞高資。吉爾杭阿檄知府劉存厚扼之，金陵寇大恐。秀清遣悍黨數萬出句容來援，吉爾杭阿中礮死。存厚翼其屍不得出，亦戰死。向榮急遣張國樑會救，克之。秀成以揚州孤懸江北，留守不便，遂棄去，竄回金陵。

當是時，向榮、張國樑負衆望，稱江南勁旅。然頻年征戰，餽餉乖時，士卒常忍饑赴敵，頗缺望，又分兵四出，所部兵力過單。楊秀清知可乘，請於秀全，定夾攻大營之策。五月，密約吳如孝率鎮江寇自東而西，拊大軍之背；金陵寇自西而東與相應，更命溧水、金柱關諸寇旁出橫截。秀清自率勁旅出廣濟門，先遣賴漢英率紫荆山諸黨攻七橋甕以挑之。向榮、張國樑狃常勝，併力截殺，漢英忽少卻，向榮益策大軍赴敵。吳如孝以鎮江黨突薄之，大營空虛，守兵驚散。向榮見大營火起，退無所據，軍立潰。寇數路乘之，大軍死傷徧地。國樑獨以身翼榮出，稍收敗卒退保丹陽。寇築壘圍之，向榮以病不能進，乃以軍事付國樑，一慟而絕。

向榮既死，寇舉酒相慶，頌秀清功。秀全益深居不出，軍事皆決於秀清，文報先白其府，刑賞黜陟皆由之，出諸僞王上。如韋昌輝、石達開雖同起草澤，比於裨將。大營既潰，南京無圍師。秀清自以爲功莫與京，陰謀自立，脅秀全過其宅，令其下呼萬歲。秀全不能堪，因召韋昌輝密圖之。昌輝自江西敗歸，秀清責其無功，不許入城；再請，始許之。先詣秀全，秀全詭責之，趣赴僞東王府請命，而陰授之計，昌輝戒備以往。既見秀清，語以人呼萬歲事，昌輝佯喜拜賀，秀清留宴。酒半，昌輝出不意，拔佩刀刺之，洞胸而死。乃令於衆曰：「東王謀反，吾陰受天王命，誅之。」因出僞詔，糜其屍咽羣賊，令閉城搜僞東王黨殲焉。東黨恟懼，日與北黨相鬬殺，東黨多死亡逃匿。秀全妻賴氏曰：「除惡不盡，必留後禍。」因說秀全詭罪昌輝酷殺，予杖，慰謝東黨，召之來觀，可聚殲焉。秀全用其策，而突以甲圍殺觀者。東黨殆盡，前後死者近三萬人。

時石達開在湖北洪山，黃玉崑在江西臨江，聞亂趨歸。達開頗誚讓昌輝，昌輝怒，將併圖之。達開縋城走寧國，昌輝悉殺其母妻子女。秀全責以太過，昌輝負誅秀清功大，不服，率其黨圍攻僞天王府，秀全兵拒敗之。昌輝遁，渡江爲邏者所獲，縛送金陵磔之，夷其族，傳首寧國。甘言召達開回，既至，或謂達開兵衆功高，請留之京師，解其兵柄，否則又一楊秀清也。秀全心動，乃命如秀清故事輔朝政。達開危懼不自安，其黨張遂謀曰：「王得軍心，何鬱鬱受人制？中原不易圖，曷入川作玄德，成鼎足之業？」達開從之，乃還走安徽，約陳玉成、李秀成偕行，二人不從，益不能還金陵。於是始起事諸悍黨略盡，乃以僞春官正丞相蒙得恩爲正掌率，調度軍事；僞成天豫陳玉成爲右正掌率，僞合天侯李秀成爲副掌率，兵事專屬秀成、玉成，均聽蒙得恩節制；而內政則秀全兄弟僞安王洪仁發、僞福王洪仁達操之。

時我軍自克復廬州，寇黨竄踞三河，分營金牛，一路壁壘相望，屢抗我師。八月，和春督軍乘夜踰壕火其藥局，梯城而入，寇倉皇奪門出，追斃之巢湖。生擒僞指揮張大有、僞將軍秦標盛等十一名，殲賊五千餘。江南軍克復高淳。九月，擊敗句容、溧水，二城近金陵爲犄角。金陵聞其敗，氣阻，大營始安。巢縣者，寇之老巢也，其水陸連營無數，所掠糧餉悉輸金陵。巡撫福濟與編修李鴻章督軍攻復之。廬州所屬州邑以次肅清。

七年正月，湖南援軍吳坤修克安義、靖安，與民團會攻奉新，寇棄城遁。武昌之陷也，曾國藩遣彭玉麟援鄂；及石達開躪江西，連陷瑞、臨、袁、吉、建、撫諸郡，又檄玉麟赴援。尋國藩以父喪歸，上命彭玉麟協同載福調度軍事。九江爲江西重鎭，皖、楚咽喉，寇力爭天險，滙踞九江，而以對岸黃梅之小池口爲外蔽，進以犯湖北，退以擾贛、皖，游行掉臂，防不勝防。大軍自達九江、宿松，諸會聚衆數十萬，城於小池口，以遏官軍，圖上竄。是月寇分三路入犯，距黃梅縣城數十里，知縣單瀚元請空城誘入，都興阿從其計，伏軍四起殲之。寇棄城走，截斬其僞燾天侯陳某，僞天王壻鍾某、曾某三名。小池口寇聞之喪膽，乃築堅城爲固守計；復於段窯、楓樹坳、獨山鎭諸處依山砌石，爲壘數十，引水浚壕，阻我軍東下。都興阿遣鮑超、多隆阿、王國才等分攻，悉平其壘。

四月，玉成犯湖北，衆號十萬。李續賓壁小池，鮑超移屯黃梅，遏其衝，分途迎擊，大破之，軍威始振。五月，李續賓攻九江，掘長壕困寇，設伏敗之馬宿嶺、茶嶺諸處。越旬餘，安慶寇來援，合城寇三萬，蜿蜒數里。我軍水陸會剿，連戰皆捷。閏五月，玉成復犯湖北，大小二十五戰，亡七千有餘。時蘄、黃一路寇猖甚，蘄州諸軍並挫，賴舒保力戰，水師左光培扼巴河，得免上竄。官文令唐訓方增軍守要，約都興阿力扼黃梅，嚴防後路。以是黃州上下烽火不絕，而武漢帖然無恙。六月，續賓浚長壕合水師力攻九江，宿松、太湖羣寇糾合皖省饑民十餘萬乘虛圖武漢，且解九江之圍。寇據黃梅、廣濟、蘄州、蘄水，分四路進，大小五十餘戰，死萬餘而勢不稍衰。

初小池口之捷也，潯陽、湖口立望廓清；及皖寇上援九江，陸軍梗阻，而上游水師又難驟撤，楚軍馬隊不及萬，寇所竄伏，崎嶇泥淖，馬隊幾無可施。惟將士一心，屹然不爲所撼。

楊載福、李續賓督水陸上援，多隆阿、鮑超攻賊童司牌，敗之十里鋪。寇造浮橋河中，東通北湖，西達武穴。續賓渡江平南岸寇屯，水師復焚寇艇，燬浮橋，寇不得逞。七月，黃梅寇以弱兵守壘，而以强悍驍勇者徧伏村落。多隆阿偵知，約鮑超直衝村落，斃五千餘，而其在蘄、黃者仍不下數萬。官文督軍五路進攻，杜其上竄，擒渠掃穴，蘄、黃路通。尋又大破皖寇於黃岡、蘄水界，克復瑞州，我軍直抵小池口。小池口與潯城隔江對峙，爲江、皖入楚衝途。寇壘石爲城，深溝高壘。胡林翼以寇餤正衰，約諸軍先拔小池口，親督唐訓方、李續宜等由蘄水達黃梅坡下，建碉以塞宿松上竄之路。偵知城内爨具已毀於礮，炊煙斷熄，乃令水陸環攻，射火入城。我軍乘亂而登，寇盡殄滅。全楚始一律肅清。

江西軍隨復東鄉。東鄉隸撫州，寇踞之以爲撫州保障，復陷萬年諸縣。八月，將軍福興冒雨進攻，縱火平塘，絕寇竄路。平塘者，附城往撫州之衝也。寇果棄城而遁。初，寇踞石鐘山，守湖口兩岸，致水師隔絕。九月，克湖口，連破梅家洲，燔石鐘山寇巢，殪萬餘。內湖外江至今三載始合。載福以取九江當先援彭澤，彭澤南有小孤山，寇築城其上以守彭澤，爲九江聲援。載福會軍攻克縣城，盡掃小孤山寇巢。下游巨險悉夷。大軍回向九江。十二月，長祐會攻臨江府，拔之。寇竄湖北興國州，復爲續賓所殲。餘衆僅二百，皆鳧水而逸。

寇之自楚北敗竄回皖也，糾合河南捻匪，撲廬州及巢縣、柘皋。我軍進平柘皋寇壘，火巢湖派河兩子鋪寇船，寇蹤遂絕。先是江南水師提督李德麟率紅單船入皖，寇遏之繁昌縣峽口，不得上，七閱月矣。載福督師東下，焚奪陳玉成所派戰船略盡。連日焚華陽鎮，復望江、東流，疾趨安慶，破樅陽大通鎮，進克銅陵，馳入峽內，與紅單船合。寇望風瓦解，逼泥汊僞城，李成謀擲火焚之，斬戮過當。時江西寇糾黨二萬餘，由浮梁、建德、都昌、鄱陽竄湖口，而宿松、太湖寇憤九江之敗，糾黨五六萬，屬集於楓香驛、仙田鋪等處，聲勢相依。官文檄唐訓方壁陳園，固蘄州門戶。多隆阿、鮑超等迎剿太湖，李續宜會水師分三路直擣，殲寇二萬餘，寇勢大挫。

江南大營之退駐丹陽也，秀成踞句容，屢出窺伺。正月，國樑獨率精卒間道抵城下，毀其外壘，斃寇千數百名，寇不敢復出。二月，金陵、安慶寇偵溧水勢蹙，糾衆至郞山，築壘爲援。和春乘寇營未定，邀而敗之。寇渡河復結四壘，江南軍三路敗其衆，合兵攻溧水城，前後平寇壘二十六座，殲三千，斃僞靠天侯以下十餘名。移營已及一年，戰功此爲最烈。四月，瓜洲以我軍圍攻久，勢頻危，乃出背城計，水陸並撲，戰土橋西里鋪，不勝；復以戰艦分兩路進：一沿港助勢，一渡江他擾，均爲我水師所殲。寇之聚溧水者，屢招援黨攻大營，死萬餘，復於郞山築壘數十以抗我軍。五月，總兵傅振邦破其外壘，繼以火攻城。副將虎坤元乘內亂，斬守城悍酋而入，遂復其城。溧水既克，和春進規句容，與溧水相犄角。寇結外援，聲勢尙壯。國樑會軍圍攻，而自帥親兵衝入，刺黃衣悍目數名，寇奔潰。和春進衝內壕，國樑首先登城，寇尸山積。閏五月二十五日，收復縣城。九月，鎭江寇出城至甘露寺，逕撲大營，和春迎剿敗之。寇欲西竄接應金陵，國樑密於高資增營扼塞，寇亦築壘，運糧河北。國樑遣參將余兆青等毀其礮臺，而自率親兵渡河，會水陸諸軍鏖戰六晝夜，沉巨船十餘艘，削壁壘二，生擒魏長仁等六名，斬俘無數。

寇之踞瓜洲者，遙聯金陵，近接鎭江，阻官軍進剿之路，歷五年矣。適南岸寇援創於和春，德興阿乘其隙，檄大軍踰城而入，遂下瓜洲。十二月，國樑大捷於瓜洲南岸，陣斬僞王，奪壘十七，遂圍鎭江。秀全四遣衆援，均爲虎坤元所破。國樑督軍攻四門壞垣，奪復其城，逸出者沿江搜殺近萬人。惟吳如孝潰圍遁入金陵，復竄聚安慶。而潛山太湖之寇又陷霍山，旋退出，欲從羅田、麻城上竄，踞獨山、西河口爲營。官文調馬步軍兼程馳防豫、皖交界之處，以固楚疆。八月，皖寇糾豫捻謀援金陵，犯商、固，擾光州、六安，窺伺隨、棗一路。而太湖、渡石牌等處寇黨連營三十里，衆六七萬，乘我軍度歲，竄近蘄州，尋又竄荆橋、好漢坡諸處。多隆阿迎剿，敗之仙田鋪、風火山，追抵太湖，連營宿、太以扼寇衝。而秦日綱遣其黨北趨，避實擊虛，謀犯蘄州。蘄水、六安之寇亦併力上竄，陷英山縣，分七路竄羅田。羅田知縣崔蘭馨連日鏖戰，收復英山。守備梁洪勝等督楚軍擒僞丞相韋朝綱。寇出黃花嶺，竄楚境楓樹坳等處。都興阿遣將往南陽河迎擊。寇築壘北岸，我軍潛伏北岸山谷中，而列陣南岸。寇渡河而南，我軍邀擊之，乘勝北渡。寇陣山腰，潰寇踵至，伏兵起，斃寇無數。楚軍勢大振，宿、太諸營始紓後顧憂。

時秀全大會諸黨，飭陳玉成爲前軍主將，以潛、太、黃、宿爲根據，敵我上游楚師；楊輔清爲中軍主將，以殷家滙、東流爲根據，敵我中路曾軍；李侍賢爲左軍主將；李秀成爲五軍主將。二月，和春攻破秣陵關，關爲金陵南面外蔽，寇所嚴守者也。三月，和春率張國樑等圍攻金陵。會秀全張筵飲羣黨酒，流丸墜秀全膝下，羣駭愕。秀全曰：「予已受天命，縱敵兵百萬，彈丸雨下，又將如予何！況和春非吾敵也，諸將弄彼如小兒，特供一時笑樂耳，奚恐爲？」初，寇屢伺我軍懈，悉銳出犯，冀解其圍，而雨花臺爭之尤力。和春嚴爲防儆，寇果由雨花臺攻大營，大敗之。和春、張國樑作長圍困寇，度地勢險夷，溝而垣之，鑿山越水，周城百餘里。諸營大小相維，絕寇應援，秀全大懼，誡各門嚴備。潛結壘於壽德州，屢突長圍，不克，死者枕藉。當是時，石達開在蜀，楊輔清竄閩，林紹璋敗於湘，林啓榮圍於九江，黃文玉坐困於湖口，張朝爵、陳得才孤守皖省，陳玉成坐守小孤山、華陽鎮一帶，秣陵又陷，金陵老巢聲援殆絕。而糧食尙充足，上游諸州縣皆爲寇據，呼吸可通，故寇雖危蹙而未遽顛覆。

我軍屢圍金陵，玉成多方抗拒，而秀成出陷杭州，以掣圍師之肘，我軍不動。玉成乃自潛山、太湖下江浦，伺官軍之虛，悉衆攻大營，以冀解圍。蘇、常相繼而陷。四月，李續賓、楊載福會攻九江，九江爲金陵犄角，南岸肅清，專力攻九江。城寇被圍久，以數千人攖城，植蔬種麥供軍食，其守愈暇，頻傷攻城軍士。嗣地道成，城破而復完。楊載福督水陸十六營攻四門，地雷再發，城崩百餘丈，諸軍躍登，殲寇萬六七千。出城者水師扼之，俘斬無遺。林啓榮、李興隆均敗死，磔其屍。九江既克，寇黨無固志。楚南軍先後收復新淦、崇仁，下撫州，克安樂、宜黄、安豐、新城諸縣，收復建昌。國荃攻吉安，旁克吉水、萬安二縣。於是江西陷城收復八九矣。寇黨畏懾，金陵寇亦窮蹙。

秀全力圖外擾，乃命寇將竄皖南北及閩、浙諸省，冀大軍分援，以牽我師。玉成勾結捻首張洛行、龔瞎子，衆號十萬人，踞麻城，四門築五十八壘，溝塹重疊，據險自固。而安慶暨英、霍諸寇又陷黄安，冀窺漢陽、德安，取道北竄。官文檄續賓上援，以紓麻城之患。先是秀全命賴漢英掠江西，皖寇入福建，陷政和縣、邵武府，遂陷浦城，分擾建寧。五月，我軍克復黄安、麻城，斬僞丞相指揮數十人；追至商城，並進剿太湖、潛山、英山、霍山諸寇。其黨竄踞東安者，圖爲江南北聲勢。和春督軍立復縣城，金陵寇愈形危蹙，急思潰竄。和春派水師分剿繁昌，毀其堅壘土橋，進破峨橋、魯港等處。城寇憤恚，出太平、神策門分犯大營，張玉良、馮子材等陷陣敗之，寇退。遂攻金川門，悉毀東北城外壘栅。

石達開乃自廣豐陷江山縣，金華、衢州、處州三府屬邑焚掠殆徧。浙軍敗之壽昌七里亭。六月，寇竄全椒，踞滁州、九洑洲等處，浙軍大敗之，進克武義、永康、常山、江山、開化、縉雲、宣平，衢圍亦解。寇悉竄處州，陷之，周天受督軍克復。會閩寇蜿蜒猖獗，所復各城旋失，又陷松溪、崇安、建陽等縣，建寧府亦被圍。浙江巡撫晏端書檄將馳援閩省，又出師江山界，剿浦城寇巢。

是時，上以浙、閩寇並起，乃起曾國藩率江西湘軍援浙，旋命改援閩。國藩自鉛山進軍，寇大懼，圖牽制之計，分萬餘人犯江西，圍廣豐、玉山，入踞安仁。閩軍遂克光澤，收建陽，解順昌圍，連復松溪、政和、寧化、崇安，破浦城老巢。復邵武府，閩省肅淸。國藩移軍弋陽，親督水陸各軍克復安仁縣城。八月，克吉安，擒僞先鋒李雅鳳、僞丞相翟明海，正法。江西列城皆復。進攻太湖，前月寇陷廬州，巡撫翁同書告急於續賓，官文以太湖方血戰有功，疏留之。時寇於東岸及楓香鋪、小池驛、東山頭各築營壘，續賓等分段攻城，焚其火藥庫，寇衆駭散，遂克太湖，乘勝抵潛山。潛山石牌爲南北要衝，寇屢集黨與援應，抗我東征之師。都興阿等營北門彰法山，馬步並進，寇敗潰，斃七八千，遂復縣城。我軍分二路平上下石牌老巢。

九月，玉成自潛、太會九洑洲羣寇下江浦，伺官軍之虛，疾攻浦口，以冀解金陵之圍。我軍進退爭一橋，遂大挫。和春派兵來援，寇分軍綴之，仍力撲浦口。江北大營遂失陷。迭陷江浦、天長、儀徵。並分攻六合，德興阿遁。揚州賊破南門入，揚州陷。進犯邵伯縣，國樑率軍渡江。會北軍克復府城，移攻儀徵，亦克之。亟引兵救六合，阻於寇，不得驟進。寇穿地道陷城，補用道溫紹原赴水死。寇渡江陷溧水，築壘江藍埠諸處，爲扼要持久計。十月，和春遣總兵張玉良攻復溧水。寇夾攻高古山大營，國樑怒馬陷陣，斃寇五六千。合兵追抵江寧鎭，燬卡壁數十座。小丹陽以至采石磯老巢悉平。

初，勝保率皖軍攻天長，捻首李昭壽以部衆二千降，勝保奏請賞給花翎三品銜，賜名世忠，使爲內應，遂克縣城。大軍之入皖也，克復桐城、舒城二縣，寇悉遁三河。都興阿會水師盡掃安慶城外寇壘。續賓追至三河，玉成、秀成、侍賢連江浦、六合、廬江衆，又乞援捻匪，招潁、壽、光州羣盜，合十餘萬，圍官軍三重，衆寡不能敵，續賓死之。潰軍至桐城，前留防四城軍潰，不旬日，桐、舒、潛、太復陷。都興阿收潰卒，由石牌駐軍宿松，進剿黃泥營寇衆，敗之；復督鮑超、多隆阿大戰荊橋、陳家大屋，平三十餘壘，軍勢復振。玉成退還太湖，以爲舒、桐已得而宿松不破，則安慶之守不固，與秀成謀再舉。秀成知不可敵，不欲從，而玉成屢言有妙策，始與分道來犯，卒受大創而退。玉成留軍太湖，而自還安慶。秀成率黨還巢縣、黃山。

是時江西寇復闌入閩界，蹂將樂縣，並陷浦城、永吉、建陽、順昌、寧化、長汀等城。國藩入閩，軍建昌。諸陷城以次復。寇復竄回江西，惟連城尚聚萬餘，復陷景德、東流，謀竄湖口、九江等處。國藩檄調道員張運蘭倍道馳赴景德鎮，屢戰皆捷。初，寇踞景德鎮，勢燄薰熾，江右要衝之區，恣行無阻。國藩添派其弟國荃率湘軍五千八百赴鎮，助運蘭攻剿。寇夜襲艇師劉于淳，燃火彈拋燒簰卡無數。寇棄鎮竄浮梁，國荃等水陸進攻，復浮梁。寇走建德北去，江西稍定。

十一月，江南大營援軍直隸通永鎮總兵戴文英戰死寧國灣沚。次日，幫辦皖南軍務浙江提督鄧紹良，大營陷，死之。寧郡設防三百餘里，皆鄰寇巢，近則蕪湖、青陽、繁昌、銅陵，遠則無爲、和州、滁州，渡江即至。而祿口、秣陵、溧水敗寇，勾合太平金柱關、東西梁山黨衆，潛山、太湖、舒、桐及樅陽土橋敗黨，皆以寧國爲通藪；防軍僅七千有奇，又多調援他處，寇衆兵單，故及於敗。國藩疏陳目前緩急，宜先攻景德鎮，保全湖口，上是其議。胡林翼先以丁母憂回籍，會三河變起，朝旨迫起督師，十二月，渡江駐黃州。時寇之踞南安者有五支：一爲僞翼府宰制陳亨容、傅忠信、何名標，一爲僞渠帥蕭壽璜、蔡次賢，一爲僞尚書周竹坡，一爲僞軍略賴裕發，一爲僞承宣劉逸才、張遂謀，衆七八萬，將由南康犯贛州，築僞城於新墟，設卡壘，踞郈莊，綿亙二十餘里。

九年正月，國藩檄蕭啓江設伏赤石塘，敗寇，克新墟，進破南康池江、小溪、鳳凰城、長江墟寇壘，並克崇義、南安，進解信豐之圍。二月，江浦薛三元獻城降，進克浦口，陣斬僞天福洪方、僞立天豫莫興。寇覘李世忠擊高旺，乘虛再陷浦口。世忠回軍再克之，浦口肅清。李秀成急率悍賊七八萬來犯，踞烏衣鎭汊河。秀成復要陳玉成自廬州來援。烏衣鎭屬滁州、江浦交界鎖鑰，寇意在斷絕浦營餉道，爲張國樑擊敗。寇與閩、浙餘寇皆趨郴、桂，所謂石達開三十萬衆後圍寶慶者也。玉成由六合犯廬州，布政使李孟羣被執，不屈，死之。三月，糾安慶黨圍撲定遠護城營，築堅壘數十以困我師。勝保襲破其壘，秀成東走，而黨衆日增。國樑於定遠縣西築十里長牆禦之，其北路自九里山至浦口，三四十里，寇壘殆徧。我軍日戰，副將鄭朝棟、張占魁皆歿於陣。時浦口後路滁州、來安皆困於寇。世忠自浦口繞道回援勝保，撤烏衣汊口防軍還定遠，其地復爲寇踞。和春慮江北軍單，遣馮子材渡江援應。玉成度江浦、浦口未可力爭，分黨援六合；又謀趨天長、揚州，渡江攻南營後路，並襲北營。於是寇衆四五萬東趨六合，蔓延來安、盱眙諸境。

四月，玉成圍揚州。提督德安擊寇天長，失利，歿於陣。勝保率軍進戰石梁，互有死傷，還屯舊鋪，扼盱眙前路捍北犯。駐汊澗軍爲寇困，先後突圍出。和春遣張玉良、安勇分六合軍赴防揚州，以固淸、淮門戶。時池州、靑陽寇逼石硊，窺灣沚。當塗、蕪湖寇分壁靑山、亭頭逼黃池。我軍敗盱眙、汊澗及天長寇，天長寇分竄六合，並踞儀徵江干東溝，圖撲紅山窯。其地距六合二十里，旁通瓜埠，爲大營餉道咽喉。五月，鞠殿華督軍破平六合東路王子廟、太平集寇壘。初，六合、儀徵連界二十里，寇壘四十餘，阻糧道。至是六合廓淸。時六合以北、天長以南，寇麕集數萬，餉道危急，由烏家集繞犯各軍之背，世忠退保滁、來。寇趨舊鋪，直犯盱眙，圍勝保於桑樹，都興阿力戰解之。尋舊鋪寇犯紅子橋，勝保及穆騰阿馳援，而寇已分犯盱眙，盱眙故無城，倉猝遂失。

六月，勝保攻克盱眙，追剿之磨臍、天台諸山。揚州諸軍安勇等聞天長寇回竄六合，赴儀徵截擊，大破於沙河、大小銅山。玉成憤甚，圖報復，率死黨攻來安。世忠守城，伏壯勇於兩門外，自督軍衝入寇營。寇乘虛襲城，伏起攔擊，世忠返隊夾攻，寇大敗，夜走滁州。世忠由水口焚燒寇壘，寇大潰，糾合捻匪圍定遠，再敗再進，我軍衆寡不敵，遂失陷。七月，玉成率死黨攻來安，犯滁州，世忠擊之，稍却；尋復糾衆圍來安，並分屯城西北卓家巢等處，寇壘幾徧。世忠偵寇志已驕，潛伏兵挑戰，僞敗，寇笑官軍怯；而世忠又環諜之，寇不爲意，惟槍聲絕續作備而已。世忠驟起鳴角而前，火其營，破二十八壘。會勝保解其圍，世忠還滁州。八月，敗寇西竄陷霍山，江長貴等擊敗太平郭邨、宏潭踞寇，尋竄石埭，陷烏石壠，防營游擊黃金祥退屯楊谿河。自去歲三河失陷，寇造僞城高二丈餘，礮眼星列，環以深壕，樁籤密布，與太湖互相援應，兼通糧道。

石牌鎮隸安徽懷寧，當宿、望、潛、太之交，爲由皖入楚要衝。官文以僞城不拔，終礙東征，乃令多隆阿統馬步軍會攻，拔僞城，擊斬霍天燕、石廷玉等四十七名，並拒敗潛山、安慶援寇。僞顧王吳如孝者，寇之最悍者也，自鎮江逸出，至皖北，糾捻沿淮肆擾；尋撲盱眙之清壩，爲格蘭額等槍斃，斲其首。衆南潰。九月，擾霍山下符橋。六安防軍盧又熊等擊敗之，破毛坦廠寇壘，而廬州、安慶寇同犯六安，乃引軍還盱眙。天長寇犯揚州，參將艾得勝、雙喜等敗死司徒廟。玉成率大股自甘泉山西竄儀徵陳板橋，進援六合，圍李若珠壘。馮子材禦之失利，退屯段要口。寇踞紅山窯，斷李若珠營後路，餉運不通。

十月，若珠自八埠牆、陳家集潰圍出，中數創，退屯揚州，死傷馬步軍二千八百餘人。石埭夏邨寇分股糾青陽寇萬餘，竄踞涇縣查邨，防軍副將石玉龍敗死南山嶺。適周天受至自寧國，督天孚等力擊之，寇退還查邨。王浚破平陶美鎮寇壘，陣斬僞丞相孫瑞亨，鎮距秣陵關二十餘里。盧又熊克霍山，寇自太平、蕪湖犯寧國，陷黃池，高州鎮總兵蕭知音敗退新豐鎮。玉成及秀成自天長、六合糾大股窺伺江浦，分屯南北兩岸。張國樑渡江遣水師破壽德州寇壘，水師曹秉忠破六合、紅山窯、瓜埠寇七壘，彭常宣敗寇於儀徵泗源溝。時寇衆悉踞揚州西北，尋陷江浦防軍壘，周天培死之，大軍退保江浦。寇乘勢東伺揚、儀，西逼江浦，南窺溧水，勢復熾。

寇自洪、楊內亂，鎮江克復，秀全兇燄久衰，徒以陳玉成往來江北，句結捻匪，擾廬州、浦口、三河等處，迭挫我師。曾國藩以爲廓清諸路，必先攻破江寧；欲破江寧，必先駐重兵於滁、和，而後可去江寧之外屏，斷蕪湖之糧道。欲駐滁、和，必先圍安慶，以破陳玉成之老巢，兼擣廬州，以攻陳所必救。誠能攻圍兩處，略取旁縣，備多力分，不特不敢悉力北竄齊、梁，並不敢一意東顧江浦、六合，蓋寇未有不悉力以護其根本者也。於是定四路進兵之策：國藩任第一路，由宿松、石牌以窺安慶；多隆阿、鮑超任第二路，由太湖、潛山以取桐城；胡林翼任第三路，由英山、霍山取舒城；調回李續宜任第四路，由商、固以規廬州。以後平寇之策，皆不出此。

十一月，涇縣查村寇犯吳正熙壘，不利，而章家渡亦爲我軍所挫。揚州寇踞甘泉山，馬德昭破其壘。國樑督軍攻江浦寇壘不下，寇掘地道攻城，玉良遣將縋城出，焚其壘，塡塞地道。寇築壘磨盤洲，我軍四路蹙之，寇衆大敗狂奔，北門寇營亦同時攻破。其陳家集等處之寇竄回天長，南路之寇潛窺溧水，皆爲防軍擊退。江長貴克太平，郭邨、查邨敗寇竄涇縣北路。副將榮陞連破石柱坑、盤臺寇卡，寇竄踞董家村、白茅塘，犯萬緞、黃柏兩嶺。榮陞會徽軍破之，覆其巢。寇又竄擾河西，爲參將朱景山等所敗。副將吳再升遂乘勝進剿黃池南岸牛頭山寇壘，北岸寇糾衆來援，分兵拒之，寇多死傷；北岸寇潰走渡河，我軍遂收南岸。池州守城寇韋志俊獻城於楊載福，其部下古隆賢等不從，回撲府城，城復陷。桐、潛寇援太湖，將襲天堂後路，余繼昌會軍團分路敗之槎水畈，陣斬僞漢天侯、拱天豫二名，寇奔潰。

十二月，侍賢由蕪湖金柱關率大股犯寧國，與黃池北岸寇合勢，連日分擾黃岡橋、牛頭山等處，再犯西河，蕭知音、熊廷芳退走寒亭。寇圍游擊冉正祥壘，都司李培基馳援始解。玉成以定遠、舒城、廬州寇衆北犯壽州，翁同書令副將尹善廷率精銳馳援，挫寇於東、南兩路。時玉成以楚師甚盛，欲圖西竄六合拒楚師，因北犯壽州以牽掣我軍。尋自江浦回援安慶、太平，糾合捻首龔得樹、張洛行等分道上犯，衆號十餘萬。多隆阿、鮑超、蔣凝學禦之潛山，連破靈港寇壘。蕪湖寇進犯宣城、灣沚，周天受禦之，不得逞；乃分衆四竄，我軍亦分拒於海南渡、浮橋口、淸水潭、鹽官渡。寇退踞許邨埠，進犯西河，朱景山等創之，增軍守東西岸。寇迭窺灣沚，我軍渡河擊之，寧國西北寇鋒稍斂。先是銅陵、青陽寇常犯南陵、涇縣之交，我軍扼守雲嶺、蘇嶺，而設伏朝山要、三里甸，參將方國淮出奇擊之。寇屢犯三里甸，陷國淮壘，復竄越雲嶺，陷觀嶺防營。天受調金友堵淸弋江，寇北走南陵，陳大富擊之，寇復退入涇境。

自玉成回援安慶後，秀成獨屯浦口，寇勢已孤。時金陵困急，援兵皆不至。秀成以玉成兵最强，請加封王號寄閫外，秀全乃封玉成英王，賜八方黃金印，便宜行事。然玉成雖專閫寄，而威信遠不如秀成，無遵調者。李世忠因致書秀成曰：「君智謀勇功，何事不如玉成？今玉成已王，而君尚爲將，秀全之憒憒可知矣。吾始反正，清帝優禮有加。以君雄才，胡爲鬱鬱久居人下？盍從我遊乎！」時僞兵部尚書莫仕葵以勸軍在秀成營，書落其手，閱之大驚，以示秀成。秀成曰：「臣不事二君，猶女不更二夫。昭壽自爲不義，乃欲陷人耶？」仕葵曰：「吾知公久矣。」乃代奏之，秀全命封江阻秀成兵，並遣其母、妻出居北岸，止其南渡。仕葵曰：「如此，則大事去矣！」乃偕蒙得恩、林紹璋、李春發入僞宮切諫曰：「昭壽爲敵行間，王奈何墮其計，自壞長城？京師一綫之路，賴秀成障之。玉成總軍數月，不能調一軍，其效可覩矣。今宜優詔褒勉，以安其心。臣等願以百口保之。」秀全悟，召秀成入，慰之曰：「如卿忠義，而誤信謠傳，朕之過也。卿宜釋懷，勠力王室！」卽進封僞爵爲忠王榮千歲。寇自楊、韋搆殺，秀全以其兄弟仁發等主持僞政，僞幼西王蕭有和，蕭朝貴子也，秀全尤倚任之，而以一僞將畜秀成，不與聞大計。至是晉僞爵爲王，乃大悅，以爲秀全任己漸專，不料其疑己也。

浦口當金陵咽喉要地，迫於大軍，而糧援無措；南渡時，見秀全問計，秀全語以「事皆天父排定，奚煩計慮？」又與仁發等謀留其助守金陵，秀成不可，曰：「官軍既以長圍困我，當謀救困法，俱死於此無益也。」渡還，以黃子隆、陳贊明屯浦口，親赴上游糾合皖南蕪湖、寧國死黨，謀間道犯浙江，分江南大營兵力，還解長圍之困，其志固不在浙也。連日援太湖寇、捻攻鮑超潛山小池驛營壘不克，楊輔清、古隆賢用內應陷池州。韋志俊突圍屯泥灣，收合散亡，移屯香口；迭敗寇於八都坂、栗樹街，俘斬僞將軍陳松兗等三十餘人。

是年，秀全大封諸王。初，秀全定都金陵，一切文武之制，悉由僞東王楊秀清手定。是時爲秀全建國極盛時代，其宮室制度：第一，爲龍鳳殿，即朝堂也，主議政、議戰諸大事。每有大事，鳴鐘擊鼓，會議，秀全即升座，張紅幔。諸王丞相兩旁分坐，依官職順列。賊將則侍立於後。議畢，鳴鐘伐鼓退朝。第二，說教臺，每日午，秀全御此，衣黃龍袍，冠紫金冕，垂三十六旒。後有二侍者持長旗，上書「天父、天兄、天王、太平天國」。臺式圓，高五丈，階百步。說教時，官民皆入聽。其有意見者，亦可登座陳說。文左上，武右上。士民由前後路直上，立有一定之位。第三，軍政議事局，軍事調遣、糧餉、器械總登所。秀全自爲元帥，當日僞東王爲副元帥，北王、翼王爲左、右前軍副元帥，六官左、右副丞相爲局中管理。各科員中，分軍馬、軍糧、軍械、軍衣、軍帳、軍船、軍圖、軍俘、軍事諸科。又有糧餉轉運局、文書管理局、前鋒告急局、接濟局，皆屬軍政議事局。內以六官左、右副丞相領之。其最尊者爲軍機會商局長，初以僞東王領之。遇有戰事，籌畫一切，則僞東王中坐，諸王、丞相、天將左右坐立，各手地圖論形勢，然後出師。秀淸死，僞翼王領之。石達開去後，李秀成領之。秀成東入蘇、杭，則有名無實，虛懸其位矣。其時寇之武備頗詳盡。自諸僞王內訌，人心解體，秀全以爲非不次拔擢，無以安諸將之心。然自此大封之後，幾至無人不王，而丞相、天將之職多攝行。於是各持一軍，勢不相下，而調遣諸王者，僅陳玉成一人。故八年以前，寇之用兵，攻守並用。八年以後，不過用攻以救守，戰局遂至日危，以底於亡。

十年正月，僞匡王、僞奉王、僞襄王糾合僞攝王自南陵犯涇縣灣灘，游擊王熊飛退走，寇遂蔓延黃邨、焦石埠，進攻副將李嘉萬，援師爲楊名聲所敗，斬僞岡天燕、賴文禾。寇竄踞黃柏嶺，其黨尋大至，陷涇縣。楊名聲等退走旌德，寇踵至，明日亦陷。我軍還守寧國。是時秀成自率悍黨數千，已由寧國縣間道犯廣德。張國樑督水陸諸軍渡江期大舉，克浦口八壘，黃子隆、陳贊明遁；攻九洑洲，克其老巢，焚之。寇自咸豐四年築壘九洑洲，內蔽江寧，外通大江，踞爲南北水陸要區。江寧長圍成後，浦口、九洑洲皆克，勢大困。

秀成由皖犯浙，分我兵勢，而諸將又以寇在陷阱，無能爲役，習爲驕佚，戰志漸消，故有閏三月大營失敗之禍。太湖寇、捻分四股來犯我軍，知府金國琛會集諸軍敗之仰天庵、高横嶺，生擒悍目藍承宣，向擾害蘄、黃者，寸磔之。金國琛等復敗寇，捻於潛山廣福寨。玉成率龔得樹、張洛行來援，乘霧移營於羅山衝、白沙畈，冀與城寇相通，以圖牽綴我軍。諸軍會擊，寇大敗，擒斬僞庶天侯麥烏宿、僞軍師汪逐林等。明日，鮑超等進攻小池驛，當東路；蔣凝學等攻羅山衝，當西路；多隆阿居中路策應。羅山衝寇蠭擁來撲，凝學連破衝口，攻入內山，馬隊繼之，寇大敗。值東南風作，以火焚之，燬壘百有數十。寇奪路狂奔，斃僞丞相葉榮發、僞將軍舒春華等。城寇謀宵遁，伏軍四起擊之。是役也，殲寇二萬餘，益惶懼，竄入潛山。多隆阿督軍尾擊，克其城。

秀成、侍賢等至廣德，詐爲清軍，陷之，杭、湖、蘇、常並震。巡撫羅遵殿調徽、寧防軍援勦廣德，以保兩浙門戶。張芾遣周天孚馳防長興四安鎮，鎮距廣德四十里，當蘇、浙之交。和春遣水陸軍來會，秀成留陳坤書、陳炳文守廣德，自率譚紹光、陳順德、吳定彩等馳攻四安鎮，陷之。和春遣水師會攻江寧上下兩關，七里洲寇謝茂廷、壽德州寇秦禮國遣使詣大營乞降。江寧西北各門皆瀕大江，洲堵錯互，寇踞上、中、下三關，築壘於壽德、七里各洲，與北岸九洑洲遙相倚藉。九洑洲既克，茂廷、禮國約舉火爲號，於是上下關同日而克。國樑增八壘於江東門，增四壘於安德門，毛公渡南北岸關隘悉爲我奪，寇益大困。

秀全檄諸寇解金陵圍。時秀成在皖，與其部下謀曰：「清軍精銳悉萃金陵城下，其餉源在蘇、杭。今金陵城外長壕已成，清軍內圍外禦。張國樑又嘵唶善戰，攻之難得志，不如輕兵從間道急搗杭州。杭州危，蘇州亦必震動。清軍慮我絕其餉源，必分師奔命以救。我瞯大營虛，還軍以破圍師，則蘇、杭皆我有也。」乃自率數千精卒以行，連陷安吉、孝豐、長興諸縣。以其弟侍賢犯湖州，自率悍黨陷武康，間道踰嶺犯杭州。預結捻首張洛行、龔瞎子等，使內擾清、淮，以分江、皖兵力。

上命和春兼辦浙江軍務，而以張玉良總統援浙諸軍。玉良分大營兵勇五分之二禦之。秀成攻杭州，以地雷崩清波門，陷之，巡撫羅遵殿等均死難。秀成之破杭州也，祇一千二百五十先鋒。諸處援兵不知虛實，聞城破，皆潰走。迨張玉良援軍至，屯武林門，秀成曰：「中吾計矣！」自以兵少，乃多製旗幟作疑兵，潛退出城，委之而去。玉良與將軍瑞昌會擊，立復省城。

三月，秀成回竄餘杭，陷臨安。旋爲李定泰克復。孝豐、武康寇亦退走。時秀成及侍賢回廣德，楊輔清亦自池州來會。李定泰等會圖廣德，寇已分走建平，陷之，連陷東壩、高淳，復詐爲官軍陷溧陽。自是江南大營後路驟急，蘇、常俱大震。和春馳檄張玉良等還救常州，熊天喜等克廣德，而楊輔清陷溧水，詐爲官軍襲金壇，爲周天孚等所敗，棄壘西竄。句容亦陷，句容當大營後路，餉道所必經，且與丹陽、鎮江接壤，爲常州門戶。和春遣副將梁克勳赴援，不及，續遣副將張威邦由淳化進剿。何桂清遣將分防丹陽、鎭江、瓜洲，冀通大營至蘇、常水陸道路。馬德昭等出屯郡城三十餘里下弋橋，堵溧陽、宜興各路寇內犯。米興朝自廣德進軍克建平。

閏三月，寇自昌化出於潛，分犯分水，陷而旋復，進陷淳安。秀成約會諸酋同議救金陵之策，秀成與侍賢由淳化、輔清由溧水退秣陵關，玉成亦自江浦渡江來會，江寧寇爭出築壘接應。斯時大營四面受敵，而良將勁兵調援浙西者一萬三千人，淳壩、宜興防軍又調去一千有奇，大營空虛，糧路又截斷，乃改月餉積四十五日始一發。兵勇皆怨，心漸攜貳。時羣寇麕集，和春急調張玉良回援，何桂清留之不遣。寇至雄黃鎭，我軍禦之不克。輔清由秣陵關至南門，玉成由江寧鎭至頭關，板橋、善橋諸寇皆集南岸。秀成由姚巧門進紫荊山尾，陳坤書、劉官芳由高橋門而來，侍賢由北門紅山而至，輔清由雨花臺，玉成由板橋、善橋，連日攻撲長圍。國樑與王浚分督諸將力禦，十五日夜，雷雨雹雪，大寒，總兵黃靖、副將馬登富、守備吳天爵戰死。大營火起，全軍潰陷。和春、許乃釗退走鎭江，再退丹陽，旋馳書趣國樑亦至，留馮子材守鎭江。國樑語和春曰：「六年向帥大營失陷，退扼丹陽。彼時京口未復，今東門之限在於鎭江。舍此不守，是導寇而東也。」和春卒不能用，而宜興同時亦失陷。

寇勢大張，而秀全於戰士不及獎敍，終日亦不問政事，只敎人認實天情，自有昇平之局。仁達、仁發忌秀成功，嗾秀全下嚴詔，飭秀成率所部限一月取蘇、常。寇掠金壇四鄉，大書於壁曰：「攻野不攻城，野荒城自破。」我軍屯六門，日與賊戰，互有勝負。秀成自句容攻丹陽，國樑開南門酣戰，秀成命力士溷入我軍潰卒中，猝擊國樑，被創大呼，入尹公橋下而死。秀成入丹陽，命收國樑屍，曰：「兩國交兵，各忠其事。生雖爲敵，死尙可爲仇乎？」以禮葬之下寶塔。和春奔常州，寇躡其後。何桂清聞變跳走。是月，楚軍援皖南，會克太平、建德、石埭三縣。涇縣張芾會同周天受等進毀白華、宴公堂一路寇壘，直抵城下，斬關直入，遂復縣城。

四月，天長、六合寇乘金陵大營退守，分三路進犯：一由陳家集圖揚城，一由東溝窺瓜洲，一由僧道橋編筏偸渡襲邵伯，皆爲我軍所截擊，不敢逞，乃築壘僧道橋圖久踞。我軍分左、右、中三路疾趨會攻，毀二壘，焚木城，積屍枕藉。寇合股退踞陳家集。揚州與鎭江相爲脣齒，李若珠沓艇師陳泰國等分扼各口。寇大逼常州，張玉良由杭郡率軍先至，築營寨大小四十餘，悉爲所破。常州陷，玉良敗走無錫。秀成率所部精卒潛出九龍山，拊高橋之背。玉良軍大敗，無錫陷，敗走蘇州。和春創胸，至蘇州滸墅關而卒。玉良連敗之師不能復戰，寇薄蘇州，玉良退走杭州。長洲、元和兩縣廣勇李文炳、何信義開門迎秀成入踞之。巡撫徐有壬等同殉難。

秀成踞蘇後，改北街吳氏復園爲僞府。秀成踞蘇十有一日，出僞示安民。城廟內外凡收屍八萬三千餘具，而從者猶盛稱秀成愛人不嗜殺也。寇踞蘇城，復恣意擄掠，民競團練爲自保計。江、皖援浙諸軍以次克復諸城，遂會剿淳安，寇敗遁入徽州境。蘇寇陷吳江，犯平望，浙江防軍潰，江長貴負傷還走仁和塘棲鎭，副將張守元亦潰於淸杉牐。嘉興危急，杭省大震。侍賢燒嘉興南門入踞之。玉良攻嘉興西、南兩門，陳坤書、陳炳文求救於蘇。適青浦周文嘉與洋軍戰，來告急，秀成乃先援青浦，擊退洋軍，直攻上海，不克，遂應嘉興之援，由松江、浦邑而回戰，取嘉興、平湖，順至嘉興，連戰五日，分一股上石門，斷玉良來路，兵多降者，玉良回杭州。

五月，貴池、青陽寇犯涇縣，總兵李嘉萬等敗死，楊名聲退至太平黃花嶺。寇陷廣德，米興朝軍潰，奔孝豐，再退歙北篛嶺外。初，涇縣、廣德同時告警，周天受遣援皆不及，而參將丁文尙守涇，又退走，寇遂由三谿竄旌德孫邨。廣德寇窺伺寧國，天受擊却之。寇由寧國縣東岸至旌德，與涇縣合勢，嘉定陷，薛煥尋克之，收太倉。寇攻鎭江，陷青浦，陷松江。

寇之守江寧也，以安慶、廬州爲犄角，以太平、蕪湖爲衞護。蕪湖之南，有固城南漪、丹陽白臼諸湖，上可通寧國之水陽江、淸弋江，下則止於東壩。掘東壩而放之，則可經太湖歷蘇州以達於婁江。蕪湖孤懸水中，寇守之則易，官軍攻之則難。是以踞五年血戰不退，而黃池、灣沚屢次失利，皆以我無水師，寇堅忍善守。官軍圍攻屢年，往往因水路無兵，不能斷其接濟。今蘇州既失，面面皆水，寇若阻河爲守，陸軍幾無進攻之路，城外幾無立營之所。則欲攻蘇州，須立太湖水師，使太湖盡爲我有，而後西可通寧國之氣，東可拊蘇州之背。因建淮陽、寧國、太湖速立水師之策。

寇陷江陰，玉良連以礮艇破嘉興三塔、普濟二寺，平新塍寇壘，移營逼西門、南門，破壘七。平望鎮者，浙江之嘉興、湖州，江蘇之吳江總匯處也。寇踞沿河六里橋、梅堰諸處，徧築堅壘，密釘排樁，扼險以阻江、浙之路。湖州趙景賢毀沿河寇壘，分軍進克平望，會軍於米市湖，盡燬礮臺巢穴，進圍嘉興。寇既陷松江，遣其黨窺上海。薛煥乘其不備，直擣南門而入，殺黃衣目十三名，奪船七十餘艘，立復府城。自松江至上海，沿途團練截殺殆盡。

六月，楊輔清糾旌德、太平大股犯寧國。寇自長興竄陷安吉，王有齡遣彭斯舉赴援，遇於孝豐，失利，退走昌化。寇直犯於潛，陷之，杭省大恐。寇復由黃渡再陷嘉定，糾土匪進踞南翔鎮，逼上海四十餘里，再陷平望。蘇州、嘉興寇勢復合。於潛寇連陷臨安、餘杭，分擾富陽。吳雲會洋將華爾攻青浦急，僞寧王周文嘉乞援於蘇州，秀成率大股親援，我軍敗績。寇收槍礮乘船再犯松江，陷之。江陰寇分黨築壘申港，掠船謀北渡，李若珠飭艇師破燬之，僞丞相方得勝遁。玉良以地雷崩嘉興南門城垣，寇嚴拒不得進。劉季三等連克餘杭、臨安。浙西寇回竄孝豐，突犯建德。

七月，秀成毁松江城堞，率僞會王蔡元隆、僞納王部永寬北犯上海，號十萬，焚掠泗涇，七寶民團禦之，多死傷。寇屯徐家滙，薛煥督文武登陴固守。寇詐爲官軍賺城，城上詗知，創却之。洋輪之泊黄浦江者，升開花礮於桅發之，寇始敗退。孝豐寇陷廣德，游擊黄占起、江國霖戰死。江長貴突圍退至安吉，米興朝奔四安。未幾，趙景賢復廣德，寇再陷踞之。寇復陷江陰楊厙汛城，逼常熟二十餘里。黄浦輪船洋兵以開花礮測擊上海寇壘，六發，創及秀成。是夜秀成解圍還青浦。時嘉興寇告急，遂趨浙江。

初，副將陳汝霖率民團救松江，迨上海解圍，洋將華爾會守松江，賜號常勝軍。秀成陷嘉善，陷平湖，錫齡阿兵勇皆潰，寇旋去，收之。寇陷金壇，知縣李淮守百四十餘日，糧盡援絶，川兵通寇，殺參將周天孚，陷之，李淮等皆戰死。丹陽寇糾黨六七千由新豐等處分道撲水師，謀掠舟北渡，並沿河築壘，架礮轟射。周希濂督艇師乘煙霧對擊，寇不支，遁回丹陽。玉良攻嘉興兩月不下，先後集兵三萬有奇，而蘇、常以北無牽掣之師，松江、青浦之寇可直入嘉興，常州、宜興之寇可直入長興，建平、廣德之寇可直入安吉，寧國、涇縣之寇可直入於濳。

寇前自長興巡逼省垣，雖經擊退，並立復數城，而廣德遂至不守。迨收復廣德，而嘉善、平湖又復失陷。寇處處牽掣我軍，近復添築營壘礮臺，又偸劫五龍橋頭卡，多方悞我軍，實有罷乏不堪之勢。秀成以嘉興圍急，率大股來援。玉良督戰五日，勝負未決。秀成分股上趨石門，謀斷大營後路。地形多支河，塘路絕，無可歸。我軍懼奔，玉良負創，疾馳還杭省。賊既解嘉興之困，復陷石門，分兩路直逼杭省：一趨塘棲，民團禦之，退掠新市；一趨臨平，吳再升敗之，轉走海寧。彭斯舉等擊斬頗衆，寇悉退還石門。未幾，石門寇亦退，再升進駐石門。馬德昭由臨平、長安相繼前進。

八月，寇陷昭、常，再攻平湖、嘉善，陷之。是時秀成自嘉興還蘇州，奉秀全僞詔，趨還江寧，令經營北路。初，咸豐三年，林鳳祥、李開芳北犯不返，秀成未敢輕舉。適江西、湖北匪目四十餘人具降書投秀成，邀其上竄，自稱有衆數十萬備調遣。秀成覆書允之，留陳坤書駐守蘇州，自返江寧，請先赴上游招集各股，再籌進止。秀全大怒，責其違令。秀成反復爭辯，堅執不從，秀全卒不能强。於是取道皖南，上竄江、鄂。

秀成之在僞京與諸黨會議也，曰：「曾國藩善用兵，將士聽命，非向、張可比。將來七困天京，必屬此人。若皖省無他故，尚不足慮。一旦有失，則保固京城，必須多購糧食，爲持久之計。」秀全聞之，責秀成曰：「爾怕死！我天生眞主，不待用兵而天下一統，何過慮也？」秀成歎息而出，因與蒙得恩、林紹璋等再三計議，僉以秀成之策爲然。因議定自僞王侯以下，凡有一命於朝者，各量其力出家財，廣購米穀儲公倉，設官督理之。俟缺乏之時，平價出糶，如均輸故事，以爲思患預防之計。洪仁發等相謂曰：「此亦一權利也。」因說秀全用鹽引、牙帖之法，分上、中、下三等：上帖取米若干石，中、下以次遞減。此帖卽充僞樞府諸僞王祿秩。收入後無須撥解，而稍提其稅入公，大半皆入私橐。商販非執有帖者，粒米不得入城，犯者以私販論罪。如是，則法可行而利可獲矣。洪氏諸僞王乃分售帖利，上帖售價有貴至數千金者。及商販至下關，驗帖官皆仁發輩鷹犬，百端挑剔，任意勒索。商販呼籲無門，漸皆裹足；而諸僞王侯又因成本加重，售價過昂，不願多出貲金，米糧反絕。秀成言之秀全，請廢洪氏帖。秀全以詰仁發，仁發以：「奸商每借販米爲名，私代淸營傳遞消息。設非洪氏，誰能別其眞僞？此實我兄弟輩之苦心，所以防奸，非以罔利也。」秀全信其言，置之不問，秀成憤然而去。

寇陷寧國，提督周天受等死之。寧國之陷也，玉成與賴裕新、古隆賢、楊輔淸四面圍擊。周天受戰守七十餘日，軍中食乏，餉阻不能達，寇破竹塘、廟埠諸壘，副將朱景山等皆戰死。旌德、太平兩軍力單不能救，寇乘勢盡掃城外諸壘，城陷，天受遂遇害。寧國旣失，南陵孤懸。總兵陳大富苦守閱半載，國藩檄令自拔出城，遣水師迎之，難民從者十餘萬。寇再陷太倉。玉成糾合江寧、丹陽、句容寇十餘萬，自九洑洲、新江頭掠船二百餘，日夜更番，意圖乘虛下竄，爲軍團所敗，竄六合。鎭江寇船駛入丹徒、諫壁兩鎭港口，爲水師李新明擊退。馮子材尋進解鎭江城圍。侍賢率寇四萬出廣德攻陷徽州，署皖南道李元度潰走開化。寇趨祁門甚急，國藩檄邀運蘭屯霍縣，趣鮑超自太平還屯漁亭，以捍大營。徽州既失，杭、嚴兩府防務益急。

寇之踞蘇城也，同時城邑陷者數十。江陰居大江尾閭狼山對岸再陷於寇，寇踞之以窺江北，人心惶然。九月，通州知州張富年等會水師攻復其城。上月玉成率悍寇二十餘萬進陷白鑪橋尹善廷壘，旋至馬廠集，犯東津渡，黃鳴鐸擊却之。至是圖取壽州內東肥河，跨山越谷，盤行抵淮河岸，聯營櫛比。餘黨竄入姚家灣，擄船，欲水陸會攻。巡撫翁同書派礮艇沿河截擊，寇乘霧鳧水入小港，爲黃慶仁圍殺；復以步騎撲北關，城上彈丸雨下，夜縱火焚寇壘皆燼，城圍立解。寇竄南路：一還定遠山，一走廬江，一赴六安。徽州寇自淳安竄陷嚴州，進踞烏龍嶺。江寧寇糾九洑洲寇船二百餘艘下竄儀徵，我軍大敗之東溝。副將格洪額會破盱眙竹鎭集寇屯，擒斬僞檢點汪王發等，會秉忠破靑浦寇於米家角，攻城三日不下，秉忠中創。參將李廷舉攻寶山羅店，寇敗併嘉定，旋再竄羅店踞之。寇闌入壽昌、金華，兵團復之。旋再陷再復。

十月，寇自淳安擾及威坪，兵團禦之，回竄蜀口。徽州北路寇竄至杞樟里，逼昌化昱嶺二十里。先是江西瑞金、廣昌、新城、瀘溪大股寇窺伺福建，汀州、邵武防軍力禦之，遂折竄建昌，而瑞金一股竄踞福建之武平，尋陷汀州，兇焰甚張。句容寇至鎮江湯岡築壘，馮子材擊之不下。寧國寇直趨四安，破長興長橋卡防，分竄廣坤、梅谿。嚴州寇連陷桐廬、新城。蘇州寇分股撲金山，我軍擊敗之，遂克楓涇鎮。寇復糾蘇、常大股襲廣富林，圖犯松江。守將向奎軍單，敗退。曾秉忠回援，寇竄寶山羅店，都司姜德設伏敗之，還青浦。玉良克嚴州。

新城寇竄陷臨安。初，壽昌被陷，金華知府程兆綸督民團復之，桐廬亦同時收復。於是寇衆悉趨富陽，副將劉貴芳、總兵劉季三敗死，城遂陷。旋收復，燬江口浮橋。侍賢復糾集臨安寇陷餘杭，逼杭州省城。侍賢由嚴州還顧徽州，瑞昌等敗寇秦山亭、古蕩、觀音橋，追至留下，寇棄壘走。省城解圍，遂復餘杭。侍賢不得志於杭州，自餘杭直犯湖州。建昌寇間道犯鉛山河口鎮踞之。福建浦城、崇安，浙江衢州、常山、開化邊防皆急。時徽州寇自深渡街口下竄天長，防軍會水師大破於三河、衡陽等處。是股爲天長葵天玉、陳天福會合秀成黨三萬餘衆，將謀渡河分擾淮陽。秀成竄皖南，踰羊棧嶺，陷黟縣，鮑超大創之，城立復，再破之盧邨，陣斬僞丞相吳桂先，秀成受傷遁徽州。國藩飭將屯守盧邨，邨距黟縣二十五里。是時侍賢自嚴還徽，輔清盤踞旌德，環二百里皆寇。秀成復由江蘇上犯，越嶺肆擾。我軍疾馳百餘里，力戰兩日，驅出嶺，祁門大營始安。

趙景賢大破賊，解湖州城圍。湖州自三月以來，迭被賊困，此趙景賢第三次解圍也。先是寇踞楊家莊爲老巢，以礪山、仁黃山爲犄角，焚掠雙林諸邨鎮，蔓延長興、四安、太湖。景賢會軍先攻礪山、仁黃，以孤老巢之勢。我軍踞仁黃，燬楊家莊，敗寇西竄。天長寇掠下五莊舟船數百艘，欲犯湖路；我軍克河口鎮，復創之石谿；竄廣豐，道員段起禦之，寇間道走玉山。多隆阿、李續宜會軍大破桐城寇陳玉成、龔得樹於掛車河、鶴墩、香鋪街等處，平寇壘四十餘，寇退奔舒城。

安慶者，江表之咽喉，實平吳之根本也。寇援安慶，水陸阻梗，不能直抵江寧。玉成眷屬悉在安慶城中，邀合髮、捻十餘萬人，圖解城圍。多隆阿、李續宜雖力挫之，仍分屯廬江、桐城，復糾集下游江寧、蘇、常援寇並力上犯，逼近樅陽、桐城鄉邨，眈眈以伺我軍之隙，將挾江南寇勢全力謀楚軍。時屆冬令，安徽城河水涸，道路紛歧。我軍四路告急之書應接不暇，皖南、浙江之寇分三大枝竄入江西，祁門各營圍裹於中，勢頗危急。湖南道州寇亦竄江西。寇既陷吳，勢必全力犯楚，此其深謀詭計。故安慶一城，寇以死力爭之。

左宗棠之入景德也，聞南贛寇分黨由貴溪過安仁，直撲饒、景，遣軍迎敗之周坊，寇竄陷德興踞之。十一月，宗棠進克德興，寇奔婺源，又克之。十日內轉戰三百餘里，寇驚爲神速。彭斯舉解玉山城圍，寇竄衢境，犯常山，與兵團戰，敗走開化埠。楊輔清自池州率黨竄陷東流，進陷建德。水師收東流，而建德防軍潰退。國藩遣唐義訓馳擊，至利涉口，寇築壘河洲，列隊以待，並以馬隊扼拒各卡。我軍分東西兩路緣山上，立破其卡；前軍夾擊河洲寇，後軍抄其背，寇敗走。我軍復分爲三進攻，寇出東門逸，遂復其城。寇復陷彭澤，闌入浮梁，越一日復之。寇趨馬影橋，逼湖口。玉麟督水陸軍力擊之，遂收彭澤。寇宵遁，陷都昌、鄱陽。我師馳至都昌，擊退踞寇，復之。

休寧寇犯上谿口，陷副將王夢麟壘。屯谿寇犯江灣，陷副將楊名聲壘。古隆賢、賴裕新糾大股犯羊棧、桐林二嶺，張運蘭會軍擊之，寇由新嶺退去，犯婺源。國藩督飭鮑超大破於黟縣盧邨，別軍繞出羊棧，斷寇歸路。寇沿崖逃走，追軍反出其前，迫之，墜崖死無算。而休寧城寇以鮑超回剿景德，由藍田擾及小溪一帶，張運蘭擊敗之，別股屯鄭家橋者進逼漁亭。我軍兩路抄擊，寇狂奔，斃黃世瑚等；復敗上溪口寇，追至馬金街而還。自是嶺外寇不敢輕入。玉成率衆萬餘犯桐城、樅陽，我軍鎮靜固守。寇踞七里亭，韋志俊扼樅陽街口。李成謀舁三版入蓮花池護衞營卡，寇不得逞。

寇再犯景德鎮，宗棠敗之。鮑超進扼洋塘，宗棠進扼梅源橋。寇自下游糾大股屯洋塘對岸，我軍大破之，僞定南主將黃文金負創西奔。時祁門三面皆寇，僅留景德鎮一路以通接濟，寇盡銳攻撲，欲得甘心焉。時國荃圍安慶，寇勢漸窮。十二月，玉成糾約秀成、輔清及捻匪併力西犯，其大股寇、捻俱從南岸渡江而北，會於無爲、廬江，以圖急援懷寧、桐城，勢甚猖獗。多隆阿等會於樅陽一帶，布署戰守。皖南寇大股竄孝豐，又別股由昌化竄分水。嘉興踞寇備具礮船，意圖南下，寇勢蔓延，浙東西同時告警。

十一年正月，傅忠信、譚體元、汪海洋、洪容海各挾衆數萬，棄石達開歸秀成。秀成驟增衆二十萬，勢大熾，由石埭分兩路趨祁門，防軍皆敗。江長貴援大洪，唐義訓迎戰歷口，斬僞麟天豫古得金，寇潰走常山。富陽、新城、臨安皆爲我軍所克，解廣信之圍。寇竄鉛山、弋陽、貴溪、金谿，漸逼建昌。秀成自去冬犯皖南黟縣羊棧嶺不得志，竄浙江常山、江山等處；今春以全力攻玉山，轉圍廣豐，犯廣信，志在踞守要地，以通徽、浙之路。犯建昌，作浮橋渡河，以大股屯水東，環城築二十餘壘，以浮橋通往來。江西寇黃文金犯景德鎭，左宗棠、鮑超敗之石門、洋塘，斃許茂材、林世發。文金踉蹌宵遁，銅陵援寇與敗匪合，復入建德，分踞黃麥鋪諸處。鮑超督諸軍乘勝壓之，斃寇萬計，追至建德，會水師收復縣城，誅林天福。秀成梯攻建昌，參將富安等縱火具創退之，復潛爲地道修子城備之。寇船犯太湖，陷東西山。全湖失陷，湖州北路七十二漊港橫被竄擾。太湖，巨浸也，襟帶蘇、常、湖三郡，港口紛歧，多至百餘。自蘇、常陷後，沿湖要隘多爲寇有。去冬間寇船自湖州出湖，迭犯西山、角頭等處，爲副將王之敬礮船所敗。然所部不滿十艘，募民船佐之，卒以衆寡不敵敗死。

二月，玉成圖援安慶，糾合捻首龔瞎子，率五萬人攻松子關。成大吉兵僅二千五百，寇多二十倍，分兩路抄官軍後。大吉令參將王名滔從左側山横截而出，陣斬龔瞎子，寇驚潰，復選悍黨分五路進，再戰再敗，捻散亡三萬人。初，玉成嗾龔瞎子犯松子關，而自率悍黨十餘萬，從霍山之黑石渡，襲余際昌營於樂兒嶺，相持四晝夜，力竭而潰，遂抵英山，入蘄水，襲陷黃州。分黨取蘄州，擾麻城，闌入黃安、黃坡、孝感、雲夢諸縣，並陷德安府、隨州，勢益猖獗，武昌戒嚴。

秀成聞玉成攻國荃久不下，分攻蘄、黃、廣濟，欲國藩赴援以分兵力。秀成歎曰：「英王誤矣！正使國藩得全力以攻皖，彼豈暇救此閒城哉？彼有長江之利，而我無戰艦，安能絕其糧道？不能以我攻浙救京師爲例也。」玉成屯孝感，而以德安、雲夢、隨州三處爲長蛇陣，窺伺荆、襄。官文飛調李續宜、舒保、彭玉麟率水陸諸軍回救。

侍賢竄踞休寧城，築壘上溪口、河邨、石田、小當等處，與休寧屯溪之寇互爲犄角。國藩以休城不克，徽郡難圖，祁門終屬危地，檄朱品隆等進攻，焚諸壘，寇夜遁，收復縣城。左宗棠進剿婺源寇，破侍賢於淸華街，而城寇忽分黨由中雲竄入樂平界。宗棠親率數營屯柳家灣，扼其衝，寇敗退；而援寇漫野至，返旆截殺，復大潰而去。侍賢糾徽州悍黨圍王開林於婺源甲路，越三日，潰圍出，還景德。

秀成率黨竄撫州，爲知府鍾峻等擊敗，竄宜黃，復糾土匪陷遂安。國藩遣大富防景德。宗棠進軍鄱陽，次鮎魚山，聞寇偷渡昌江，圖合圍景德，旋移駐金橋。寇竄平湖，分由西路櫸根嶺、北路禾黍嶺進犯。副將沈寶成當西面，江長貴出北路拒之。國藩復檄朱品隆由祁門馳援，殲，寇越嶺而逃；宗棠擊破於樂平范家邨，陣斬僞謝天義黃勝才、僞嬈天福李佳普等。

侍賢率數萬衆潛匿於牛嶺、柳家灣、回龍嶺，翌日，齊進景德鎭，陳大富戰死，陷之。金魚橋坐營後路已絕，遂移屯樂平。初，國藩至皖南，設糧臺於江西，以景德鎭爲轉運。寇之窺祁門者，屢遭挫敗，遂悉銳再犯景德，冀絕大軍餉道，至是陷之。國藩度糧路已斷，惟急復徽州，可通浙米，親至休寧攻徽寇不克，仍屯祁門；而寇環攻不已，誓以身殉。宗棠大破寇於樂平，斬馘數萬。侍賢遁，圍建昌、撫州，攻之不下，遂陷吉安，大軍旋復之，乃進陷瑞州。於是祁門之路始通。

三月，我軍克新淦，解廨城圍。繁昌荻港、蕪湖魯港寇皆敗走。民團克雲夢，收應城、黃安、黃坡。金國琛會水師克孝感，進攻德安，逼城爲壘。嘉興寇竄陷海鹽、平湖，宗棠敗寇於龍珠、桃嶺。寇渡吉水海灘，陷吉安，復爲知府曾詠等攻復。寇由吉安東犯，分股竄峽江，與新喻賊合併，屯陰岡嶺，臨江告警。玉成分股守德安、隨州，牽綴我軍，率悍黨由蘄州、黃、廣回宿松，進太湖大營後路，繞趨宿松桃花鋪，逕竄石牌，逼安慶集賢關築壘。未幾，桐城、廬江僞章王林紹璋、僞干王洪仁玕等率二萬自新安渡至橫山鋪、練潭一帶，連營三十餘里。至馬踏石，竄安慶，與玉成會解城圍，多隆阿分擊敗之。玉成闌入集賢關，攻圍師各壘；復於菱湖兩岸築壘，阻水師進攻。楊載福遣軍舁礮船入湖，毀寇船筏，復立壘湖嘴，使寇不敢逼水陸大營。多隆阿自桐城掛車河進攻安慶援寇林紹璋等於練潭、橫山，逼溺菜子湖無數。黃文金糾蕪湖寇及捻二萬，築壘天林莊二十餘座，謀入安慶城，多隆阿誘斃二千，國荃圍師不少動。水師焚奪寇船，斷其接濟，以困城寇。

侍賢自廣信竄常山，陷之，入踞江山，旋由常山分股犯衢州。先是福建援師自衢防回援汀州，軍勢驟孤，故寇乘虛回竄。又別股由開化白沙關竄玉山童家坊，僞爲難民呼城，礮創之；常山寇復至，會攻城，詐爲援兵，奮力擊之，退屯三里街、七里街，潛掘地道，道員王德榜縋城出，大破之，寇還常山。遂安寇直抵淳安港口，副將余永春中創敗退；茶園寇踵至，再退桐關。嚴州大震。

四月，國藩自祁門移駐東流，多隆阿擊敗玉成，棄壘遁，屯集賢關。國藩復撥鮑超一軍，胡林翼撥成大吉一軍，同赴安慶。初，玉成卽菱湖北岸築壘十三，城寇葉芸來出城接應，亦築五壘於南岸，以隔國荃與其弟貞幹之師。國荃掘長壕，包寇壘於長壕之內。玉成前阻圍師，後受鮑、成兩軍夾攻，計窮遁去，猶死守關內外寇壘，又於隨州、德安各留悍寇牽掣我兵。官文派軍攻德安，築長圍困之。

秀成踞義寧州武寧縣，逼近湖南北邊境。官文派軍分守興國及崇、通、山、冶四縣。寇裹脅七八萬人，一由苦竹、南樓二嶺犯通城，一由蛇箭嶺犯通山。我軍衆寡不敵，均被闌入，直抵崇陽之白霓橋。其窺伺興國之寇，撲余際昌營，官軍戰失利，退大冶。寇隨至大冶，並擾武昌。官文咨調李續宜等屯東湖、跕紙坊一帶，相機進剿。秀成自孝豐竄四路，陷長興、壽昌，分犯三里亭、千家邨；復自瑞州分竄西路，連陷上高、新昌，北路陷奉新擾義安，以阻援師。連日曾秉忠等水陸諸軍破走乍浦、平湖寇於金山各隘。金山與浙之平湖水陸交錯，薛煥與秉忠商籌，平湖一日不復，松江屬一日不安；謀越境會攻平湖，再圖乍浦。

當陳玉成之退走也，多隆阿已進軍磨盤山，遣溫德勒克西、曹克忠、金順等分途尾追。玉成復糾合林紹璋、洪仁玕、黃文金及格天義陳時永、捻首孫葵心共三萬餘，併力上犯，築八壘於掛車河、峼峔尖迤西棊盤嶺；率黨破山內黃山舖團卡，仍出山外調黃文金四千餘人伏山內，自率悍黨分道進犯我壘。多隆阿分軍設伏於棊盤嶺、老梅樹街，而自率馬步各軍分道拒戰，寇後隊忽自亂，老梅樹街伏騎乘之，勢不支。玉成督敗黨抵敵，而項家河寇壘爲舒亮伏兵襲焚，烟燄突起，寇大驚，敗奔桐城。八壘悉平，燒山內寇館數十處，斃八千餘。上命左宗棠幫辦軍務。

寇越衢州陷龍游，連陷湯谿、金華，紹興、寧波皆大震。寧、紹爲浙東完善之區，寇垂涎已久。金華既陷，勢將內犯。寇犯丹徒，水軍敗之，毀寇浮橋。曾秉忠自金山攻青浦，寇堅壁不出，敗嘉善援寇於章練塘。寶山防軍姜德攻嘉定以分寇勢。都興阿敗天長、六合竄寇於揚州西北鄉，盡毀甘泉山寇壘。秉忠自金山洙涇率礮船進破白虎頭、金澤鎮寇巢，直抵浙境，敗西塘援寇，進毀兪滙卡，寇退入嘉善。金華寇分股陷蘭谿、武義。

五月，鮑超、成大吉破集賢關外赤岡嶺寇壘三，殲寇三千餘。僞屈天豫賈仁富、僞傅天安李仕福、僞垂天義朱孔棠等皆伏誅。大吉回援武昌，餘一壘超獨破之，擒斬劉瑲林。瑲林陷蘇、常爲前鋒，自恃其勇，欲以孤壘遏官軍，既伏誅，國荃軍勢自倍。國藩之移東流也，皖南寇度嶺內空虛，糾衆由方干嶺樟樹衛防軍而入，潛陷黟縣，築壘西武嶺等處，窺伺祁門。張運蘭等克黟縣，寇併入盧邨十都，增壘抗拒。我軍克其七壘，寇悉駢誅。徽州寇聞之竄走。

宗棠追剿侍賢至廣信，以建德再陷，竄入鄱陽視田街，急回景德。寇宵遁，宗棠截之，大戰椆樹嶺，寇走建德後河，遂復縣城。運蘭進攻徽州，復之。汀州寇由江西瑞金回竄。時江西寇竄江山，進陷遂昌。秀成以一股踞瑞州、義寧、武寧，分三路犯湖北，連陷南岸興國、崇陽、通城、大冶、通山、武昌、咸寧、蒲圻，寇鋒逼武昌省城。官文、李續宜會遣水陸軍分道進剿，胡林翼亦自太湖移軍還省，先援南岸，再圖黃、蘄。

寇之竄擾江西者，自去冬以來，前後凡五大股，其由皖境竄入，自北而南者三股：一曰黃文金，連陷建德、鄱陽六縣；一曰李侍賢，連陷浮梁、景德等處。此二股均經左宗棠擊退，未能深入江西腹地。一曰李秀成，連圍玉山、廣信、廣豐三城，又深入內地，圍建昌，撲撫州，均未破，竄入崇仁樟樹鎮、吉安峽江，並踞瑞州府城，分竄奉新、靖安、武寧、義寧各州縣，又竄入湖北之興國、大冶、蒲圻、崇、通等處。此北三股也。其由兩廣竄入，自南而北者二股：一曰廣東股，其渠有周姓、許姓，上年由仁化、樂昌闌入江西，與李秀成聯合，圍攻廣信、南豐、建昌各城，連陷湖口、興安、婺源，經左宗棠攻克德、婺兩城，遂歸併徽州。一曰廣西股，其渠爲朱衣點、彭大暟，本石達開之餘黨也。由江西竄出湖南，經過南贛，陷福建之汀州，回竄江西，蹂躪寧都、建昌、河口等處。其前隊已由婺源竄浙，後隊尚留撫州。此南二股也。五大股中，又分爲三支、四支，忽分忽合，時南時北。

國藩令鮑超回援江西，由九江直擣建昌，先保江西省城。瑞州及各縣踞寇逼近南昌，毓科留張運桂等扼屯城外，劉于潯屯安義堡，後營屯生米，丁峻屯臨江，皆爲省垣西路屏蔽。李續宜克武昌，寇陷松陽、處州、永康、縉雲。縉雲旣復，寇竄永康。宗棠遣軍克建德，國藩移屯婺源，婺源者，界江、皖、浙三省之衝也。賴裕新合汀州寇犯德興，分黨踞九都之新建，遣軍敗之。寇渡江竄浙江開化華埠，德興、婺源肅清。游擊黃載清克遂昌，松陽踞寇亦聞風遁，載清進攻宣平克之，寇竄武義，處屬肅清。金華知府王桐等克永康，寇併趨金華。江陰、常熟寇由海壖竄壽星沙，大肆焚掠。

六月，曾國荃會水師破菱湖北岸十三壘、南岸五壘，斬馘九千餘。寇之踞湖北咸寧、蒲圻、通城者，我軍均克復。寇由武寧犯建昌。金華寇出擾曹宅等處，李元度克義寧。張玉良等率水陸軍圍攻蘭谿不下。寇偵嚴州軍單，築壘女埠，下竄嚴州，陷之，尋爲張玉良所復。寇陷上高，擾萬載。知縣翁延緒等克復武寧。水師李德麟等擊毀黃山、黃田、石牌三港寇船，壽星沙寇退回江陰。蘇州寇擾青浦，李恆嵩自北簳山移屯塘橋，以固松江門戶。嘉定寇糾蘇州寇犯上海，我軍禦於眞如。寇渡河竄華漕，奪踞參將王占魁壘，薛煥遣軍奪還。寇走南翔，再敗退嘉定。時江水盛漲，國藩檄楊載福圖池州，牽掣南岸。載福攻十日不能下，乃率李成謀三營至舊縣，偵北岸無爲瀕江壘寇避水移神塘裏河，駛擊破之，進攻州城。陳玉成、楊輔清死力抗拒。還軍次大通，敗青陽寇，還屯黃石磯。

七月，玉成糾輔清衆十餘萬自無爲州犯英山，繞宿松，徑攻太湖，爲救援安慶計。寇排隊山岡作長蛇勢。復有寇數萬自龍山宮對岸至塔下，袤延二十餘里，分路誘我軍，我軍堅守不動。夜大雨，賊洶湧潮進，城中飛丸隨雨落，至晨圍始解。玉成乃自小池驛進至淸河高樓嶺，欲結桐城寇包裹我軍，以解安慶之圍。攻撲六晝夜，玉成、輔清援桴鼓督軍，揮刀砍不前者。我軍奮擊，大挫其鋒。玉成、輔清率大隊竄至高河鋪、馬鞍山，桐城圍復合。安慶圍師悉平城外諸壘。秀成自竄踞瑞州，分陷上高、新昌、奉新等縣，以瑞州爲老巢。官文檄元度會軍攻克新昌、奉新、上高，敗寇均趨瑞州。乃遣游擊賀接華等會軍直搗郡城，攻復之。官文以德安寇謀窺荆襄，派水陸諸軍節次嚴剿，寇堅守，有冒死突出者，諸軍擊潰，寇不得入城。寇復出抄我軍後以援前寇，乃斷其歸路，寇奔河西，伏兵四合，架梯入，立復府城。

程學啓克安慶北門外三石壘，北門寇路已絕。德安寇竄河南信陽，轉犯羅山、光山、商城，兵團截擊，退奔皖境。鮑超督諸軍大破豐城西北岸寇壘，東岸屯寇驚潰，劉于潯乘之，收樟樹鎭。初，超自九江進軍，秀成聞風遠遁，率瑞州、奉新、淸安、安義之寇，先分萬人擾撫州；令玉成率悍黨二萬攻豐城，而自領大隊由臨江踞樟樹、沙湖、豐城一帶，綿亙百餘里。先一日，超至豐城對河，値寇在樟樹爲浮橋，陣山岡，超分中、後、左、右四隊齊進，寇搖旗迎拒，戰一時許，大敗，馘八千餘人。

八月，克安慶城，城外四僞王竄集賢關。安慶既復，東南之勢益促。水軍進克池州，乘勝下剿，復銅陵縣。時僞右軍劉官才方盤踞池州，與安慶相犄角。內則堅守石埭、太平，阻徽師進兵之路；外則上犯德、建、鄱陽，爲江省北邊之患。今與安慶相繼而下，皖南軍勢益張。國荃與多隆阿會議，以桐城爲七省要道、安慶咽喉，寇死守待援；玉成尙擁衆數萬，徘徊於集賢關內外，謀與桐城合併。乃會軍進擊，玉成、輔淸皆大敗，越山而逸，遂復其城。宿松、黃梅、蘄州、廣濟相繼下。多隆阿進屯蘄州曹家渡，扼下游敗寇，以絕黃州寇援。李續燾等會同水師進攻黃州，寇築壘浚壕以抗我軍。蔣凝學令投誠劉維楨服寇衣，僞爲援衆；復造玉成僞文，誘寇出，而設伏以待，寇果出，爲我軍所殲，立復黃州。

時秀成竄出豐城，踞白馬寨，遣黨攻撫州。鮑超馳至，撫圍立解。寇走貴谿，得廣東新寇，合大衆據湖防河口，勢甚洶湧。超分五路應之，蹋毀七十餘壘，進復鉛山。國藩移駐安慶省城。初，侍賢攻嚴州，兩月不能下，乃於烏石、方門二灘連環築壘，逼近外壕。城內糧盡援絕，副將羅大春受重傷，率將士突北門出，城遂陷。秀成自桐廬、新城進陷餘杭。寇之竄貴谿者，聞鮑超自撫州至，豫遁走。初，閩寇三起，與花旗廣匪先後由建昌竄至廣信，與秀成併爲一路。鮑超會屈蟠大破廣信寇壘，立解城圍。秀成敗走鉛山，築七壘，與城寇相守禦。超踵至，悉覆其壘，渡河攻城，克之。秀成竄園廣豐，不克，分竄玉山，築壘十餘，復爲道員王德榜所破。

秀成全股悉自江西竄犯浙境，一由玉山陷常山，一由廣豐犯江山，龍游踞寇同時出擾，衢州危迫。是月知府張詩華克復瀘谿、興安各城。福建援軍張啓煊擊寇浦江，失利，陷之。寇直犯五指山，金華大股踵至，米興朝等迎擊失利。義烏、東陽相繼不守。啓煊退守諸暨辟水嶺，寇至再潰。九月，寇陷處州。

大軍之破安慶也，無爲州寇馬玉棠妻子居安慶，曾國荃生致之，密諭玉棠獻無爲城。無爲居皖北形勢，控金陵，引蕪湖，爲寇必爭之路。附近泥汊口、神塘河諸處，石壘星列，以阻我軍。曾國荃會同水師抵泥汊口，壘高難仰攻，乃令築寨安營，而自率勁旅迅赴楊家橋、鳳凰頸，決隄斷寇歸路。寇大恐，遁入城。越日，攻神塘河，寇亦遁歸，乘勝直抵城下。至是玉棠事洩，僞頂王朱王陰幽之。玉棠黨舉兵攻王陰，我軍乘之，寇大潰。斃僞豫侯、丞相等，城立復。

秀成由臨浦陷蕭山，再由蕭山塘路竄杭州，陷諸暨、紹興府城，分竄新昌、嵊縣。上虞、餘姚均先後失守。國荃連破運漕鎮及東關鎮，鎮在無爲、含山之界，外瀕大江，內連巢湖，寇糧皆屯於此，上濟安慶、廬州，下輸金陵，爲南北鎖鑰。僞巨王洪某率衆五六千，並礮船數十，守之。寇失此益膽落。

十月，楚軍克復隨州。湖北自黃州、德安復後，惟隨州以孫捻援應，擾及襄陽，憑堅死抗。官文擊退豫捻，復用降將劉維楨取黃州計，誘寇出城敗之，克復州城。多隆阿收舒城、廬江，李續宜部將蔣凝學屯六安、霍山，宗棠屯婺源，張運蘭等屯徽州，李元度新軍出廣信，寇悉赴浙江，而皖南寇聚保廬州。宗棠議大舉援浙，浙寇猖獗，全省糜爛，逼近省垣。

上命曾國藩管轄江蘇、安徽、江西、浙江軍務。秀全見各省攻討嚴劇，迭克名城，金陵唾手可下，乃大懼，令秀成、侍賢分途竄擾，分我兵力。秀成竄浙江，疊陷各郡邑，直至餘杭，浙省戒嚴。寇從塘路抵杭州，撲武林門外賣魚橋，踞我營卡。寇隊尋大至，運糧道阻。提督張玉良來援，與城軍夾守。寇乃自海潮寺至鳳凰山，環木柵實土其中為堅壁，使城外隔絕，日以槍礮轟城。玉良攻木柵，中礮死。內外兵益懼，而城中久乏糧，人多餓死。自蕭山、諸暨等城陷後，援兵路絕。寇尋陷奉化、台州，十一月，由慈谿犯陷鎮海。台州寇分股陷黃巖、寧波，會同輔清由浙江嚴州遂安踰嶺回竄徽州，復蔓延衢屬開化，其謀在深入江、皖腹地，阻我援浙之師。

宗棠於廣德奉督辦浙江軍務之命，以寇圍徽郡，當入浙後路，遣軍至婺源，會防軍援剿。輔清大舉分犯徽州、休寧，兩敗於屯谿、篁墩，遂趨南路，逕逼嚴郡；而秀成已陷杭州，滿城亦相繼失守。輔清率寧國寇圍攻徽州、休寧兩城，僞成天安竄休寧之屯谿，尋又竄篁墩。十二月，總兵張運桂堅守徽城待援，乘間出擊破寇壘。寇復踞屯谿、市街、潛口一帶，以絕徽軍糧道。國藩調總兵朱品隆馳赴休寧，與唐義訓先破屯谿街口寇卡，毀河邊四壘，進平石橋、潛口寇巢，尋派軍護糧赴徽。寇由萬安街分股包抄，我軍奮擊之，寇不敢逼。張運桂以嚴市街爲寇踞，糧道梗阻，與休寧軍會商兜勦，燬寇十餘壘，輔清受傷。值除夕大雪，寇掠無所得，悉遁去，圍立解。

是月提督李世忠克復天長、六合。寇自八年踞六合，屢攻不下。黄雅冬思反正，潛約世忠先削其外壘，而己爲内應。世忠自滁州至六合，遂大破寇壘，斬馮愳林，直造城下。黄雅冬倒戈，縱火拔關，我軍擁入城，擒斬衝天福林國安、頂天燕江玉城、攀天福魏正福五十餘人，皆悍黨也。詔黄雅冬更名朝棟。世忠以黄朝棟密約天長寇陳世明爲内應，朝棟所部未盡薙髮，詐爲援寇進城下，世明拔關納軍，遂克之。

是歲汀州寇竄陷連城，分竄上杭。江西寇復闌入武平境，時寇謀分股：一圖窺龍、巖，一由清流、寧化擾延平、邵武。總督慶端以延平爲全省關鍵，馳往駐紥；克連城，進攻汀州，創洪容海，克之。而江西續竄武平之寇，亦爲副將林文察等擊敗。國藩疏請飭慶端嚴守浦城，俾寇不得由閩境竄江西。

同治元年正月，是時浙、蘇兩省膏腴盡爲寇有，全浙所存，尚有湖州、海寧兩城，又孤懸賊中，獨衢州一府尙可圖存。國藩疏薦福建延邵建寧道李鴻章署理江蘇巡撫，別立一軍，由滬圖蘇；以圍攻金陵屬曾國荃，以浙事屬左宗棠。於是東南寇勢日就衰熄。世忠攻江浦，約劉元成、單玉功爲內應，殺僞報王、僞宗王、操天福等七十餘名，立復江浦；至浦口，復克其城。自江、浙兩省寇糾衆數十萬，併力東犯，連陷奉賢、南滙、川沙等廳縣，烽火徧浦東，逼上海。各隘防軍遇寇輒潰走。寇旣爲法船所擊退，踞天馬山陳防橋，復爲李恆嵩所破，敗入青浦城中。其浦東大股踞高橋，欲斷我要隘。美人華爾、白齊文撲寇巢，毀其壁，進攻浦東、浦南，大破之。尋嘉定、青浦寇進逼七寶，以窺上海圍防軍郭太平營。薛煥督軍解其圍，甫還軍，寇復大至。

李鴻章率湘淮軍援江蘇，營上海城南。黃翼升統水師相繼至。宗棠出嶺攻開化，楊輔清糾衆踞張邨、銀坑、石佛嶺，窺伺衢州，連戰走之，陣斬藍以道，開化肅清。九洑洲寇竄江浦、浦口、和州，分黨犯橋林。二月，嘉善、平湖寇水陸犯金山、洙涇，七日，陷之。松江、上海俱震。東梁山僞愛王黃崇發、西梁山僞親王某、裕谿口僞善王陳觀意糾合雍家鎭寇，分股上竄五顯廟、水家邨、湯家溝，水師李成謀登岸破之，斬黃崇發。初，宗棠旣克開化，進軍常山璞石，偵李侍賢嗾壽昌蘭谿寇糾遂安恭天義賴連繡犯開化馬金，謀長圍困我。宗棠回攻遂安，乘援寇未集，先剿克之。

三月，李元度敗寇於江山碗窯，再敗小青湖援寇。江山賊進陷峽口閩軍曾元福壘，踞之，連營數十里。宗棠自常山遣軍進剿。林文察之克遂昌也，寇併聚松陽，蔓延雲和、景寧，尋以次擊退，進規處州，破寇松陽平港頭寇壘，寇奔處州碧湖。上年國藩檄鮑超平青陽城外寇壘，作長圍困之。僞奉王古隆賢潛糾浙江死黨三萬餘人進撲銅陵，分我軍勢。超率援軍盡掃橫塘等處百餘卡三十六壘。古隆賢偵知大軍北出，陰統涇、太悍寇築九壘於青陽猪婆店阻我師，以通糧道。適超凱旋，進逼青陽，克之。

國荃既募湘勇回安慶，國藩飭令攻取巢縣、含山、和州、西梁山等處，以爲欲制寇死命，先自巢始，遂進屯縣城東北。劉連捷等赴望山岡以扼南路，寇乘我壘未定來犯，拒敗之。初，寇踞江岸以北，上援廬州，下衞江寧，分布堅城，拒守要塞，通上下之氣，杜我進兵要路。至是攻破巢縣銅城閘、雍家鎭，旋收巢縣，復含山，再會水師大破裕溪口寇屯。

寇之踞金陵也，以全力扼東西梁山，兩山對峙，大江至此一束，水急流洄，視小孤山尤爲形勝。國荃以此關爲金陵鎖鑰，循江上逼西梁山而陣。寇走江州，水陸爭起搏擊，遂克之。自是金陵重鎭已失其半。僞匡王賴文鴻竄繁昌縣，糾約踞寇撲我三山峽營。曾貞幹乘寇未逼，督軍分道馳剿，寇大亂，殪其渠吳大嘴，遂克繁昌。蕪湖援寇潛屯魯港以圖抗拒，貞幹會同水師奪其船百餘艘，夷三壘十餘卡，餘悉遁蕪湖；貞幹督各軍馳抵南陵，立復其城。鮑超既克青陽，議先取石埭、太平以固徽州之防，繼取涇縣以達寧國之路；乃分軍五路，由龍口直抵石埭，寇矢石交下，總兵婁雲慶從西、北二門攻入，立復縣城。寇大懼，糾集南陵援寇大至，屯甘棠鎮阻我師。我軍分三路進擊，破十七壘，遂復太平，擒斬僞主將徐國華等三十七人。先是超攻青陽時，有僞佐將張遇春率衆萬餘乞降，超納之，令暫屯景德三谿。至是太平賊寇將北走，張遇春驟起殲之。超回軍挾之，進攻涇縣，復其城，遂東渡清弋江，進規寧國。

李侍賢自陷常山，與龍游寇同撲衢州，總兵李定泰等敗之，復常山，解衢州之圍。宗棠馳至常山，攻克招賢關，以通衢州糧道。其撲江山之寇，檄李元度會攻石門花園港寇巢，毁十四壘，寇勢不支，乘夜向台州潛遁。是時楊輔清由淳化犯遂安，宗棠自常山進屯開化圖之，尋遣劉典進攻遂安；輔清退走淳安、昌化，竄皖南犯寧國。四月，儀徵寇敗後，竄擾沙漫洲等處，水師擊走之，揚境肅清。浙軍會民團克復台州仙居、黃巖、太平、寧海，縉雲、樂清、慈谿等縣，擒斬延天義李元徠，僞王李洪藻、李遇茂，僞主將李尙揚。尋進克寧波府鎮海、青田二縣。台、處寇上竄溫州，踞太平嶺及任橋、瞿谿，尋分竄瑞安，張啓煊營陷，退守縣城。楚皖軍會克廬州，秀成竄擾蘇、常，玉成則盤踞皖、楚之交。

自大軍克復安慶，玉成率黨自石牌而上，調宿松、黃梅之寇同至野雞河，欲赴湖北德安、襄陽招集其黨，羣酋不從，乘夜由六安走廬州，衆漸攜貳。秀全復督責甚切，玉成懼，力守廬州不敢走，皖、楚諸軍困之，日盼外援。而潁郡解圍後，僞扶王陳得才西竄，僞天將馬融和隨張洛行遠遁，外援遂絕。多隆阿與皖軍張得勝設伏誘賊出戰，兩軍合擊，寇大敗，遂克府城，誅僞官二百十三名。玉成奔壽州，尚有死黨二千，以苗沛霖陰受僞封，往乞援；沛霖縛之，獻潁州勝保大營，並擒僞導王陳士才、僞從王陳德、僞統天義陳聚成、僞天軍主將向士才、僞虔天義陳安成、僞禱天義梁顯新，及親隨僞官二十餘，並正法。秀成聞玉成死，頓足歎曰：「吾無助矣！」玉成兇狠亞楊秀清，而戰略尤過之，軍中號「四眼狗」。自玉成伏誅，楚、皖稍得息肩，而金陵勢益孤矣。

民團克寧海、象山、奉化。李世忠大破寇於六合八步橋，寇竄滁州來安，又大敗。寇勢大餒。華爾等克柘林，謀搗金山衞。知府李慶琛攻太倉，秀成率僞聽王陳炳文、僞納王郜雲官來援，逼青浦。李恆嵩失利，退走塘橋。嘉定、寶山皆震。寇別隊由婁塘攻陷嘉定，英、法二提督及我軍突圍走上海。鴻章飭軍駐法華鎮，扼滬西，寇遂踰青浦，逕逼松江。秀全自竄踞金陵，以東西梁山爲鎖鑰，以蕪湖爲屏蔽，而尤以金柱關爲關鍵。自國荃破太平府，彭玉麟破金柱關，黃翼升往襲東梁山一戰而下，貞幹循江進克蕪湖，提督王明山等復攻破烈山石壘，未逾三日，上下要隘悉爲我有。從此上而寧國，下而江寧，寇均失所恃矣。江北國荃進軍江寧鎭，屯板橋，潛襲秣陵關，進破大勝關、三汊河，直抵雨花臺軍焉。江北浦口、六合敗寇悉聚江邊，李世忠殲之，渡還九洑洲。江北肅清。五月，僞什天安吳建瀛統衆聚南滙，與淋天福劉二林屢爲秀成養子所淩，至是來降，我軍整隊入城。秀成養子方踞金山衞，來犯，復糾川沙寇回撲，復爲我軍所敗，直逼川沙。寇由海塘竄出，遂復川沙，進攻松江。寇逼泗涇，防軍游擊林叢文敗退北門。華爾由青浦回援，鴻章令程學啓扼虹橋，分靑浦、松江後路。寇陷湖州，福建糧儲道趙景賢拔刀自刎，賊奪之，囚一年餘，秀成禮待之極厚，終日駡不絕口，譚紹光舉槍一擊而殞。

初，寇圍逼松江，鴻章以松江扼靑浦東、西之中，爲最要地，自赴新橋，令程學啓時出兵綴寇。寇初營西門妙嚴寺土城，華爾以礮毁之。寇復攖據之，增築礮臺，環合四門。常勝軍戰寇竇福濱，城軍乘夜分門出擊，寇竄遁。乃簡精卒破天馬山寇營，突入靑浦，盡焚輜重。寇死戰，併力守松江。其分屯廣福林及泗涇之寇，鴻章進擊敗之。寇遁入營，斷橋以拒。劉銘傳等克奉賢，陳炳文、郜雲官等率衆數萬圍新橋程學啓營，塡壕拔鹿角，學啓不及以槍礮禦，擲磚石擊之，寇藉屍登壕，學啓開壁突擊，寇始卻，而分股踰新橋逼上海。鴻章將七營往援，大破之，追至新橋，學啓大呼夾擊，寇解圍遁。陳炳文、郜雲官皆負傷竄走。

進軍泗涇，寇大潰，盡燒其壘。廣福林、塘橋寇亦退。上海、松江俱解嚴。自是初，李世忠遣軍自六合通江集南渡，連破石埠橋、龍潭、東陽寇壘，寇悉遁句容。九洑洲寇外援盡絕。秀全遣江寧寇大攻石埠橋會玉梁壘，世忠遣義子李顯發往援，入壘會守。陳坤書自句容進攻龍潭、東陽諸壘，守軍黃國棟等退併石埠，而寇攻益急，顯發會水師力戰，盡平其壘，解石埠圍。時李秀成自松、滬敗還，謀連合杭、湖寇衆救援江寧。秀全遣悍黨二萬攻大營，國荃設伏敗之。連日宗棠督軍攻衢州，東、南、北三路寇壘皆盡。

初，秀全以大軍驟逼城下，日出撲犯，輒被創，趣浙酋李侍賢、蘇酋李秀成還救江寧，而宗棠攻衢州，與李侍賢相拒遂安、龍游間。鴻章新克松江廳縣，秀成奔命未遑，乃與諸黨議曰：「曾國荃兵力厚集於金陵，爲久困之計。我勢日蹙，不如先圍寧國、太平，斷其後路。我軍勢既振，敵乃可圖也。」秀全以久困，慮糧不繼，仍促其入援。秀成不得已，乃先遣悍黨數萬自蘇西援。時寧國餘寇竄併江寧，屯於淳化鎮者亦不下二萬餘。六月，宗棠自衢州進軍龍潭。侍賢自遂安敗後，復糾合金華及溫、處悍黨，分屯南岸湖鎮、羅埠，北岸蘭谿之永昌、太平、祝家堰、諸葛郕、孟塘、油埠、裘家堰。宗棠駐潭石望，距城十五里，遣畦金城會劉培元駐城西圭塘山，屈蟠、王德榜駐紫金旺，崔大光駐城北對河茶圩，劉典駐高橋。先是李侍賢偵我軍平衢州寇壘，將進軍龍游，糾黨潛趨蘭谿、嚴淳，乘虛襲遂安，爲就糧江、浙斷我餉道計。宗棠遣軍大破之，寇由壽昌退還金華。七月，我軍進敗龍游寇，毀蘭谿、油埠寇屯，陣斬僞駿天義鄧積士等。宣平、處州、餘姚、壽昌均以次收復。

是時楊輔清糾衆十餘萬竄踞寧國府城，復分黨屯聚團山、寒亭等處，阻我進兵之路。鮑超飭將卒撲寒亭，寇出巢猛拒，總兵宋國永橫躍入陣，伏起扼歸路，寇驚潰，平寒亭管家橋、楠家甸、獅子山寇館數十處，寇壘三十五座。僞衞王楊雄淸糾合餘衆遁回寧郡。輔清聞寒亭戰敗，卽糾黨繞城結壘，延三十餘里。鮑超進壁烏紗鋪，飭婁雲慶設伏望城岡，以輕兵誘寇。寇以我兵寡，直壓山岡而下，我軍張兩翼却之。寇見旗幟遍山谷，誤爲援寇，反鬬中伏，我軍復斷其後，斃無算。望城岡及抱龍岡十數邨皆平。寇復陰結別股築壘堅拒，鮑超率各軍逼壘而營。各僞王出大隊於南、北兩門夾攻，鮑超分軍進搏，寇敗走浮橋，我軍焚橋截殺，無得脫者。寇復收餘燼，再戰再敗，輔清單騎脫走。立收寧國府、縣二城。初，輔清聞超軍至，數遣使乞援於江寧，秀全遣僞保王洪容海率悍寇赴之，容海者石達開死黨也，旣至，懾超威，乞降，超許之，而郡城已克。容海奔廣德，襲獻州城，率衆六萬就撫，復本姓童。

江寧援寇大舉犯壘，分二十餘隊牽掣各軍，而以銳卒突雨花臺。國荃拔卡縱擊，大破之，解圍去。潘鼎新等會克金山衞城，地界江、浙，爲浦東門戶，至是一律肅淸。是月鴻章督諸軍會攻青浦，克其城。譚紹光方踞湖州，聞青浦已失，恐官軍躡其後，乃合嘉、湖、蘇、崑寇犯松、滬西北，進窺青浦，學啓會水師擊却之。寇攻北簳山壘不獲逞，遂東趨攻北新涇，北新涇爲上海西路之蔽，防軍大戰却之。寇分竄法華，逼上海。鴻章調諸軍自金山衞、青浦、松陵回援，悍寇二萬圍官軍，學啓戰逾時，寇大潰。北新涇之寇憑河據壘，伏左右以待我軍。鴻章親督陣，與學啓軍合，盡毁寇營，紹光遁嘉定。上海危而復安。

八月，寇陷慈谿，華爾復之，受創，尋卒。嵊縣、新昌寇陷奉化。閏八月，奉化寇窺寧波，宗棠飭蔣益澧等進平蘭谿裘家堰寇壘，斃僞元天福萬興仁、僞逵天福劉茂林等。羅埠踞寇僞戎天義李世祥乞降，益澧攻羅埠，世祥應之，破五壘。湖鎭寇聞之遁，我軍渡河破五星街。此皆龍游、湯谿要衝也。益澧屢攻湯谿不下，軍多死傷。宗棠進營新涼亭，逼龍游城五里，飭益澧由羅埠進攻湯谿。劉典屯扼油埠、湖鎭，以堵蘭谿、金華援寇。

九月，鴻章會常勝軍攻嘉定，克之。紹光及僞聽王陳炳文復糾援寇十餘萬，分道自太倉、崑山來犯，北由蟠龍鎭至四江口，圖據黃渡以當青浦；南由安亭至方泰鎭，圖入南翔。尋我軍卻寇南翔，寇乃於三江口、四江口立左右大寨，設浮橋潛渡，困我水師；而青浦西北洋新涇、趙屯橋、白鶴江寇益蔓延，擾及重固鎭張堰，距青浦十餘里。黃翼升率水師自青浦出衙敵舟，寇扼白鶴江不得進，別隊犯黃渡，李鶴章會擊敗之。時四江口久被圍，紹光屯吳淞江口，炳文踞南岸。鴻章督諸軍至黃渡，分三路進擊，自辰至未，屢衝不動。鴻章督戰益急，諸軍踰壕直逼寇營，學啓礮傷胸，復裹創疾戰，寇由南岸潰而北。四江營守將皆衝圍而出，寇退崑山。我軍毀其浮橋石卡殆盡，斃數萬，夷壘二百座。寇自是不復窺松、滬，悉力堅守崑山、太倉，尤爲蘇州門戶，寇所必爭者也。

寧國再陷，寇復由句容進薄鎭江，壁湯岡。馮子材督軍破湯岡九壘，寇歸青山老巢，乘勝拔之，竄還句容。初，僞護王陳坤書糾衆四五萬圖犯金柱關，彭玉麟禦之花津，五戰皆捷。尋寇以戰艦數百從東壩拖出，我軍毀其浮橋，寇乃不敢渡河。至是悍寇結筏偸渡，屢逼金柱關，我軍水陸大舉，敗之花山。寇遁上駟坡，而水師已先毀浮橋，寇回戈轉鬬，諸軍合擊，殲萬餘。其窯頭等處尙延袤百餘里，我軍環攻，焚其壘。花津、淸山、象山、采石磯諸寇巢悉數平毀。自是蕪湖、金柱關六十里之間寇蹤以絕。

時大營軍士患疫方稍止，秀成親率十三僞王，號稱六十萬，麕集金陵，東自方山，西至板橋鎭，旗幟林立，直逼我軍營壘，尤趨重於東西兩隅。曾貞幹等擊敗之小河邊城寇援，寇尋由東西兩路進攻，分黨趨洲上，抄出猛字等營後，我軍分路擊退之。寇之圍逼西路者，歷六晝夜，爲我軍擊敗。寇悉向東路，逼營而陣，潛通地道，百計環攻。各軍將士負牆露立，擲火球擊寇。寇負板蛇行而進，塡壕欲上。我軍叢矛擊刺，寇拽尸復進，抵死不退。飛彈傷國荃頰，血流交頤，仍裹創上壕守禦。侍賢自浙東來援，急攻吉後營礮臺。國荃引軍馳救，寇來益衆，用箱匱實土排砌壕間，暗鑿地道。我軍以火箭攢射，隨出銳卒擊之，賊鋒稍挫，遂毀西路寇壘。東路之寇環逼不已，嘉字、吉後兩營地道轟發，寇擁入塌口，我軍分路衝出決戰，塌口以內之寇誅戮無遺。壕外寇復舉旗督戰，各營同出抄殺，寇精銳悉挫折。復於東路別開地道，西路決江水淹絕運糧之路。貞幹在高坡增築小營，令水師駐雙牐護餉道。我軍凡破寇地道五處，寇計益窮。國荃乘勢進拔十餘卡，破東路四壘，西南諸壘望風驚潰，追至南路牛首山一帶，平壘數十座，搜剿至方山之西。雨花臺守衆句結城寇絕我軍歸路，我軍左右盪決，寇分路而遁，重圍始解。是役也，秀成自蘇，侍賢自浙，先後圍攻大營四十六晝夜。國荃率諸將居圍中，設奇破之，弟貞幹力顧餉道，將士獰目髹面，皮肉幾盡。

大營解圍後，秀成仍屯秣陵關、六郎橋一帶。侍賢謂秀成曰：「今江北方空虛，出其不料，馳攻揚州、六合，括其糧以濟軍；復分兵攻國藩於安慶，彼必分軍馳救。我今屯秣陵、溧水之師，乘虛擊之，鮮不濟矣。」秀成納之，別遣僞納王郜永寬、僞對王洪元春等自九洑洲渡江，竄越江浦、浦口者五六萬。洪元春陷巢縣、含山、和州，遂踞運漕鎮、銅城牐、東關各隘，知無爲州米足兵單，徑撲州城。提督蕭慶衍攻運漕、銅城，會彭玉麟水師焚毀三石卡，進破運漕鎭，連覆陶家嘴、崑山岡寇壘，繞出銅城牐後。牐口寇衝圍而出，岡東、牐西寇皆遁走。國荃遣軍守東西梁山顧江隘，令李昭慶帶五營自蕪湖北渡援無爲，以保皖南各軍運道。國藩調李續宜、毛有銘移防廬州。賴文鴻、古隆賢等自廣德、寧國竄入旌德，總兵朱品隆敗之，解圍去。其攻涇縣之寇，亦被援軍擊退。先是昌化寇率衆數萬竄入績溪，冀絶旌德防軍糧路。唐義訓會浙軍克之。

十月，我軍連復上虞、嵊縣、新昌。宗棠屢攻龍游、湯谿、蘭谿、嚴州諸處，破壘卡三十餘，惟附城諸壘不可破。寇以死守城，穴牆開礮，軍士多傷亡。龍游、湯谿兩城爲金華要道，必兩城下，後路清，而後可攻金華。蘭谿一水直達嚴州，必蘭谿下，餉道通，而後可收嚴郡。此三城者，所謂如骨之梗在喉也。十一月，寇竄太平、黟縣，進陷祁門，將窺伺江西饒州、景德。宗棠恐阻糧路，檄軍助剿，未至而祁門已克。魏喻義攻嚴州，嚴州形勢，外通懷寧，內達杭州。宗棠援浙，謀首下嚴州，而寇在三衢，圖犯江西，斷我餉道。乃先清衢郡，飭劉典攻蘭谿以分寇勢，踞寇僞朝將譚富與蘭谿譚星爲兄弟，互相首尾。喻義屯銅關，據險設卡。譚富糾桐廬、浦江諸寇屢來犯，喻義伏兵鐘嶺脚，殲寇前鋒，寇驚還，閉城固守。是夜我軍梯城而入，殲寇萬餘，立克府城，焚船三百餘艘，獲僞印二百九十三顆，餘棄械投誠。

是時紹興僞首王范汝增、僞戴王黃呈忠、僞梯王練業紳率大股由諸暨、東陽、義烏、永康西竄金華，號稱十萬，以援湯谿、龍游。分黨竄武義，林文察敗之。丹陽、句容寇竄鎭江，馮子材督軍大破於丁郇、薛郇諸處。寇踞常熟、昭文二縣以窺江北。距城十八里有福山者，爲江南重鎭，與江北狼山鎭對峙，由江入海之鎖鑰也。二縣守寇錢桂仁、駱國忠、董正勤與太倉酋錢壽仁密通款我軍，李鶴年攻城，寇約內應。國忠夜飲桂仁酒，就座斫殺僞馮天安錢嘉仁、僞逮天福姚得時，以城降。明日，會水師周興隆破平福山澥，白、徐六涇諸海口寇壘，進規太倉，而蘇州內應事泄。譚永光悉衆爭常熟，招江陰、無錫寇六七萬來會，又令楊舍寇乘隙陷福山。官軍固守常、昭。

十二月，寇圍而攻之，團勇潰。周興隆告急，鴻章遣援，而江陰楊厙寇已竄福山各口阻援師；遣常勝軍及水師攻福山口河西寇壘不下。寇攻常熟急，西北門營壘已失，常勝軍阻寇福山不得達。李鶴年攻太倉，寇援甚衆，亦難驟進。鴻章增調浦東軍由海道繞赴福山，會師援剿。鶴年等自望仙橋進攻太倉，敗之。時蔣益澧攻湯谿不下，劉璈會攻蘭谿寇壘亦失利，劉典合水陸進攻，寇堅伏不出。龍游、湯谿援寇適大至，乘間西趨擾江、皖，益澧等迎擊湯谿援寇於金華白龍橋，大創之。僞扶王陳得才、僞端王藍成春、僞增王賴文光、僞顧王梁成富、僞主將馬融初，皆陳玉成悍黨也。玉成命北犯牽掣官軍，而得才見廬州被圍急，欲南援，爲防軍所扼，奔竄於河南、湖北、山、陝之間，與諸捻合，遂成流寇。

二年正月，秀成調集常州、丹陽諸寇屯江寧下關、中關，號二十萬，自九洑洲陸續渡江，意欲假道皖北，竄擾鄂疆，截斷江、皖各軍運道，圖解江寧之困，蓋近攻不如取遠勢也。既渡江，陷浦口，李世忠退入江浦。僞匡王賴文鴻、僞奉王古隆賢、僞襄王劉官方糾合花旗廣寇數萬圍涇縣。鮑超自寧國馳援，誘之入伏，寇敗還壘，而壘已爲我軍所焚，寇大奔，立解城圍。及還軍，而西河寇乘虛犯壘，見超幟，倉皇遁去。蔣益澧、康國器克湯谿，金華寇恃湯谿、龍游、蘭谿三城爲犄角，我軍攻湯谿，寇勢漸蹙。僞朝將彭禹蘭詣營乞降，益澧令內應，誘誅僞天將李尚揚等八名。是夜彭禹蘭啓西門納軍，殺九千餘，城寇遂盡。僞戴王黃呈忠、僞首王范汝增、僞梯王練業紳自白龍橋退奔金華，龍游寇聞風而遁，左宗棠收之，劉典收蘭谿，高連陞等收金華，而武義、永康、東陽、義烏、浦江皆相繼收復。

浙東敗寇從於潛、昌化越叢山關，竄皖南績溪，復踰箬嶺，歸旌德，幷句容、太平大股麕集石埭，謀西上。建德大震，江西饒州、九江邊亦急。劉典等克諸暨，譚星自浦江敗後，竄踞桐廬，宗棠飭劉培元會水軍合擊之，遏其西趨。蔣益澧乘勢進攻紹興，提督葉炳忠會英、法軍克之。敗寇萬餘，與桐廬踞寇沿江築壘抗拒，我軍水陸合攻，遂復桐廬。蕭山寇亦竄走，浙東肅清。

左宗棠遣益澧進攻杭州。先是楊輔清糾合羣黨，嘯聚西河、紅楊樹、麒麟山一帶，十餘萬人，以一大股抄出高祖山，先以一小隊繞過山背，揚言上犯涇縣，實欲圖鮑超老營。二月，寇分三四萬衆圍高祖山八營，鮑超分軍三路，伏兵茯苓山傍以斷其後。戰逾時，寇譁亂奔，近茯苓山，伏起，寇駭懼，遂平高嶺、周家橋、馬家園、小淮窯諸壘。寇之由河西遁入灣沚者，爲水師擊敗，併入梅嶺、麒麟山。鮑超遣將分攻之，積屍若阜，並收復仰賢圩各處，餘分道竄逸。僞懷王周逆等糾衆竄至句容城外，會合丹陽僞效天義陳畲，圖由九洑洲北渡。馮子材扼橋據險，分隊進攻，直趨牧馬口，沿邨十餘里敵卡林立，官軍直突，屹不稍動。守備李耀光陣斬執旗寇，搗中堅，官軍無不以一當百，立燬牧馬口敵卡。東湖寇亦敗潰，進毀南路柏林邨老巢，斬陳畲馬下，卽四眼狗玉成之叔也，寇駭奔，向西南竄走。

皖西寇犯休寧，分掠建德，西侵江西鄱陽、彭澤，東擾池州，圍青陽，續由江浦縣新河口迤邐西竄巢、含、全椒之間。南岸則金柱關，時踞皖南寇約有三起：一爲胡、黃、古、賴諸寇，卽踞寧國、太平、石埭、旌德者也；一爲花旗，此廣東匪，前由廣東、湖南、江西入浙、皖者也；一爲譚星，卽蘭谿抗官軍者也。徽防諸軍紛紛告警。當曾國藩之視師東下也，寇攻常熟益急，譚紹光又益以礮船二百艘，突地攻城，降將駱國忠悉力扼守。鴻章遣軍攻太倉、崑山分寇勢，別遣英將戈登助剿福山，會潘鼎新等水陸軍奪石城，夜毀城壘，翌日寇入西山，而福山火起，乃開門悉銳出擊，寇盡潰，擒斬悍酋孝天義朱衣點。常熟、昭文城圍立解。太平踞寇圖祁門。江西軍王沐敗寇於徽州屯谿。草市寇再敗於嚴寺街、長林、潛口等處，死近萬人，退奔休寧、藍田一帶，西通漁亭。未幾，寇復進踞潛口，祁門防軍禦之黟縣漁亭，大破之，陣斬僞天將劉官福。

寇之初起也，禁令嚴明，聽民耕種，故取江南數郡之糧出金柱關，江北數郡之糧出裕谿口，並輸江寧。今耕者廢業，煙火斷絕，寇行無人之境，而安慶、蕪湖、廬州、寧國、東西梁山、金柱關、裕谿口，暨浙之金華、紹興，山川筋絡必爭之地，寇悉喪失，我軍足制其死命。昔年寇之所至，築壘如城，掘濠如川，近乃日近草率，羣酋受封至九十餘王之多，各爭雄長，敗不相救，識者知其亡無日矣。

寇復由寧國繞出青陽，分擾建德、東流。三月，由東流犯江西彭澤，進逼祁門；由建德窺饒州，犯梅林營壘。劉典督軍敗之，遂大破潛口寇屯。徽州、休寧解嚴。乃赴漁亭，會克黟縣，斬僞絢天義古文佑。追寇出嶺外，平寇壘二十餘，嶺內一律肅清。太倉踞寇僞會王蔡元隆詐降郊迎，我軍至城下，伏起，槍傷李鶴章，程學啓毆軍而退。鴻章檄戈登會攻太倉，克之。黃文金合許家山各處寇十餘萬，由祁門進逼，與參將韓進春血戰四時，陣斬僞孝王胡鼎文，羣寇奪氣。

寇攻廬州，犯舒城。李秀成將由舒城、六安上竄，一出黃州，一出漢口，擾犯湖北，掣我南岸之師以援北岸，掣我下游之師以援上游，皆為解金陵圍計也。湖北為數省樞紐，曾國藩調成大吉回屯灄口，檄水師赴武漢嚴防。秀成來犯石澗埠，進逼我軍，晝夜猛攻，相持不下。寇復於前營增百壘，層層合圍。彭玉麟派隊來援，會軍夾擊，盡平羣壘，秀成遁走。其犯廬江、舒城者悉敗走。悍寇馬融和自豫間道犯桐城，我軍敗之三里街，遁往孔城，與秀成合而為一。秀成遣偽富天豫張承得等圍六安，敗死，六安者淮南要衝也。餘寇走廬州，鮑超追擊，會攻巢縣，先破東關、銅城牐二隘，遂克其城。金山、和州相繼皆下。

李侍賢自金陵敗遁，糾悍黨數萬屢犯金柱關。花津、上駟渡、萬頃湖、涂家渡及燕子磯、伏龍橋、護駕墩、灣沚、黃池諸處寇壘，皆為我軍所覆。自是寇不敢輕渡西岸，遁溧水、丹陽一帶。四月，水師楊政謨襲破杭州閘口寇船，登岸進毀望江門寇壘，寇大震，急招新城寇還救。蔣益澧進攻富陽，富陽一城為杭州上游關鍵，賊嚴防禦，船壘相輔。杭州援寇屯新橋，與城寇相為犄角。秀成令陳炳文等舍蘇州、常、昭，急援富陽，並糾蘇、常、嘉興悍黨由餘杭趨臨安，竄新城，擾富陽軍後路。魏喻義等督兵進擊，寇復乘霧分道攻撲新城，大敗，向臨安遁走。偽慕王譚紹光、偽來王陸順德等率大股犯太倉雙鳳鎮，攻崑山後路，圖解城圍。我軍鏖戰三晝夜，破之。偽天將夏天義率悍黨數萬久踞崑山、新陽縣城，鴻章督率程學啓、戈登會水師大破崑山寇壘二十四，斃萬餘。有正義鎭者，爲蘇城援崑山必由之路，學啓攻之，破石壘二。寇見歸路已斷，奪路狂奔，遂進克同城崑山新陽。王沐自黟縣回援景德，寇敗於陳家畈、包家塅，竄安寧嶺外。

時江寧攻圍久，百計欲解城圍，旣分股由徽、寧窺伺江西，由含、和一帶圖犯湖北，而由湖北下竄之捻，自蘄水分爲四枝，一回竄黃州，一撲宿松，越潛、太，以撲廬、桐。寇、捻句合，兇燄甚張。此皆李秀成所規畫也。我軍克復福山後，江陰縣屬揚厙汛爲江邊險要，寇糾衆死守，以蔽江陰。我軍水陸會攻，斬趙尙林等，立復汛城，而漍北、漍西、塘市屯寇均棄壘遁還無錫、常州。我軍克復建德，連復巢、含、和三城。於是皖北寇全遁，皖南寇勢亦衰。

初，秀成自六安敗後，率衆東竄，聲言回救蘇州。國荃急爭江寧老巢，攻其必救，使城下之寇不暇遠趨蘇郡，而北岸之寇亦不敢專注揚州；乃率軍分六路併進，潛襲雨花臺及聚寶南門石壘，肉薄登城，遂奪雨花臺，乘勝猛攻東、西、南各卡九壘，皆克之。羣寇潰奔，我軍追擊於長干橋，蹙入水者無數。未幾，城寇出，又敗退，斃六千餘，寇勢從此衰減。秀成在江北，聞雨花臺失，益惶懼，又以崑山新克，蘇州亦受逼，乃與諸僞王改圖南渡。於是天長、六合、來安次第解圍。而寇之分踞喬林小店者，冒雨掠舟，喧閫不絕。五月，浦口寇棄城遁走，而江浦寇忽獻書乞降，鮑超等察其詐，引軍急進，水師次江浦。寇聞風亦宵遁，九洑洲僞城踞寇閉門不納，寇駭竄蘆葦中，溺死者無算。江浦、浦口兩城寇，盡竄之入江，江北肅清。

曾國荃連日破平下關、草鞋峽、燕子磯，收寶金圩，距蕪湖、金柱關百里內已無寇蹤。進攻克九洑洲，寇之在中關者，附城爲壘，卒不稍動。其堅踞九洑洲者，下有列船，上有僞城，羣礮轟發不息；復於東、西、南三面分伏洋槍隊，伺間出擊，我軍多損傷。彭楚漢等負創角戰，乘風縱火，夜二鼓，撲牆而入，聚殲無一脫者。九洑洲既克，謀者謂浙軍攻富陽，滬軍攻蘇州，江寧亦宜速合圍，使備多力分。國藩亦主合圍制敵爲上策。秀成南渡後，連營於江陰、無錫數十里，聲言援江陰攻常熟。鴻章督諸軍攻破七十五壘，顧山以西寇皆盡。

寇自失九洑洲，下關江上接濟已斷，糧食漸乏，諜赴蘇州、嘉興，力圖接濟。秀全以城圍日逼，留秀成共守老巢，緩援蘇州。六月，秀全遣黨出儀鳳門犯鮑超營，出太平門犯劉連捷營，不克而退。七月，犯下關，亦爲我軍擊卻。八月，國荃攻印子山，破其石壘，陣斬僞佩王馮眞林。明日，破七橋甕石壘一、土壘三，僞梯王練茶發伏誅。國荃調江浦、浦口防軍，別募萬人，爲火舉圍城之計。是日程學啓會水師逼婁、葑，規取蘇州。

初，建德南竄寇敗於汪邨，僞匡王賴文鴻創而墮馬，羣寇銜之遁。越二日，復敗於分流木塔曹家渡，自是浮梁北路稍靖。先是黃文金糾合諸酋由皖入江，分擾鄱陽、浮梁、祁門、都昌境內，每爲我軍所扼，不得深入；乃折而西趨湖口，分三路：上路由文橋，中路由梧桐嶺，下路由太平關，而文橋寇勢最盛，文金親踞其中。尋自文橋撲犯堅山大營，江忠義會諸軍直前迎擊，破其七壘，文金竄皖南，江西肅清。

文金繞越池州圍青陽。八月，富陽寇與新橋寇互相犄角，抗我圍師。蔣益澧督諸軍日夜轟擊，先破寇援，毀倚城大壘及大小諸卡，城寇不支，逃入新橋，城立復。我軍復由雞籠山繞出新橋，併力追殺，寇壘悉數芟夷。江陰踞寇日久負嵎，我軍攻之，勢漸蹙。是月陳坤書及潮武齊區五大股衆十餘萬分道來援，亙數十里，西自江邊，東至山口，沿途紮木城十餘，其中營壘大小百餘，守禦堅固。我軍水陸分攻，郭松林潛自山後噪而入，縱橫衝突。銘傳直擣中堅，寇大潰。有內應者，夜三鼓，梯城而入。僞廣王李愷順墜水死，遂克其城。

秀成自江寧返蘇，謀解城圍，與程學啓、戈登戰蘇州寶帶橋，敗北，奔至盤門。我軍毀沿途諸卡，秀成率大股來爭，我軍力擊敗之。初，寇於婁門外附城築十九壘，學啓屯外跨塘，礮力不能及寇壘，乃移壁永安橋，城中出夷人百餘，發炸礮助之。未幾，寇分門大出，水陸軍力禦，寇敗退。學啓以寇壘既多且固，不得前；而城東南寶帶橋爲太湖鎖鑰，寇立石營一、土營三，悉力拒守，遂謀先破之以挫其勢。乃分水陸軍爲三路，先破土營，寇棄壘走，石營亦旋潰。秀成親率援師抵禦，學啓督軍卻之。我軍攻無錫賊，敗之芙蓉山。僞潮王黃子隆出拒，再敗走，刃及其肩，幾成擒；郭松林追及城下，破平西北兩城壘，燒寇船百餘艘。

蔣益澧既克富陽，移師杭州，康國器趨餘杭。僞歸王鄧光明、僞聽王陳炳文、僞享王劉酋及僞朝將汪海洋，於附城要隘築壘樹栅，自前倉橋、女兒橋、老人畈、東塘、西谿埠、觀音橋、三墩，直至武林門、北新關，橫至古蕩，連營四十餘里，以拒我軍。海洋自杭州上援餘杭，爲我軍擊敗。寇旋由前倉渡河，結壘西葛村，我軍再擊走之。我軍攻杭州江干十里街，破街口寇壘。我水陸軍大舉攻青陽。初，黃文金在都昌、湖口等處戰敗而東，遂略地池州，直薄青陽城外，近城半里，環築六十六壘；又數里，築七十餘壘。曾國藩調水陸軍進攻，江忠義督所部渡河，從山後緣巖而上，驟攻寇壘。寇糾衆抄我軍後路，忠義揮衆蕩決，寇敗若潮湧，平一百三十餘壘，殄萬餘，寇遁歸石埭一帶，城圍立解。

李侍賢、林紹璋等合股內犯，由無錫南門至坊前梅邨三十里；高橋大股亦分衆七八千人擾至西高山，出芙蓉山後；城寇出北門犯塘頭東亭。官軍分路迎剿，設伏誘擊，寇大亂，敗走，陸寇殲誅殆盡，奪寇船六十餘、民船五百餘。秀成自蘇州率僞納王郜雲官、僞來王陸順德、僞趨王黃章桂、僞祥王黃隆芸、僞紀王黃金愛來援，進逼大橋角營。夷酋白齊文以輪船大礮爲寇前驅，李鶴章以連珠噴筒破之。寇水陸皆敗，斃萬餘。別股犯緱山，亦敗走。秀成子及宿祥玉、黃隆芸皆溺死，秀成頓足大哭。程學啓再敗寇於齊、婁、葑三門，追至護城河邊始斂軍。

九月，杭州城寇大出，由鑾頭山、鳳凰山、九耀山、雷峯塔犯我軍新壘，蔣益澧督諸軍迎擊，大破之。我軍進壁天馬山、南屏山、翁家山。時杭寇凶狡者，以鄧光明、汪海洋爲最，陳炳文次之。其計以杭州爲老巢，以餘杭爲犄角，均賴嘉興、湖州之援，便資其接濟。嘉興入杭之路，則在餘杭，故我軍議先克餘杭，扼截嘉、湖之路，以並合圍。蔣益澧一軍逼紮鳳山、清波各門，扼其西面；餘杭一城已圍其東南，而北路無重兵，兩城之寇往來如故。

寇自大橋角戰敗，勢漸蹙。秀成糾無錫、溧陽、宜興賊八九萬、船千餘艘，泊運河口；而自率悍黨踞金匱縣后宅，連營互進。李鶴章謂寇以河爲固，不宜浪戰，宜結營制之。我軍疊敗坊前、梅村、安鎭、鴻山之寇，而寇之大股全集西路，志在保無錫以援蘇州。郎中潘增瑋進攻蠡口、黃埭之策，程學啓乃與戈登攻破蠡口，進擊黃埭，毀其四壘，擒斬僞天將萬國鎭。五龍橋者在寶帶橋西五里，由澹臺湖鲇魚口達太湖以通浙之要隘也。學啓率戈登會水師先後破寇六營。於是我軍紮永安橋而婁門路斷，紮寶帶橋而葑門路斷，克五龍橋而盤門、太湖之路又斷。寇乃句結浙黨，圖撲吳江，以擾我後。學啓率水陸軍擊破嘉、湖援寇，擒斬僞貴王陳得勝及悍黨四十餘，追至平望，斷其橋。從此攻蘇之軍無牽掣之患。

僞平東王何明亮等以劉典屯績溪，不克上犯徽、歙，遂由寧國千秋關竄浙江，陷昌化，擾於灊。其前竄廣德者，復折踞孝豐。劉典遣軍出績溪昱嶺關援剿。江寧軍自攻克江東橋、上方橋，而城東數隘未下。近城者曰中和橋，曰雙橋，曰七橋甕，稍遠者曰方山、土山，曰上方門、高橋門，迤南則爲秣陵，以至博望鎭，皆金陵外輔也。國荃以東路未平，不能制寇死命，令諸軍東渡。提督蕭衍慶過河破五壘，城寇出爭，擊退之，遂克上方門、高橋門、雙橋門。右路方山、土山之寇亦棄壘而奔。七橋甕踞寇倉皇欲遁，而城中忽出大股來援，兩軍相搏，總兵蕭孚泗乘夜縱火，寇冒火突出，遂克七橋甕。其博望鎭，總兵朱南桂已先五日襲取之。博望鎭既失，則秣陵關之勢孤；七橋甕既失，則中和橋之勢孤。總兵伍維壽等南略秣陵關，寇棄壘奔潰。自是鍾山西南無一寇巢。

僞奉王古隆賢詣朱品隆降，收復石埭、太平、景德三城，徽州肅淸。餘寇竄踞寧國、廣德、孝豐之間，勢甚渙散。宗棠飭劉典由昌化、於灊趨臨安，進剿孝豐，爲規取湖州之地。十月，易開俊克寧國縣城。自是東壩黎立新上書請爲內應，建平張勝祿上書請獻城池。鮑超等遂合趨東壩，繞壘環攻。楊輔淸從亂軍中逸出，寇立獻僞城。東壩既克，建平張勝祿等卽於是日斬僞跟王藍仁得，舉城降，而溧水寇楊英淸亦繳械降，遂收二城。國荃克淳化鎭、解谿、龍都、湖墅、三岔鎭等隘，燬寇壘二十餘。江寧城東南百里內寇巢略盡。

蘇州軍自黃埭攻滸墅關，破王瓜涇、觀音廟寇壘，直抵滸墅，擊走僞來王陸順德，進毀十里亭。虎丘、楓橋寇皆遁。躡至閶門，寇大恐。李鶴章敗寇無錫鴨城橋，破西倉寇壘，直抵茅塘橋。李侍賢調常州陳坤書來援，城寇黃子澄出迎，我軍縱擊敗之。秀成聞滸關已失，退屯北望亭，謀返蘇州老巢。坤書還走常州，侍賢遁宜興、溧陽，我軍乘之，下寇壘百餘。鴻章督軍攻婁門寇。蘇州四年自我軍連克要隘，乃於胥、葑、婁等門憑河築壘數十，婁門外石壘尤堅。至是我軍由南北岸而進，秀成等突出婁門拒戰，程學啓與常勝軍分隊以應，援寇遁入城。水師會攻婁葑門外寇壘二十餘皆下。我軍連克齊盤門各壘，三面薄城，寇衆恟懼，而秀成及譚紹光猶圖固守，他酋郜雲官等皆有貳心，密請於鴻章乞反正，許之。學啓、戈登單舸見雲官等，命斬秀成、紹光以獻；而雲官不忍殺秀成，許圖紹光。秀成覺之，涕泗握紹光手爲別，乘夜率萬人自胥門出走嘉善。郜雲官殺譚紹光，率僞比王伍貴文，僞康王汪安均，僞寧王周文佳，僞天將范起發、張大洲、汪瓌武、汪有爲，開齊化門迎降，鴻章受之。雲官等未薙髮，要總兵、副將等官，並請自領其衆屯守盤、齊、胥、閶四門。程學啓慮其不可制，密請於鴻章誅之，立復蘇省。

秀成以輪船炸礮越無錫水師北竄。十一月，李鶴章克同城無錫、金匱，追擒黃子隆與子德懋並誅之。劉秉璋等攻浙西，平湖寇陳殿選獻城乞降。連日乍浦賊熊建勳、海鹽澉浦賊皆反正。十二月，秀成留蘇州敗黨分布丹陽、句容間，自率數百騎潛入江寧太平門，苦勸秀全棄城同走。秀全侈然高座曰：「我奉天父、天兄命，令爲天下萬國獨立眞主，天兵衆多，何懼之有？」秀成又曰：「糧道已絕，饑死可立待也！」秀全曰：「食天生甜露，自能救饑。」甜露，雜草也。」秀成以秀全戀老巢不肯去，非口舌所能爭，乃貽書溧陽約李侍賢，銳意走江西。

初，寇自咸豐十年破江寧長圍，迭陷蘇、常、嘉、湖，上竄江西、湖北，擄脅潰兵、游匪以百萬計，盡得東南財賦之區，日以強大。自去歲屢戰屢敗，各城精銳散亡不下十萬。今年春夏間竄皖北，我軍截殺解散又十數萬。其自九洑洲過江，僅存四五萬人。秀全驚惶失措，賴秀成回江寧主持守局；而秀成以蘇州爲分地，事急回援。今巢穴已失，黨羽又孤，踉蹌而走，隨行僅兩萬餘人，欲赴金陵，解圍無術。力勸秀全突圍上竄回粵，以圖再舉。常州陳坤書、溧陽李侍賢皆聽秀成爲進止，而杭州陳炳文係安徽人，鄧光明湖南人，聞秀成有回粵之謀，皆不願從，秀全亦屢勸不聽。

國荃自四月間掘地道，至是始成，而寇附城築牆號「月圍」，下穿橫洞以防隧道。故城崩，而猶阻月圍橫洞不能克。劉銘傳進攻常州西路，奔牛踞寇邵志倫，羅墅灣踞寇夏登山、萬錫階，石橋灣踞寇張邦振皆詣我軍乞降，收衆萬六千人。惟孟河賊尙踞汎城，輒出犯降人壘，銘傳一鼓下之。潘鼎新克嶼城，李鴻章等破常州東門、南門石壘。明日，張樹聲傍城東北築壘，破小門、土門。連日嘉興、桐鄉、石門寇犯嶼城，海寧寇犯澉浦、海鹽，僞章王林紹璋自句容援常州，均爲我軍擊走。

程學啓克平望鎭。平望東連嘉興，西接湖州，南通杭郡，爲蘇、浙樞紐，浙寇精銳多聚守此，今被我軍攻克，嘉興藩籬已失，踞寇奪氣。寇犯鎭江甘棠橋張文德壘，馮子材等助擊破之，斬李秀成養子僞岡天義黃酋。十二月，僞會王蔡元隆獻城降，左宗棠受之，改名元吉。海寧瀕海，爲杭州東北屏蔽。元吉擁衆，致攻杭之師未能合圍；今幡然附款，杭州之勢益孤，東北兩面圍漸合。嘉興賊僞榮王廖發受呈降書，程學啓慮有狡謀，誡軍嚴備。杭州踞寇僞聽王陳炳文遣人詣降，而無降書，宗棠趣蔣益澧攻城益急。

秀成會李侍賢犯江西，旣以溧陽至饒州浮梁數百里處處乏食，慮裹糧疾趨爲難；因趣侍賢持二十日糧，道長興、廣德、寧國入江西，先踞腴區待己。於是侍賢遺黨西竄，行甚疾。曾國藩遣軍屯休寧，沈寶楨遣軍屯婺源、玉山拒之。四月，川督駱秉璋破賊天全，生擒僞翼王石達開，磔於市。自洪秀全倡亂，封五僞王：馮雲山、蕭朝貴皆敗死，楊秀淸、韋昌輝自相賊殺，石達開避禍出奔，自樹一幟，歷犯浙江、福建、兩湖、兩廣諸省，並擾及滇、黔，蓄意入川，以圖竊據，至是爲川軍擒戮。凡僞五王前後皆誅滅矣。

三年正月，蔣益澧飭降人蔡元吉襲桐鄉不下。桐鄉爲杭、嘉要道，益澧遣將分屯東北門，僞朝將何培章來降，遂收桐鄉，令培章率降衆屯烏鎭、雙橋，阻杭、嘉道，絕寇糧。湖、杭寇皆來爭，擊走之。我軍進屯嘉興，聯絡蘇師，規復郡城。廣德、寧國寇竄犯浙江昌化，副將劉明珍不知寇衆寡，進擊，創矛，退扼河橋。寇尋分黨：一竄徽州績溪，一竄淳安，謀渡威坪河進窺遂安。時侍賢上犯，冀衙過徽州，就食江西。其大勢趨重遂安，擾及開化馬金街，其地與休寧、婺源、常山、玉山接壤。王開琳自徽州進遂安，連破寇於中州昏口。黃少春馳入縣城，敗寇遂安城北，蹙入郭邨，殲之。寇後隊仍由章邨竄昏口，少春擊破之新橋，開琳復繞出昏口敗之。其竄往開化華埠僅千餘。

侍賢句合黃文金及廣德餘黨由寧國上竄，陷績溪，退踞雄路、孔靈等處，圖撲徽州。唐義訓自徽州出紮吳山鋪，敗之，毀雄路寇館。援寇至，我軍奮擊，再破之，縣城立復。鴻章派郭松林、戈登等攻宜興、荊溪，寇開城出拒，槍子傷松林右肘。我軍屯三里橋，與常勝軍會擊，僞代王黃精忠由溧陽來援，拚死相撲，我軍屹立不動，以洋槍排擊之，寇死傷相繼，無退志。我軍三路包抄，寇始奪路狂奔，城寇勢益不支，開西門而逸，遂復兩縣城。是城瀕太湖西岸，當江、浙衝道，爲常郡後路。自是常郡寇益蹙，蘇州、無錫之防益固。

戈登進圍溧陽。溧陽爲李侍賢老巢，又江寧後路要隘。常州、金壇在其北，句容、丹陽値其西，長興、廣德當其南，面面寇巢，前與鮑超東壩、溧水之師相隔絕，後距李鴻章常州軍亦稍遠。孤軍深入，李鴻章戒戈登愼進止。尋溧陽酋吳人杰降，戈登復其城。郭松林等進攻金壇，敗僞列王古宗成、僞襄王劉官方於楊巷。是時常州陳坤書合丹陽、句容之寇十餘萬，由西路繞出常州之北，日犯我軍，李鶴章督軍擊敗之。寇以我軍城圍日緊，分犯江陰、常熟、無錫，以圖分我兵勢。李鶴章撤圍師，堅守勿戰，別調軍援三縣。李鶴章等尋解無錫城圍。江陰守將駱秉忠與楊鼎勳等內外夾攻，寇亦敗走；乃並趨常熟，北自楊舍、福山，南自顏山、王莊，數十里皆寇。黃翼升會同城軍夾擊，克王莊、顏山、陳市寇壘，追殺二十餘里。寇由大河回撲常熟，水師截之，首尾不能相顧，掩殺無算。常熟之圍立解。

初，秀成入江寧說秀全出走，不聽，秀成憂糧食不繼，遣黨百計偸運。國荃約楊岳斌水陸巡邏，遇奸民運米入城，輒奪之。秀成遣養子李士貴率黨數千出太平門赴句容接糧入城，伏兵要之，寇棄糧走。國荃銳意合圍，江寧城延亙百餘里，自我軍駐師雨花臺，奪取附近諸隘，東、西、南三面爲官軍所據，惟鍾山石壘未克，城北兩門尙未合圍。秀成自將出鍾山南，攻朱洪章營，敗退登山。沈鴻賓等挾火毬箭擲壘中，寇突火跳，遂克鍾山石壘，寇所署僞天保城者也。國荃分檄諸將屯太平門、洪山、北固山，塞神策門，餘玄武湖阻水爲圍。於是江寧四面成包舉之勢，寇援及糧路皆絕。

二月，寇以運糧路絕，日驅婦孺出城以謀節食。城西北多園圃，豫種麥濟饑。初，程學啓進攻嘉興，破小西門、北門寇營，殲除淨盡，擒僞天將劉得福、慕天義賈慕仁。而湖州寇屢竄南木、壇丘、四亭子、新塍，思犯盛澤、平望，以圖嘉興，不得逞；又犯盛澤，國王江涇後路營，亦爲我軍所敗，而城守甚固，我軍多傷亡；又遇雨不能進攻，學啓急思復嘉興，分門攻擊，增築月牆，寇拚死抗拒；又以地雷巨礮轟蹋城垣百餘丈，擊毀礮臺，賊爭負土塡城缺。湖州賊又自新塍來援，學啓會軍猛攻，肉薄登城，丸創其首，部將大憤，縱橫刺射，寇衆潰，遂克嘉興。僞榮王廖發受、僞挺王劉得功皆伏誅。援寇黃文金還湖州。

寇之分竄江西者，疊經我軍截殺，闌入金溪。道員席寶田由安仁馳擊，復其縣城。寇由瀘溪趨建昌，寶田會軍敗之，寇蔓延於新城、南豐。提督黃仁翼進攻新城，克之，餘竄入福建建寧縣境。南豐之寇亦經寶田擊敗，斬僞天侯張在朋，寇棄壘狂奔，退至城下，合圍攻之。

蔣益澧克杭州，康國器等同日收餘杭，寇分竄德清、武康等處。宗棠飭軍分路進取。三月，羅大春等各率所部撲壘環攻，降人楊芸桂開門迎納官軍。援賊回鬬，礮擊之，敗走。德清寇鏖戰四時亦大敗。武康、德清皆復。我軍進逼石門，踞寇鄧光明降。其圖竄孝義之寇，亦截殺無算。鮑超等會克句容，僞漢王項大英、僞列王方成宗皆伏誅。僞守王方海宗遁金壇寶堰，寶堰南距金壇城四十五里，北達丹陽。方海宗與僞顯王袁得厚合謀阻進兵之路，鮑超攻之，閉壘不出；乃負草塡壕，一躍而入，寇向金壇、丹陽遁去。

鮑超進攻金壇，設伏茅山，大敗追寇，城寇喪膽，啓南門遁走，遂復其城。敗寇二三千，屯踞南渡，僞植王林得英約會常州西路孟河、呂城諸寇，欲由金壇歸併廣德，同踞南渡。鴻章檄道員吳毓芬等會水陸軍分三路夜襲其巢，陣斬林得英及秫天安黃有才等，殄寇殆盡。其攻丹陽者，爲鎭江、揚州防軍，援寇一由常州運河，一由江陰孟河大至，詹啓綸、張文德會擊敗之，援寇退屯丹陽東北一帶。丹陽一城多聚巨酋，僞然王陳時永爲陳玉成叔父，僞來王賴桂芳爲洪秀全妻弟。因其內鬨，我軍乘之，陳時永創仆，斬之。其黨自縛賴桂芳及僞廣王李愷瞬、僞列王金友順、僞梁王淩郭鈞、僞鄒王周林保，並僞義安福、燕、豫諸目，獻軍前乞降，皆駢誅，遂克其城。至是常州、鎭江各屬俱告肅淸。

寇自德淸、武康、石門克後，李侍賢及僞聽王陳炳文、僞康王汪海洋等仍堅踞湖州。是時浙江惟湖州、長興、安吉三城未下，湖州寇於附城二三十里修築堅壘，復於長興、安吉各隘連營數十里，相爲犄角。高連陞擊之於湖州境，寇分竄昌化、分水，防軍劉明珍截斬數百。李侍賢繞越老竺嶺，竄皖南績溪，復間道走歙西，竄屯溪；陳炳文、汪海洋由歙北竄浙境，分犯淳化、遂安。遂安防軍截擊歙南小川，竄寇敗還楊邨。唐義訓等進剿失利，於是嶺內徧地皆寇，徽、休、祁、黟岌岌難保。寇前隊由龍灣、婺源竄江西，後之續至者絡繹不絕。

國藩調石埭、青陽防軍入嶺援徽，檄鮑超率全軍援江西。

陳坤書之踞常州四年矣，自蘇軍力攻，以炸礮毀城，寇死守，取舊棺敗船堵城缺，以槍礮拒我軍。時城西寇壘二十里夾河環列，劉銘傳等攻破十四壘，餘壘皆不戰而潰，而河干寇壘二十餘又爲張樹聲等所破，於是寇西道皆絕，惟小南門、西門附城十餘壘，我軍復擊平之。陳坤書塞門不納敗黨，恐官軍奪入，悍賊皆死城下。城圍既合，築長牆，伏奇兵，備大舉，水陸軍發礮轟城，風煙迷漫，寇如墜霧中。俄，城壞數十丈，寇以人塞缺口，炸丸迸裂，人與磚石齊起天際，然旋散旋集，蓋蘇省各路敗寇，積年麕聚於此，猶圖萬死一生計也。鴻章益揮軍迫登，我軍偕籐牌噴筒直前，寇傾火藥，以長矛格刺，軍士十墜六七。龔生陽突入，擒陳坤書，周盛波擒僞列王費天將，戰城上良久，寇大潰，縋城出者復爲我軍所殲，我軍亦死亡千數百人。常州之失以咸豐十年四月初六日，越四年而復，日月皆不爽，亦一奇也。陳坤書凌遲處死，梟示東門。

時常州敗寇竄徽州，我軍擊破之。餘竄江西，圍玉山，副將劉明珍等陣斬珊天安等，斃寇二千。李侍賢越金谿犯撫州河東灣，猛攻東門，爲我軍擊退。忽突起攻橋，環呼城中內應，冀亂我軍，劉于淳礮斃多名，餘遁金溪，城圍立解。僞列王林彩新竄江西弋陽，我軍追抵湖西，揮軍抄擊，寇敗竄黃沙港。對岸楊家坡寇黨從上游渡寇千餘來援，諸軍沿河截擊，鏖戰逾時，寇始蹙，多落水死。

侍賢等先後由浙犯徽，由徽入江西。江陰楊舍及常州城外之寇，由丹陽、湖州上竄徽南，其酋爲林彩新及僞麟王朱某、僞爵潘忠義等，從昌化進老竹嶺，闌入歙境。唐義訓伏兵鍾塘嶺後，以五營進，遇寇大戰，伏起，殲其前鋒。時金國琛等行抵富陽，隔河而屯，寇衆列山岡上下，我軍俟寇涉水將半，突出奮擊；唐義訓尾而至，夾擊之，寇不支，遁向黃山小路。我軍馳抵五弓橋，再敗寇，因循河埋伏兵。寇正渡時，伏突起，寇大驚亂，生擒林彩新等十名，陣斬潘忠義等十四酋，死亡者二萬餘人。

是月洪秀全以金陵危急，服毒死。羣酋用上帝教殮法，綉緞裹屍，無棺槨，瘞僞宮內，秘不發喪。其子年十六，襲僞位。秀全生時卽號其子爲幼主，或曰本名天貴福。其刻印稱洪福，旁列「眞王」二文，誤合爲「瑱」，其稱洪福瑱以此。然諦觀印文，實「眞主」二小字，非眞王也。

時湖州寇方竄湖濱楊漊大錢口，潘鼎新分軍屯南潯，而寇恃長興爲聲援。長興在湖州西，毗連宜興、溧陽及廣德州。宗棠貽書鴻章，移嘉興之師助攻長興。鴻章遣諸軍分道往取，水師入夾浦口。五月，鼎新進紮吳漊，水師破平夾浦石壘。鼎新連破吳漊、殷瀆邨，毀其卡壘。郭松林毀長興城東上莘橋、跨塘橋寇壘。湖州、廣德、四安寇率數萬分路來援，依山築壘，綿亙林谷。松林等擊湖州援寇，劉士奇擊廣德、四安援寇，寇壘悉平毀，殲溺萬餘人。而湖北廣德寇復添撥大股折回，我軍乘賊衆喘息未定，合力痛剿，追殺二十餘里，寇乃遠遁。我軍乘夜攻城，以炸礮轟塌城垣十餘丈，松林等首先衝入，遂復長興縣城。江西貴溪盛源洞等處寇分踞小巷一帶，築壘修卡，我軍飭礮船馳赴黃土墩，以槍礮擊之，寇倉皇敗竄，水陸諸軍撲卡而入，擒斬多名，寇大潰。貴溪寇壘一律肅清。浙軍進規湖州，攻復孝豐縣城，生擒僞感王陳榮，斃千餘。是月僞扶王陳得才等合捻竄擾孝感、雲夢等縣。

上以江寧垂克，而河南捻犯麻城、皖城，深入江西，恐掣全局，趣國荃迅取金陵。國荃進攻鍾山龍脖子，寇所稱地保城也。我軍自得僞天保城後，城寇防守益嚴。是城扼建要害，尋爲李祥和所破。國荃築礮臺其上，日發巨礮轟擊，居高臨下，全城形勢皆在掌中。六月十六日，國荃飭諸軍發太平門地雷，塌城垣二十餘丈，前敵總兵李臣典、朱洪章等九人先登，諸將分門合力，攻克江寧省城，獲僞玉璽二方、金印一方。是夜，寇自焚僞天王府，秀成攜秀全幼子從城垣倒口遁去，並以己馬與之乘以行。國荃令閉門封缺口，搜殺三日，斃寇十餘萬，凡僞王以下大小酋目約三千餘。最後城西北隅清涼山伏寇數千出與官軍死戰，卒殲之。其僞天王府婦女多自縊，及溺城河而死。國荃派馬隊追至淳化鎮，生擒僞列王李萬才。其自城破後逸出者，洪秀全之兄僞巨王、僞幼西王、僞幼南王、僞定王、僞崇王、僞璋王悉爲馬隊殺斃。蕭孚泗搜獲李秀成及洪仁發、洪仁達於江寧天印山，搜掘洪秀全屍於僞宮，戮而焚之。國藩親訊秀成等，供讞成，駢誅於市。

七月，鮑超連克東鄉、金谿，楊岳斌等連克崇仁、宜黃，潘鼎新會克湖州，楊昌濬等克安吉，斬僞駙馬列王徐朗。寇併竄廣德、長興，守軍吳毓芬克四安鎮，劉銘傳克廣德。初，秀全幼子自江寧出亡，悍黨衞至州城；至是城克，僞昭王黃文英等挾之走寧國。八月，唐義訓等敗湖州餘寇於歙縣，殲酋目僞幼孝王等九人。連日劉光明等大破寇於昌化、淳安，僞堵王黃文金、僞偕王譚體元伏誅。李遠繼挾秀全幼子奔江西廣信，於是浙江平。

初，秀全幼子及黃、李諸酋由寧國趨昌化之白牛橋，譚酋及僞樂王之子莫桂先、僞首王范汝增等由寧國趨淳安威坪，約同竄徽境，衆尙十數萬。劉光明擊白牛橋寇，黃酋中礮死，弟文英代領其衆，踉蹌西奔。黃少春斬譚體元於洪橋，併誅莫桂先等酋百五十餘人。劉明珍率所部由淳化上趨，值黃文英、李遠繼來犯，明珍偕魏喩義等分兵禦之，創黃文英於陣。李遠繼挾秀全幼子遁至徽、歙之交。寇由建口渡河，我軍乘其半濟擊之，大潰，斬僞列王邱國文等，收降卒六千餘。餘黨向績溪而逸。其已渡建口者，竄至遂安，黃少春等復擊走之。僞列王劉得義、蕭雅泗等率二萬人投誠。洪氏勢益孤，乃由遂安昏口遁走開化，竄入江西。

九月，鮑超擊偽康王汪海洋於寧郡，大破之，擒斬偽朝將王金瑞等百二十餘人。席寶田追剿湖州逃寇，大殲於廣昌白水嶺，擒偽干王洪仁玕、偽卹王洪仁政及偽昭王黃文英，皆伏誅。沈葆楨克雩都、會昌，練勇克瑞金。寶田追寇於石城，游擊周家良搜獲秀全幼子於黃谷，檻致南昌省城，誅之。各路官軍截剿餘寇殆盡，於是洪氏遂滅。

論曰：秀全以匹夫倡革命，改元易服，建號定都，立國逾十餘年，用兵至十餘省，南北交爭，隱然敵國。當時竭天下之力，始克平之，而元氣遂已傷矣。中國危亡，實兆於此。成則王，敗則寇，故不必以一時之是非論定焉。唯初起必託言上帝，設會傳教，假「天父」之號，應「紅羊」之讖，名不正則言不順，世多疑之；而攻城略地，殺戮太過，又嚴種族之見，人心不屬。此其所以敗歟？